O MUNDO DE
ODIN

Diana L. Paxson

O MUNDO DE
ODIN

Práticas, Rituais, Runas e Magia Nórdica no Neopaganismo Germânico

Tradução
Claudia Gerpe Duarte
Eduardo Gerpe Duarte

**Editora
Pensamento**
SÃO PAULO

Título do original: *Odin – Ecstasy, Runes & Norse Magic.*

Copyright © 2017 Monte Farber e Amy Zerner.

Copyright da edição brasileira © 2020 Editora Pensamento-Cultrix Ltda.

1ª edição 2020. / 1ª reimpressão 2022.

Todos os direitos reservados. Nenhuma parte deste livro pode ser reproduzida ou usada de qualquer forma ou por qualquer meio, eletrônico ou mecânico, inclusive fotocópias, gravações ou sistema de armazenamento em banco de dados, sem permissão por escrito, exceto nos casos de trechos curtos citados em resenhas críticas ou artigos de revista.

A Editora Pensamento não se responsabiliza por eventuais mudanças ocorridas nos endereços convencionais ou eletrônicos citados neste livro.

Editor: Adilson Silva Ramachandra

Gerente editorial: Roseli de S. Ferraz

Produção editorial: Indiara Faria Kayo

Preparação de originais: Marcelo Brandão Cipolla

Editoração eletrônica: Ponto Inicial Design Gráfico

Revisão: Erika Alonso

Dados Internacionais de Catalogação na Publicação (CIP)
(Câmara Brasileira do Livro, SP, Brasil)

Paxson, Diana L.

Mundo de Odin : práticas, rituais, runas e magia nórdica no neopaganismo germânico / Diana L. Paxson ; tradução Claudia Gerpe Duarte, Eduardo Gerpe Duarte. -- São Paulo : Editora Pensamento Cultrix, 2020.

Título original: Odin : ecstasy, runes & norse magic
ISBN 978-65-87236-09-4

1. Mitologia germânica 2. Mitologia nórdica
3. Runas I. Título.

20-39547   CDD-293.13

Índices para catálogo sistemático:
1. Mitologia nórdica : Religião   293.13
Cibele Maria Dias - Bibliotecária - CRB-8/9427

Direitos de tradução para o Brasil adquiridos com exclusividade pela EDITORA PENSAMENTO-CULTRIX LTDA., que se reserva a propriedade literária desta tradução.

Rua Dr. Mário Vicente, 368 — 04270-000 — São Paulo, SP

Fone: (11) 2066-9000

http://www.editorapensamento.com.br

E-mail: atendimento@editorapensamento.com.br

Foi feito o depósito legal.

Dedico este livro a todos aqueles que ouviram o chamado de Odin – meus companheiros de viagem neste caminho.

"Uma palavra levou a outra,
Um trabalho levou a outro..."

— *Hávamál* 141

Sumário

AGRADECIMENTOS		9
INTRODUÇÃO		11
	Interlúdio: O Rei Gylfi visita a Mansão de Hár	
CAPÍTULO UM	Que o Verdadeiro Odin, Por Favor, Se Levante!	27
	Interlúdio: O Viajante	
CAPÍTULO DOIS	O Viajante	48
	Interlúdio: A Segunda Fórmula Mágica de Merseburg	
CAPÍTULO TRÊS	O Mestre da Magia	65
	Interlúdio: "Canção Rúnica"	
CAPÍTULO QUATRO	O Cavaleiro da Árvore	82
	Interlúdio: A Formação de Bifrost	
CAPÍTULO CINCO	O Pai Supremo	108
	Interlúdio: "Na Cama de Gunnlödh"	
CAPÍTULO SEIS	O Desejado	136
	Interlúdio: Análise dos versos do poema de "Head-Ransom"	
CAPÍTULO SETE	Deus da Guerra	161
	Interlúdio: Bölverk e os Servos	
CAPÍTULO OITO	Causador de Desgraças	186
	Interlúdio: "A Caçada de Wodan"	

CAPÍTULO NOVE	O Deus dos Mortos	204
	Interlúdio: No Poço de Mimir	
CAPÍTULO DEZ	Deus do Êxtase	230
APÊNDICE UM	Rituais	254
APÊNDICE DOIS	Música	262
BIBLIOGRAFIA		275

Agradecimentos

Sou muito grata a todos aqueles que compartilharam suas experiências, sua poesia e sua música, especialmente meus colegas da Troth[1] e do kindred[2] Hrafnar. Quando créditos não são atribuídos a outras pessoas, os poemas, as traduções e as músicas são de minha autoria. Depois que comecei a aprender a respeito de Odin, a disponibilidade de fontes, tanto em traduções quanto no original, se tornou mil vezes maior.

A erudição é sempre um trabalho em andamento, e tentei trabalhar tanto com as antigas interpretações quanto com as novas. Sou grata ao Dr. Stephan Grundy por me ajudar com os fatos, e às pessoas que fizeram a leitura preliminar do texto por me ajudar a tornar esses fatos compreensíveis.

Para mais informações sobre o que estou fazendo, visite www.diana-paxson.com. Para notícias sobre o kindred Hrafnar, visite www.hrafnar.org.

---

1 Uma associação dedicada à revivificação da cultura pagã: https://www.thetroth.org/. (N. do R.)
2 No heathenismo, uma comunidade local dedicada ao culto e ao estudo. (N. do R.)

Introdução

- Interlúdio: O Rei Gylfi visita a Mansão de Hár -

Corre o mês de março de 2013, e minha amiga Lorrie e eu estamos sentadas na sala de estar dela assistindo ao primeiro episódio da série *Vikings* do History Channel, ansiosamente esperada. Em uma encosta silvestre, guerreiros combatem em uma cena que poderia fazer parte de qualquer uma das sagas. Melhor ainda: quando a batalha termina, valquírias espectrais levam embora os espíritos dos mortos. Ragnar Lothbrok, um jovem guerreiro com olhos azuis cintilantes, ergue-se vitorioso, mas ele sem dúvida está pensando que a vida não pode se resumir a batalhas intermináveis que atendem aos propósitos de outros homens. Corvos voam no céu, e depois, parcialmente visível através da névoa, vislumbramos uma figura vestida de preto com um chapéu largo e uma lança alta. Era *isso* que estávamos esperando.

O Senhor dos Corvos desafia Ragnar a se tornar um líder e buscar um mundo mais amplo. Ele também nos desafia.

Mas quem é ele?

Odin – deus das palavras e da sabedoria, das runas e da magia, fonte da fúria da guerra e da morte, porém também transformador da consciência, *trickster*[1], que ensina a verdade, e velho sábio – se apresenta com várias aparências e tem mais nomes do que qualquer outro deus. Seu culto foi reprimido na Idade Média, porém suas lendas perduraram nas *Eddas* islandesas, nome dado a duas coletâneas distintas de textos do século XIII sobre histórias referentes aos deuses e aos heróis da mitologia nórdica, uma em prosa

---

1 Uma figura sobrenatural que se apresenta de várias maneiras e tipicamente se envolve em atividades travessas e maliciosas. É importante no folclore e na mitologia de muitos povos primitivos. Nosso termo mais aproximado para *trickster* seria trapaceiro, mas o *trickster* tem uma característica acentuadamente travessa que não está presente no trapaceiro. (N. do R.)

e outra em verso. No século XIX, ele reapareceu no ciclo de quatro óperas conhecido como *O Anel dos Nibelungos*, de Richard Wagner. No século XX, Carl Jung o culpou pela ascensão do nazismo em sua obra *Aspectos do Drama Contemporâneo*: Civilização em Mudança. No universo das histórias em quadrinhos da Marvel, Odin é um rei guerreiro. Podemos ver seu reflexo no mago Gandalf, de J. R. R. Tolkien, e perceber um aspecto moderno no Sr. Wednesday, um "Deus Americano", do romance de Neil Gaiman.

Odin também está entre os deuses mais populares do neopaganismo contemporâneo, e tornou-se notório por chamar espontaneamente a atenção de pessoas que podem até mesmo nunca ter ouvido falar nele.

Por exemplo:

> Por volta do final de 1986 ou início de 1987, eu estava em baixo astral. Certa noite, sonhei que estava sendo atacada por alguma coisa e Odin apareceu. Eu não era Asatrú na ocasião, e na realidade mais de um ano se passaria até eu encontrar a palavra Asatrú, mas reconheci Odin instantaneamente e não tive nenhuma dúvida de que era ele. Isso certamente foi a chave da maneira pela qual o sonho iria me afetar ao longo dos anos.

> No sonho, Odin apontou Gungnir para além de mim tão vividamente que senti que poderia tocá-la. O significado estava claro. Desse ponto em diante, eu poderia lidar sozinha com meus problemas. E a partir desse momento, minha vida tomou um rumo melhor. Eu nunca soube se isso foi uma infusão de energia ou simplesmente um lembrete de que eu deveria reconhecer a força da minha alma humana e começar a agir de forma compatível.

> Ele fez então um aceno de cabeça para mim e a imagem se desintegrou. Acordei sobressaltada. Embora não tivéssemos trocado nenhuma palavra, compreendi o significado do aceno de cabeça. Talvez fosse telepático. Significava "siga". (Freyburger, 2009, p. 14.)

Introdução | 13

As pessoas que encontram Odin frequentemente constatam que a única maneira de expressar o que aconteceu é por intermédio da poesia, como no poema "Odin's Call" [O Chamado de Odin], de autoria da minha amiga do Troth, Jennifer Lawrence.

Como a aranha que tece sua teia em uma ventania,
Foste persistente, batendo repetidamente
Na porta do meu coração e da minha cabeça, até que escutei,
Abri a porta e te deixei entrar.

Eu achava que não tinha nada a ver com os deuses do Norte,
Preferindo trilhar outro caminho, julgando que minha vida
Já era complicada e confusa demais para justificar
Seguir outras pessoas.

Mas te recusaste a aceitar minha recusa, enviando
Pequenos sinais e presságios: dois corvos seguindo
Meu carro, um gato cinzento adotado em uma quarta-
    -feira que vagueia
E não se cala: muito parecido contigo.

Que necessidades eu tinha da sua orientação? Eu era teimosa,
Não queria dar os passos necessários para encontrar-te,
Por saber o quanto exigirias de mim,
Sem saber se eu poderia dá-lo.

Depois de uma vida árdua, inclino-me a me considerar
    indigna
Dessa atenção, e me confundiste, perseguindo-me
Implacavelmente; eu preferiria pensar que apenas
    imaginara tudo,
Por que poderias querer com alguém como eu?

Não faço mais essas perguntas – ou quando as faço, eu sei
Que, embora eu possa não ser capaz de responder a elas,
    deves

Ter tuas razões. É melhor, portanto, que eu te sirva da
melhor maneira possível,
Embora os presentes que eu tenha para oferecer sejam
bem pequenos.

Estes versos não me conquistarão amigos. Teus seguidores são
Audazes e orgulhosos, enquanto eu sempre me esforcei
para ser
Submissa e gentil, escondendo minhas qualidades, melhor
passar desapercebida,
Melhor evitar a discórdia, o sofrimento e o conflito.

Mas esconder-me de ti não funcionou, de modo que estou
aqui,
Esperando que um dia vá compreender por que me
querias,
Sabendo que porque fizeste isso deve haver mais que eu
possa oferecer
Do que o nada que acredito ser.

Nem todos os que se envolvem com Odin já se consideram pagãos.
O psicoterapeuta Ralph Metzner comenta o seguinte:

> As antigas lendas dizem que os seguidores de Odin eram
> "capturados" pelo deus, e, com frequência, eu me sentia
> como se tivesse sido capturado ou estivesse inspirado.
> Pensava em Odin e obtinha percepções ou respostas às mi-
> nhas perguntas, entre elas perguntas sobre o significado de
> certos mitos. Ou então, de repente, encontrava mitos per-
> tinentes que antes não conhecia. Por estranho que pareça,
> eu teria que afirmar que grande parte do que estou relatan-
> do neste livro [*The Well of Remembrance*] me foi entregue
> diretamente por Odin.
>
> *(Metzner, 1994, p. 10.)*

Introdução | 15

Tive o mesmo sentimento quando estava trabalhando nas palestras que acabaram se tornando meu livro *Taking up the Runes*, e sinto a presença de Odin enquanto escrevo estas linhas. Certamente, nunca previ a maneira como minha vida mudaria depois do meu primeiro contato próximo com o deus.

Enquanto investigava a espiritualidade feminista na década de 1970, eu o via apenas como mais uma tempestuosa divindade patriarcal. Estava bastante satisfeita em me concentrar nas deusas até um fim de semana em agosto de 1987, quando compareci a um seminário xamânico conduzido por Michael Harner. Durante algum tempo, estivera obtendo bons resultados com as práticas do seu livro *The Way of the Shaman*[2]. Fui ao seminário esperando melhorar o que eu estava fazendo e assimilar algumas técnicas novas, mas meu desejo de longo prazo era aprender habilidades tradicionais mágicas e espirituais do Norte da Europa.

Eis o que escrevi a respeito da minha experiência dois anos depois do seminário:

> Caminho em uma terra cinzenta [...] um mundo de névoa que gira entre pedras poderosas. Um corvo fêmea está à minha frente, não escuro como era no Mundo Subterrâneo, e, sim, brilhante como a imagem do Sol de encontro às pálpebras fechadas, as asas brilhantes/escuras cintilando contra as pedras sombreadas.

> "Para onde você está me levando?", pergunto, e tento andar mais rápido.

Eu estava consciente de sons indistintos do mundo que eu deixara para trás, mas, envolvida no meu manto cinza, estava protegida dos ruídos e do frio do prédio onde o seminário estava sendo realizado. Minha longa prática ajudou-me a controlar a respiração e a mergulhar novamente no transe, entregar-me à batucada constante de Michael Harner e deixar que ela voltasse a me conduzir para a visão.

---

2 *O Caminho do Xamã*, publicado pela Editora Cultrix, São Paulo, 1989 (fora de catálogo).

As pedras marrons se erguem como pilares em ambos os lados, sua superfície áspera insculpida com arranhões cujo significado foi apagado pelos ventos de anos incontáveis. O corvo pousa em uma delas, suas asas fremindo impacientes. Está claro que ele me considera um tanto tola, mas espera até que eu o alcance novamente.

"Você pediu um mestre", me diz ele. "Eu a estou levando até ele."

Não discuto. Eu jamais teria ousado reivindicar um corvo fêmea como aliado. Especialmente não este, esta Avó dos Corvos, cuja língua é tão afiada quanto seu bico pontiagudo.

Mas eu pensava que *ela* iria me ensinar o que eu desejo saber...

A Avó Corvo tinha aparecido no primeiro dia do seminário e insistiu em fazer parte da ação. Essa primeira interação é descrita no meu livro *Trance-Portation*. Para a segunda jornada, Harner nos disse que fôssemos para o Mundo Superior e procurássemos um mestre em forma humana. O que eu não previra era que isso iria acontecer quando alguém em quem eu confiava estivesse tocando o tambor e eu não estivesse distraída pela responsabilidade para com os outros. O que tinha começado como imaginação ativa, uma jornada visualizada, já estava se aproximando de um nível de envolvimento que eu nunca vivenciara antes. Mas poderia eu acreditar no que estava aparecendo?

O conhecimento é uma ferramenta de dois gumes. Eu estudara mitologia desde a infância, e uma pós-graduação e anos de estudos e prática esotéricos tinham me familiarizado com os grandes mitos da Europa e seu significado; mas sofro da separação entre o conhecimento e a gnose que contamina o ocidental instruído – a percepção da experiência pessoal como sendo menos válida do que o conhecimento dos compêndios ou até mesmo do que o aprendizado do homem "natural".

E eu tinha um motivo adicional para desconfiar. Sou escritora, criadora de arquétipos, imagens e dos símbolos que chamamos de palavras. Quando procurei um animal de poder no Mundo Subterrâneo, compreendi a importância do corvo que se aproximou de mim. Mas exatamente porque o reconheci, era fácil desconfiar de que eu estava me iludindo. Se eu estivesse inventando um parceiro para uma personagem em um dos meus romances, eu poderia ter escolhido um corvo. Essa também era uma razão para que eu duvidasse do que estava ouvindo. Ganho a vida escrevendo. Estaria eu inventado alguma coisa agora?

> "Alguém já lhe disse que você pensa demais? Cale-se e acompanhe-me!", exclama o corvo, batendo as asas e seguindo em frente.

> O caminho é árduo, mas viajei muito, esperei demais e desejei isso com excessivo fervor para virar as costas agora. Não tenho escolha. Preciso acompanhar o corvo.

> Os pilares conduzem a uma área pedregosa, e Alguém está esperando lá, com um chapéu largo puxado para baixo. As dobras do seu manto cinzento parecem fluir da pedra. Ele se volta e avisto a lança na sua mão, o cabelo agrisalhado, o olho faltante...

> Não. Oh não. "Corvo, o que você está tentando fazer comigo?"

A deusa Freyja, ou talvez Heide, a sábia – esses eram Poderes que eu poderia ter esperado e aceito. Mas, naquele momento, eu estava finalmente convencida de que o que estava acontecendo comigo não era um devaneio, porque reconheci o deus. Sempre fui do tipo cauteloso, e nenhuma pessoa sensata *pediria* para aprender magia com Odin.

Minhas razões para essa reação requerem algum contexto. Para Richard Wagner, que compôs suas óperas no século XIX, o deus era Wotan, que se preocupava com o destino e o anel de poder. Para Snorri Sturlusson, que escrevia no século XIII, com um olho nos padres e o outro nos poetas, ele era o Pai Supremo, protetor dos reis e dos *skjalds* que entoavam seus louvores. Para os autores das sagas, ele era o Senhor das Batalhas, indigno de confiança, que concedia a vitória ou coletava heróis para o Valhalla. Quem escolheria um deus assim como mestre?

18 | *O Mundo de Odin*

Na coleção de poemas chamados *Edda* Antiga, entretanto, surge outra imagem. Nesses poemas vemos Odin, o que busca o conhecimento – senhor das runas, entoador de palavras mágicas, cujo corcel de oito patas, Sleipnir, o conduz até mesmo às terras dos mortos. Quando Sturlusson, na *Ynglingasaga,* prosseguiu em sua tentativa de apresentar os deuses como homens divinizados, ele retratou Odin como mestre de um tipo de magia muito particular.

Odin significava muitas coisas para os povos teutônicos, mas era, antes de qualquer coisa, um deus do êxtase. É acompanhado por dois corvos que lhe trazem conhecimento do mundo inteiro. Ele conquistou as runas e o hidromel da poesia e sacrificou um de seus olhos para beber do poço da sabedoria.

As dádivas de Odin para a humanidade são as da consciência expandida. Para aqueles com coragem para aprender suas lições, Odin é o grande mestre da magia.

A natureza exata do seu conhecimento precisa ser deduzida das referências um tanto elípticas nas *Eddas* (a *Edda Poética,* uma coleção de antigas poesias, e a *Edda em Prosa,* uma mistura de resumos de poesia e prosa escritos pelo historiador, político e poeta medieval Snorri Sturlusson para explicá-las) e as sagas. A literatura nórdica é rica em metáforas e alusões poéticas que partem do princípio que o ouvinte já conhece as histórias a que elas se referem, mas nem todas essas histórias sobreviveram.

De acordo com Sturlusson, os guerreiros de Odin iam combater inebriados pelo frenesi da batalha. Aqueles que lutavam jovialmente recebiam sua recompensa no Valhalla. Aqueles que tentavam negar ao deus a vida que lhe haviam dedicado tinham um fim funesto. Talvez os reis que consideravam Odin indigno de confiança não entendessem o tipo de compromisso que o deus requer e o tipo de ajuda que ele é capaz de oferecer. Talvez tenha sido isso que aconteceu aos nazistas, que pegaram (e perverteram) o que queriam da antiga religião, enviaram os mestres rúnicos que não concordavam com eles para os campos de concentração e, com o tempo, pereceram no seu próprio Ragnarök. Esse é o destino de todos os que tentam curvar o deus aos seus propósitos e usar a magia dele em benefício próprio em vez de para o bem do mundo.

Acredito, decididamente, que seja esse o segredo da magia odínica – sua atração, seu fascínio e também seu terror. A história de Odin demonstra a verdade de que aqueles que desejam seguir o caminho dele não podem guardar nada para si, precisam estar dispostos a se sacrificar em prol da sabedoria. Este é Odin. Este foi o poder – quer você queira chamá-lo de um deus ou de um arquétipo do Velho Sábio – que me escolheu...

Tendo consciência disso, eu o encarei.

> O corvo fêmea está sentado em uma das pedras, observando-me como uma mãe observa seu filho quando ele começa a andar. Estou disposta a sofrer o que Odin poderá exigir? Tenho medo dele, mas o compreendo. As runas falam comigo. A cultura da qual ele procede é a ancestral mais próxima da minha própria cultura.

> Eu sei que se eu recusar o que me está sendo oferecido, também a perderei.

> O deus olha para mim. "Por que você veio? O que deseja de mim?"

> "Quero aprender a magia do Norte."
> Ele ergue sua lança.

Ao longo de todos os anos de prática paciente de meditação, visualização e todo o resto, eu desejara ardentemente que alguma coisa inesperada e impressionante me acontecesse. Quando aconteceu, fui grata a todas as disciplinas que eu aprendera. Minha percepção foi que a lança atravessou meu plexo solar, e ela veio acompanhada por um grande fluxo de luz. Tremores físicos se espalharam pelo meu corpo. Em meio a contrações e lamúrias, eu estava quase além do pensamento, e a consciência se agarrava à batida constante do tambor.

Quando as batidas se aceleraram para nos trazer de volta ao mundo da realidade sensorial, retornar foi uma batalha. Consegui controlar o ritmo da respiração e usei-a para acalmar e relaxar o corpo. Quando fui capaz de abrir os olhos, tive que passar mais tempo me estabilizando antes de poder caminhar com firmeza para pegar um pouco de comida. Um sanduíche de peru com queijo completou o processo de restabelecer a conexão entre o espírito e o corpo.

A partir de então, conheci outras pessoas que encontraram a lança de Odin, com algumas tendo sido trespassadas no plexo solar e outras, no coração. O que eu não esperava era que uma vez instalado na minha cabeça, o deus permanecesse ali. Ele não se opõe aos meus contatos com outros deuses; na verdade, por meu intermédio, ele parece ansioso por conhecê-los, mas ele é meu *fulltrui*, aquele em quem confio plenamente, aquele com quem (ou talvez eu deva dizer *para* quem) agora trabalho há trinta anos.

O que eu quero dizer quando afirmo que trabalho com um deus? Hoje, a palavra "deus" tem vários significados, alguns dos quais mutuamente exclusivos. Na teologia cristã, *Deus*, com D maiúsculo, é um ser divino que *é oni-todas as coisas*. Para uma excelente discussão dos problemas do monoteísmo tradicional, consulte *A World Full of Gods*, de autoria de John Michael Greer. Quaisquer palavras humanas que usemos para falar a respeito desse Ser inevitavelmente o limitarão. A não ser quando estamos em um estado altamente alterado e abstrato de consciência, a conexão com o divino requer que filtremos nossa percepção através de um conceito de pessoalidade que possamos compreender. A solução politeísta para esse problema é subdividir a divindade em deuses separados.

Portanto, Odin, apesar da magnificência de alguns dos seus títulos, não é onipotente. Ele conhece as coisas mais do que nós, e as conhece de uma maneira diferente, mas não é onisciente. Quando fala por intermédio dos videntes em transe, fica claro que tem suas próprias opiniões e propósitos. Sua verdadeira natureza pode se estender a dimensões que mal podemos imaginar, mas para que um contato proveitoso aconteça, essa imensidão precisa ser canalizada por meio das percepções humanas. Nós o vivenciamos como uma pessoa.

Certas questões são discutidas tarde da noite em volta do fogo nos festivais pagãos. Uma delas é se os deuses nos criam ou se nós os criamos. A maioria das pessoas parece sentir que a resposta é "sim". Odin e seus companheiros podem não ter literalmente moldado os humanos a partir de toras de madeira, mas acredito que energias divinas nos "criaram", influenciando a matéria física a evoluir e a crescer. Ao mesmo tempo, nossas culturas em transformação nos oferecem imagens por meio das quais podemos expressar as maneiras de percebermos o divino. Associamos a imagem de um velho de barba grisalha com a sabedoria, de modo que, quando tentamos visualizar o deus da sabedoria, é assim que ele aparece.

Uma questão relacionada é se os deuses são *imanentes*, localizados dentro de nós e do nosso mundo, ou *transcendentes*, tendo seu ser em uma dimensão além da nossa. A resposta para essa questão é, mais uma vez, "sim": eles estão "lá fora", no sentido de que ingressamos em um estado alterado de consciência para entrar em contato com eles, mas também sentimos sua presença dentro de nós.

Se nós, humanos, não conseguimos nem mesmo conhecer completamente uns aos outros, como podemos esperar compreender plenamente um deus? Nas discussões que se seguem, lembre-se de que aquilo sobre o qual estamos falando não é nem a totalidade da energia divina nem mesmo toda a parte dela que é Odin; mais exatamente, trata-se de aspectos da natureza dele que atendem aos seus propósitos e satisfazem às nossas necessidades.

Este livro não tem a intenção de ser a análise especializada definitiva de Odin. Para isso, você terá de recorrer ao trabalho de acadêmicos como H. M. Chadwick, Jan DeVries, Karl Hauck, ou, mais recentemente, às obras *The Viking Way*, de Neil Price, e *The Cult of Odin*, de Stephan Grundy. Tentarei, contudo, incluir informações suficientes para lhe dar uma base sólida a respeito da natureza e da função dele. Não é sem razão que chamamos o heathenismo[3] de "a religião com trabalho de casa". Você talvez queira recorrer a exemplares das *Eddas* para poder examinar as referências e fazer uma leitura adicional. Recomendo a tradução da *Edda Poética*, de Andy Orchard, e a tradução da *Edda em Prosa*, de Faulkes (intitulada simplesmente *Edda*) para mais clareza. Para se aprofundar mais no assunto, examine as outras fontes na bibliografia.

É claro que você pode simplesmente ler este livro. Mas a leitura só impressiona uma parte da psique. Para compreender Odin na sua alma e no seu coração, você precisa procurá-lo no mundo e abrir as portas do seu

---

3 O heathenismo ou neopaganismo germânico é a restauração e a prática da antiga religião praticada pelos povos germânicos. (N. do R.)

espírito por meio da prática espiritual. Se você optar por se aprofundar no assunto, dê uma passada de olhos até o final, retorne ao início e depois dedique-se a cada capítulo, um por mês. No final de cada um, você encontrará sugestões de coisas que pode fazer. Os apêndices contêm uma seleção de músicas e rituais.

Abordei estes capítulos como uma introdução à natureza de Odin e à maneira como ele age no nosso mundo, tanto nas tradições, nas principais fontes do passado, quanto por meio dos depoimentos daqueles que trabalham hoje com ele. Inevitavelmente, grande parte do conteúdo é proveniente da minha perspectiva. No entanto, ao longo dos anos, conheci muitas pessoas que encontraram Odin, e elas permitiram que eu compartilhasse algumas das suas experiências.

Um termo que se tornou popular na comunidade pagã contemporânea é "UPG" ou "gnose pessoal não comprovada"[4] – que se refere a percepções e opiniões derivadas da meditação, dos sonhos ou da lógica para as quais não existem evidências explícitas nas tradições. Se outras pessoas tiverem independentemente a mesma ideia, ela poderá adquirir o *status* de "gnose comunitária", e, se passados vários séculos, ela se tornar amplamente aceita, poderá até mesmo se qualificar como tradição. Conclusões especializadas extraídas de antigos textos e da arqueologia fornecem uma base de referência valiosa a partir da qual é possível avaliar a inspiração contemporânea, mas Odin é um Poder vivo, e também podemos aprender com aqueles que o encontram hoje. Desde que estabeleçamos claramente uma distinção entre esses tipos de conhecimento, ambos têm valor.

Como veremos, nenhum conceito individual desse deus está inteiramente errado – ou certo. Odin é complicado. O aspecto que você vai encontrar dependerá da sua formação e de suas percepções, do que você está procurando e do que você, ou o deus, acredita que você precisa.

Como uma gentileza para o leitor, abandonei as desinências do nominativo das palavras do nórdico antigo, o que nos dá Frey em vez de *Freyr*. Também usei a ortografia latina moderna, de modo que em vez de Óðinn, vemos Odin. A letra nórdica ð, "edh," é representada por "dh". A letra "thorn", þ, por "th". Ao pronunciar o nome do deus, o som "o" deve ser um prolongado, e o "dh" na segunda sílaba deve ser pronunciado como o som do "th" na palavra inglesa "*them*", com um corte repentino no nome depois do "n" final.

---

4 *Unsupported personal gnosis* no original. (N. do T.)

Odin e o Odinismo:

De vez em quando, a mídia menciona o "odinismo", não raro, infelizmente, com relação a um crime. O uso desse termo para designar a religião heatheniana é popular nas prisões e nos grupos que requerem a ancestralidade europeia. Essa atitude não é compartilhada por todos no heathenismo. Na tradição, Odin insiste em que os outros deuses também sejam reverenciados, e conheci pessoas de todas as raças e gêneros que claramente têm relacionamentos sólidos e produtivos com esse deus.

- *O Rei Gylfi visita a Mansão de Hár* -

Este é um trecho de uma peça que escrevi com base em *Gylfaginning*, apresentada pelo *kindred* Hrafnar no PantheaCon em 2009.

A sala está arrumada no estilo do teatro. Na frente, foram organizados três assentos de altura variada, um acima do outro. Três figuras encapotadas estão sentadas neles. Gylfi (um rei disfarçado de pobre viajante) bate na porta.

Governanta: Quem está aí? *(ela abre a porta).*

Gylfi: Meu nome é... Gangleri. Venho de bem longe. Você pode me dar pousada por uma noite?

Governanta: Suponho que possamos fazer isso. Há espaço de sobra nesta mansão.

Gylfi: *(entra na sala e se coloca diante das três figuras sentadas uma em cima da outra em cadeiras sobrepostas)*

Acredito em você. Vejo pessoas comendo e bebendo.
Jogando e lutando com espadas.
Há um pouco de tudo aqui.
Quem é o senhor desta mansão?

Governanta: Posso levá-lo até ele e você poderá ver por si mesmo.

Gylfi: *(fala à parte)* Acho melhor eu tomar cuidado. Como diz o antigo verso,
Quando você passa por uma porta
Olhe em volta com cuidado,
Pois não sabe que inimigos
O aguardam aí.

Gylfi: *(olha para as figuras e sussurra para a governanta)* Quem são eles?

Governanta: O que está no trono mais baixo se chama Hár, o Superior. Ele é um rei. O seguinte é Jafnhár, Igualmente Superior. Ele também é um rei.

Gylfi: E o terceiro?

Governanta: É o Terceiro, Thridhi. Ele é...

Gylfi: Consigo adivinhar, ele também é um rei.

Hár: Agora que você sabe quem nós somos, você precisa de alguma outra coisa? Se não precisa, sente-se e coma um pouco...

Gylfi: Bem, na verdade, tenho algumas perguntas. Há um homem bem informado nesta mansão?

Hár: *(ele ri)* A não ser que você esteja mais bem informado, não deixará vivo esta mansão.

Enquanto você pergunta, dê um passo à frente, por favor.
Aquele que responde se sentará à vontade.
Então, o que gostaria de saber?

Figura 1 – Bandeira retratando Odin, de uso ritual, bordada por Diana L. Paxson.

CAPÍTULO UM

Que o Verdadeiro Odin, Por Favor, Se Levante!

- Interlúdio: O Viajante -

Superior, Igualmente Superior e Terceiro
Esses são seus nomes como os ouvimos,
O Amplo de Sabedoria dá conselhos,
Odin, Oski, Omi vive,
Invocamos Wodan, Vili, Vé,
Para o Pai Supremo, Sigfadhir, Gandfadhir nós oramos.

— "Namechant," de Diana L. Paxson

O homem vestia um manto azul e se chamava Grimnir (o masca-
rado, ou oculto); ele não disse mais nada a respeito de si mesmo,
embora lhe fosse perguntado.

— Prólogo de *Grimnismál*

Aqueles que cresceram com as definições simples dos deuses que encontramos nos manuais do jogo *Dungeons and Dragons* podem ficar frustrados ao tentar explicar Odin, que é "o deus de..." muitas coisas. Uma maneira de começar é procurando os nomes e os títulos que ele recebeu ao longo dos anos. O "Namechant", citado acima, fornece alguns deles (para a música, consulte o Apêndice 2 no final do livro.)

No livro de Neil Gaiman, *Deuses Americanos*, Shadow pergunta: "Quem é você?". Seu companheiro propõe "Sr. Wednesday", já que esse é seu dia. Quando Shadow insiste no "verdadeiro" nome dele, o Sr. Wednesday responde: "Trabalhe para mim durante muito tempo e com bastante competência... e eu talvez até lhe diga o que quer saber" (Gaiman, 2001, p. 22). Para muitos que trabalham com Odin, ou para ele, essa é, de fato, a meta.

Em *The Lay of Hárbard*, Thor, desgastado por ter lutado com gigantes, chega às margens de um fiorde e chama o barqueiro, pedindo que este se aproxime e o leve para o outro lado. Aparentemente, ele está distante demais para perceber que o homem na balsa é seu pai. Odin parece estar em um humor quixotesco. Quando a troca de gentilezas chega às apresentações, o deus retruca: "Eu me chamo Hárbard, raramente oculto meu nome..." (*Hárbardhsljódh* 10).

Esse talvez seja o único gracejo que Odin faz em todo o corpo da tradição. O fato é, naturalmente, que Odin tem mais nomes do que qualquer outra pessoa em Asgard, e nunca diz o seu nome quando um apelido é suficiente. Ele é o barqueiro Hárbard ("Barba Grisalha") quando provoca o filho na margem. Na pele do viajante Vegtam, ele evoca a profetisa do monte mortuário dela para que lhe forneça respostas, e como Grimnir, o Oculto, ele suporta ser "assado" pelo rei Geirrod. Ainda outros epítetos, apelidos e hipóstases podem ser encontrados em outros lugares. No *The Viking Way*, Neil Price relaciona 204 nomes usados para Odin na tradição.

Por que ele tem tantos nomes? Na seção da *Edda* Nova – em prosa, chamada *Skáldskaparmál*, Snorri Sturlusson, escrevendo para jovens poetas, explica que na poesia você pode chamar uma coisa pelo nome próprio dela, substituir este último por outra palavra ou usar uma metáfora descritiva. Tendo em vista que os reis precisavam de poemas de louvores para disseminar sua fama, os poetas tinham que encontrar muitos termos para o protetor dos reis. A outra razão, é claro, é que Odin tem muitos interesses. Aqueles que trabalham hoje com ele podem chamá-lo de "o Velho", ou, às vezes, de "Seu Canalha". A questão de quantos nomes Odin realmente tem está na mesma posição que suas últimas palavras para Baldur: é uma das grandes perguntas irrespondíveis na tradição.

Há alguns anos, minha amiga Lorrie Wood recebeu uma carta de alguém que estava tentando compreender o relacionamento entre os numerosos aspectos de Odin. Eis como ela respondeu:

> Os aspectos de Odin que integram um ou outro "grupo de nomes" podem me agradar mais, e outros podem agradar mais a outra

pessoa, mas nenhum deles deixa de ser Odin. Os aspectos de Lorrie que podem ser reunidos sob o aspecto de "lwood" – minhas partes que dizem respeito diretamente a eu ter sido administradora de sistemas durante quinze anos – têm amigos para quem essa é a maneira como eles me conhecem. As pessoas que me conhecem como "Clewara", organizadora comunitária para uma certa guilda de jogo primário poly-MMORPG em EVE Online, veem um lado meu diferente. Nossos inimigos dentro desse jogo veem a mim e à minhas personagens alternativas, o que significa apenas que, para eles, eu sou um alvo, ou estou fazendo o reconhecimento deles porque ELES são alvos – bem, em última análise, nós somos alvos uns para os outros. Esse é outro grupo de pessoas que me conhecem dessa maneira. Esses meus dois eus não são o mesmo eu que a Lorrie que tem servido ao Troth durante uma década e meia. Esse é um terceiro grupo. A Lorrie que se posta ao lado de Diana dirigindo o Hrafnar não é a mesma e tampouco tem os mesmos amigos que as precedentes.

Elas todas se cruzam e se sobrepõem: a administradora Linux aprendeu a lidar com grupos de pessoas e ambos sabem como fazer um bom serviço na editoração eletrônica e assim por diante. Todas reúnem informações, veem padrões, tecem fios e encontram sentido neles e em todas essas coisas alegres e divertidas. Eu sou todas elas!

Então, o quanto Odin poderia ser menos Odin, quer eu o esteja chamando de Vegtam ou Valfodr? Esses são nomes do deus em diferentes lugares, mas são o mesmo deus. Quem é o Arauto Distante? Quem é o Domador do Caminho? Quem é o Encapuzado? Quem é o Velho? Quem é o Barba Grisalha, o Bigode de Pelo de Cavalo, o Olho de Fogo e o Olho Morto? Quem é o Causador de Tragédia e o Desejado?

Sim.

Neste capítulo, você encontrará um resumo dos nomes e da história de Odin, que lhe fornecerá um contexto para a discussão mais detalhada dos principais aspectos do deus nos capítulos que se seguem.

Cognomes e aspectos

O nome pelo qual mais conhecemos o pai de Thor é Óðinn, anglicizado como "Odin". No inglês antigo, ele é Woden; em alemão, Wotanm, ou o arcaico *Wodanaz*. O radical pode ser traduzido como "frenesi", "voz", "poesia", "visão", "excitação" ou "mente". Como você vai ver no Capítulo 10, esses termos derivam de um estado de exaltação mental que pode, de fato, se manifestar como inspiração ou como uma fúria incontrolável. Para mim, o ardor do entusiasmo que sentimos durante qualquer tipo de realização criativa capta a essência do principal nome de Odin.

Nos primeiros mitos, Odin é acompanhado por dois outros deuses. Não sabemos muito a respeito dos seus companheiros, e, por essa razão, os especialistas às vezes os identificam como "hipóstases" de Odin, ou outras "pessoas" que compartilham a mesma natureza dele. No *Völuspá 4*, ficamos sabendo que Midgard foi criado pelos "filhos de Bor", identificados por Snorri Sturlusson em *Gylfaginning* 5 como Odin, Vili e Vé. Se traduzirmos livremente esses nomes por "Mente", "Vontade" e "Santidade", ele formam uma útil trindade criativa.

No verso 18, Odin, Hœnir e Lódhur, criam os primeiros seres humanos a partir de toras de madeira encontradas na costa. Hœnir aparece em outras partes da mitologia. Lódhur é desconhecido, embora algumas pessoas tenham especulado tratar-se de outro aspecto de Loki. Na *Edda em Prosa*, Snorri Sturlusson apresenta uma trindade mais explícita. Quando o Rei Gylfi entra no Valhalla, ele avista três tronos, um em cima do outro, e é informado de que "aquele que estava sentado no trono mais baixo era rei, e se chamava Superior, o seguinte se chamava *Jafnhár* (Igualmente Superior) e o que estava sentado no trono mais alto se chamava *Thridhi* (Terceiro) (Sturlusson, 1987, *Gylfaginning* 2). Tendo em vista que as "palavras do Superior" (*Hávamál*) são atribuídas a Odin, está bastante claro que Jafnhár e Thridhi também podem ser identificados com Odin.

No entanto, esses três nomes nem mesmo começam a abranger a multiplicidade de papéis de Odin. Depois de assar em silêncio durante nove noites no fogo do Rei Geirrod (*Grimnismál*), ao receber do rei um chifre de cerveja, Odin responde com 50 estrofes da tradição, em cuja seção final ele informa 54 nomes pelos quais é conhecido durante várias aventuras. Ele foi *Grimnir*, o mascarado ou o oculto, quando chegou disfarçado à mansão de Geirrod, mas quando parte, ele é Óðhinn, "o melhor dos deuses".

Em outras partes da tradição, outros nomes aparecem. Cada um nos conta alguma coisa a respeito do deus. Recorrendo a várias fontes, vemos Odin em muitos papéis – o grande soberano e criador, o mestre da magia, o ganhador das runas, o deus da destruição e do frenesi, o deus do êxtase, o deus que ama as mulheres, o deus que fala com os mortos e o deus concede a derrota ou a vitória.

Embora ele possa assumir muitas formas, os apelidos de Odin nos dão uma boa ideia a respeito de como as pessoas achavam que era a aparência dele. Quando vagueia pelo mundo, ele se mostra como um homem magro envolto em um manto azul ou desalinhado, com um chapéu de aba larga puxado sobre um dos olhos, apoiado em um bastão que também pode ser uma lança. Seu símbolo é o Valknut.

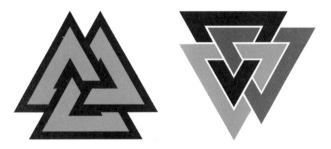

Figura 2 – Valknuts unicursais e tricursais.

As cores associadas a ele são o preto, o cinza e o azul, e seus números são o três ou o nove. Se o chapéu sair do lugar, nós o vemos com um tapa-olho, parcialmente cego debaixo das sobrancelhas eriçadas, ou, quando irritado, com um olhar enfurecido. A barba e o bigode são longos e ele é magro e pálido. Geralmente aparece como velho, mas em uma referência (*Bárdharsaga Snaefellsáss* 18) seu cabelo ainda é ruivo, o que explicaria de onde vem o cabelo avermelhado de Thor.

Também não deveríamos ficar surpresos com o fato de Odin também ter nomes derivados das criaturas com quem ele está associado: *Bjorn*, o urso, e, naturalmente, os corvos (*Hrafnagudh*). Por incrível que pareça, não temos nomes de lobo, a não ser que incluíssemos aqui *Hildolf* ("Lobo de Batalha") em vez de inseri-lo entre seus epítetos de guerreiro.

Odin ao longo das eras – quem é Odin e como ele ficou daquele jeito

Os nomes de Odin que encontramos na tradição falam muito a respeito de como ele era visto no final da Era dos Vikings. Mas os deuses, ou o conceito que temos deles, evoluem com o tempo. Para uma discussão mais ampla da história do paganismo nórdico, consulte o volume 1 de *Our Troth: History and Lore,* compilado por Kveldulf Gundarsson.

Uma pergunta que é, às vezes, debatida é se Odin fazia parte do panteão indo-europeu original, se ele migrou do Oriente Médio para o Norte ou se evoluiu, deixando de ser um deus da morte para se tornar o deus dos reis. Lyonel Perabo (2015), acadêmico de estudos escandinavos da Universidade da Islândia, caracteriza Odin como um "aspirador" divino que absorveu as características e os poderes de várias outras divindades à medida que evoluía.

Origens indo-europeias

Os estudiosos do século XIX achavam que o culto de Odin podia ter se originado fora da região germânica, entre os gauleses ou, possivelmente, no Danúbio, e chegou ao Norte em algum momento entre os séculos IV e VIII ec (Era Comum).

No prólogo da *Edda* Nova, Snorri Sturlusson torna Odin um *descendente* de Thor que antevê que seu destino está no Norte e migra primeiro para a Alemanha e depois para a Suécia. Assim como outros historiadores medievais que se inspiraram na epopeia de Virgílio da fundação de Roma para associar os lendários fundadores das suas linhagens reais a Troia, Sturlusson diz que Troia era o nome original dos Æsir e, portanto, os Aesir vieram da Ásia. Por outro lado, no *Ynglingasaga* (2-5), ele diz que, durante o período romano, Odin conduziu seu povo à Rússia, partindo de algum lugar a leste do rio Don, indo depois para a Alemanha e, finalmente, para a Escandinávia. Claramente, os nossos tempos não são a primeira vez em que a Europa recebeu um influxo de imigrantes do Leste.

Quanto temos que recuar para encontrar as origens de Odin?

Embora a explicação mais provável para as tentativas de Sturlusson de relacionar os Æsir com Troia seja o estilo literário medieval, é tentador enxergar uma possível fonte nas memórias populares da migração da cultura Yamnaya das estepes do Cáucaso e dos Montes Urais para o Norte da Europa há quatro ou cinco mil anos. Um estudo genético divulgado na edição de junho de 2015 da revista *Nature* indica que os pastores das estepes cujos ancestrais incluíam elementos do Oriente Próximo se deslocaram para o Oeste nessa época (Callaway, 2015). Eles se juntaram aos caçadores-coletores e às populações agrícolas que tinham chegado antes para se tornar o povo da "cerâmica cordada" do final do período neolítico.

Já na Era do Bronze, uma cultura essencial estava florescendo no Norte da Alemanha e na Escandinávia, usufruindo de um vigoroso comércio com o Mediterrâneo oriental. Essas pessoas falavam a língua protoindo-europeia, que em seu ramo ocidental se dividiu, com o tempo, nas famílias linguísticas báltica, germânica, itálica e celta. Outros grupos tinham se deslocado para o Leste e para o Sul a partir da terra natal original, levando sua língua para a Europa Oriental, o Mediterrâneo e os locais que são hoje a Turquia, a Armênia, a Índia e o Irã.

Em que esses primeiros indo-europeus acreditavam? O erudito francês Georges Dumézil é famoso pela sua teoria "tripartite", a ideia de que assim como a sociedade indo-europeia era dividida em três classes (preservadas no sistema de castas hindu e refletidas no poema édico *Rígsthula*, que narra como o deus Heimdall estabeleceu as classes sociais), os deuses de todas as culturas de descendência indo-europeia podem ser divididos em três grupos. Temos os deuses do bem-estar físico, que incluiriam Frey, Njordh e a maioria das deusas; os deuses da bravura física, especialmente Thor; e os deuses que mantêm a ordem cósmica e jurídica, a saber, Odin e Týr (Dumézil, 1973). Essa ideia tem sido enfaticamente criticada por especialistas heathenianos mais recentes, que salientam que agrupar todos os Vanir na terceira função desequilibra seriamente o panteão e, entre outros problemas, desconsidera a importância de Frey como o protetor dos reis Yngling suecos.

No entanto, vale a pena considerar a relação que Dumézil estabelece entre Odin e as divindades da Índia.

O dom da mudança de forma que caracteriza o primeiro [Varuna] coincide com a *maya* que o último emprega de uma maneira tão abundante. A armadilha imediata e irresistível que Varuna cria, representada pelas suas linhas e seus nós, também é o modo de ação de Odin. No campo de batalha, ele tem o dom não apenas de cegar, ensurdecer e paralisar, como também, literalmente, o dom de amarrar o inimigo com uma linha invisível. (Dumézil, 1973, p. 40.)

Varuna está associado à noite, e as estrelas são os mil olhos com os quais ele enxerga tudo; no entanto, à medida que a religião indiana evoluiu, ele se tornou um deus do mar, e os mortos que estão sob sua responsabilidade são aqueles que se afogaram. Para Kris Kershaw (2000, Capítulo 11), é Rudra, líder implacável dos equivalentes védicos dos *mannerbunde* que dançavam com peles de animais sobre roupas pretas, que parece ser o equivalente mais próximo de Odin.

No livro *The Cult of Oðinn: God of Death?*, Stephan Grundy explora a possibilidade de que o papel original de Odin possa ter sido o de um deus da morte e dos mortos. Três funções principais lhe são atribuídas na antiga literatura nórdica – deus da guerra, deus da realeza e deus da magia e da poesia. Como deus da guerra, ele não toma efetivamente parte no conflito; mais exatamente (por intermédio das suas valquírias), ele escolhe aqueles que tombam. Sua maior habilidade em combate é desmoralizar o inimigo. Como deus da realeza, ele conecta o governante vivo com seus ancestrais no monte mortuário. Como deus da magia e da poesia, entoa feitiços para falar com os mortos e viaja através dos mundos. Em capítulos posteriores, examinaremos mais essas habilidades.

Odin é um xamã? Grundy e outros críticos dessa teoria ressaltam que, no sentido estrito da palavra, o "xamã" opera em um contexto cultural tribal bem diferente do mundo da Era dos Vikings, e mais ainda do nosso. Certamente, as *outras* funções de Odin argumentam a favor de uma identidade muito diferente. No entanto, se examinarmos os papéis de Odin como deus da magia e da guerra, é possível vê-lo em um período anterior como o xamã que migrou com as tribos, praticando a magia para encorajar seus guerreiros e aterrorizar seus inimigos.

Odin e Roma

A maior parte das informações escritas que temos a respeito das origens da cultura escandinava procede de fontes como as *Eddas* e *As Vidas dos Reis Nórdicos* (*Heimskringla*), de Snorri Sturlusson, e a história dos dinamarqueses de *Saxo Grammaticus*, todas escritas nos séculos XII e XIII. Essas fontes começam com eventos do Período de Migrações (século IV ao século VII), quando muitas tribos germânicas diferentes estavam se deslocando para o Sul e para o Oeste da Europa. Temos também algumas referências nas crônicas e nas inscrições do Império Romano. Até mesmo naquela época, há indícios do que H. M. Chadwick chama de "o lado ardiloso, mágico e bárdico [de Odin] por um lado, e o lado guerreiro pelo outro" (Chadwick, 1899, p. 29).

Os romanos lidavam com a abundância de divindades que encontravam à medida que o Império se expandia por meio da *interpretatio Romana* – identificando os deuses nativos como formas locais do deus romano com o qual elas mais se pareciam. Os germanos que serviam com o exército romano e a população romano-germânica que vivia na fronteira da Germânia sentiam que o equivalente romano de *Wodanaz* era o romano Mercúrio (o qual, por sua vez, coincide parcialmente com o grego Hermes, mas não é exatamente o mesmo). Mercúrio está associado às viagens, ao comércio e à comunicação e também era um psicopompo que conduzia as almas dos mortos para o Outro Mundo. Em Colônia, a catedral foi construída sobre as ruínas de um templo romano a Mercúrio Augusto, templo este que fora edificado em honra ao Imperador Tito; se eu estivesse tentando descrever o papel de Odin como deus dos reis a partir de uma ótica romana, esse aspecto de Mercúrio é o nome que eu usaria.

De acordo com Tácito, historiador romano que reuniu informações dos oficiais que tinham servido na Germânia, o principal deus dos germanos era "Mercurius" (Tacitus, 1964, *Germania* 9), a quem eram oferecidos sacrifícios humanos. O grego Hermes e o romano Mercúrio são deuses da comunicação, guias para os mortos, mágicos e *tricksters* – categorias que certamente se aplicam a Odin. No entanto, Hermes geralmente facilita, em vez de originar, a ação. As mensagens que ele transmite são de Zeus e de outros deuses, e não dele próprio, ao passo que Odin fala com os mortos e, às vezes, é responsável pela morte deles em vez de atuar como um guia. Mercúrio e

Hermes se aproximam mais de Odin no seu aspecto de Hermes Trismegisto, o qual, no período helenístico, era o mestre da sabedoria esotérica, embora a magia hermética tenda a ser bem mais cerimonial do que as habilidades atribuídas a Odin no *Ynglingasaga*. Finalmente, as peças pregadas por Odin têm um propósito mais profundo e, não raro, mais mortal, do que as travessuras relativamente inocentes atribuídas a Hermes.

Minhas próprias investigações me levaram a fazer especulações sobre as conexões entre Odin e as divindades Apolo e Lugos. Sua encarnação irlandesa, Lugh Samildanach, é competente em tudo. Na sua forma gaulesa, Lugos enviou corvos para levar seu povo a fundar a cidade de Lugdunensis (Lyons). Não sou a única a ter notado essas semelhanças. Em *The Quest for Merlin,* Nikolai Tolstoy propõe que Merlin possa ter sido um sacerdote de Lugh/Odin. Antes de adquirir suas associações com o Sol, Apolo era um deus da poesia e da cura. Uma placa encontrada em Delfos o retrata acompanhado por uma gralha. Mas Apolo também tem um lado sombrio no qual ele corre com os lobos e atira flechas da peste com seu arco de prata. Ele e Odin não são o mesmo deus, mas desconfio de que eles, às vezes, frequentam o mesmo bar.

Outra divindade que é, às vezes, associada a Odin é a deusa-gralha irlandesa da guerra, Morrigan. De acordo com a autora Morgan Daimler, que trabalhou com Morrigan durante muitos anos, eles têm muito em comum.

Embora seja relativamente comum equiparar Morrigan às Valquírias, considero essa comparação um tanto desigual, e sinto que faz mais sentido compará-la ao Valfadhir do que àquelas que sabidamente o servem. As duas divindades têm várias coisas em comum, entre elas a tendência na mitologia de interferir diretamente nos assuntos humanos e a reputação no paganismo moderno de estar ativas entre seus seguidores. Tanto Morrigan quanto Odin são conhecidos por inclinar o resultado das batalhas a favor daqueles que eles querem que sejam vitoriosos, e estão associados à morte. Ambos também estão associados à profecia e à estratégia, e ambos são conhecidos por aparecer disfarçados ou se apresentar às pessoas nas histórias como outra pessoa. Além disso, tanto Odin quanto Morrigan estão fortemente associados a vários tipos de magia. No entanto, não são idênticos, já que Morrigan não é conhecida por perambular como Odin e tampouco se esforça para obter sabedoria ou prevenir batalhas como a de Ragnarök. Sempre achei que os dois deuses provavelmente se dariam bem e gostariam de beber juntos, quando não estivessem combatendo e tentando superar um ao outro.

Quando as tribos germânicas migratórias encontraram os romanos, Wodan estava bem estabelecido. Nos seus *Annales* (13:57), Tácito, escrevendo no século I, fala de uma guerra travada entre os Hermunduri e os Chatti pela posse de um rio salgado. Os vitoriosos Hermunduri sacrificaram, então, inteiramente o lado derrotado, com todas as armas e haveres deles, a "Marte e Mercúrio", ou seja, a Tiwaz e Wodanaz. Isso sugere que Odin e Tyr desempenharam papéis complementares na guerra. A história da origem dos lombardos, narrada por Jordanes no século VI, retrata Godan (Wodan) em um papel mais augusto, enganado pela esposa, que o convenceu a conferir à tribo tanto a vitória como um nome.

O Deus dos skjalds e dos reis

Independentemente das suas origens, já na Era dos Vikings, Odin aparece como o líder dos Æsir, protetor dos poetas e dos reis. Até o momento em que a conversão ao cristianismo se completou e os cronistas monacais assumiram a tarefa de narrar a história, eram os poetas que registravam os feitos dos reis e dos heróis. A subsistência dos *skjalds* e a fama do rei dependiam em doses iguais desse relacionamento. Não deveríamos ficar surpresos com o número de nomes guerreiros registrados para Odin – os reis faziam oferendas para ele pedindo a vitória, mas só existem algumas maneiras de descrever uma batalha – os poetas estavam provavelmente pedindo mais palavras ao deus.

Na *Edda* Nova, Snorri Sturlusson introduz Odin como o Pai Supremo. Não obstante, alguns parágrafos depois, nos é apresentada uma lista de nomes adicionais para o deus, indicando que, apesar da propaganda, seus outros aspectos ainda eram conhecidos. Apelidos como *Vidrir* ("Deus das condições atmosféricas") e *Thund* ("Trovão") o associam ao vento e às tempestades; nomes como *Hagvirk* ("Trabalhador Habilidoso") e *Thrór*

38 | *O Mundo de Odin*

("Vicejar") conferem a ele uma esfera ainda mais ampla. Embora Odin recebesse sacrifícios principalmente da nobreza e dos reis nórdicos, ele não é um soberano no sentido medieval da palavra. Na realidade, nossa imagem de Odin como "rei dos deuses nórdicos" parece dever mais aos autores posteriores educados na mitologia clássica do que às *Eddas*.

Odin vai para a clandestinidade

A Islândia foi o último dos países da Escandinávia a se converter ao cristianismo. Odin era lembrado nas sagas transcorridas em épocas anteriores, mas não era mais venerado. Sobreviveu no folclore, especialmente nas histórias da Caçada Selvagem, que examinaremos mais a fundo no Capítulo 8. Grimm registra algumas tradições fascinantes da Alemanha, nas quais o último feixe na colheita do trigo deve ser deixado para o cavalo de Odin. Há também o curioso aparecimento no século XIII de *Wunsch,* ou "Desejo" (a respeito do qual aprenderemos mais no Capítulo 5), personificado como um poderoso ser criativo que se parece muito com Wodan (Grimm, 1966, I:138).

Odin tinha desaparecido? Minha convicção é que, durante algum tempo, ele passou para a clandestinidade, vagando disfarçado pelo mundo durante a Renascença e o Iluminismo, inspirando novos modos de pensar e invenções.

O retorno do viajante

Na Inglaterra, a publicação das obras de Thomas Percy, *Five Pieces of Runic Poetry* e *Northern Antiquities*, em 1770, reintroduziu Odin em um mundo em transformação. Quando o século XVIII deu lugar ao século XIX, o racionalismo derivado da filosofia da Grécia clássica foi substituído por um novo nacionalismo romântico que se inspirou no folclore europeu. Os Irmãos Grimm reuniram contos de fadas, e Jacob Grimm produziu sua monumental coleção do folclore germânico, *Mitologia Teutônica.* Para obter inspiração, escritores, artistas e músicos exploraram as lendas das suas terras. O interesse se espalhou até mesmo para os Estados Unidos, onde Henry Wadsworth Longfellow escreveu vários poemas baseados em incidentes da *Heimskringla.*

Na Inglaterra, os homens que fundaram o Império Britânico buscaram inspiração no Norte. Em *The Vikings and the Victorians,* Andrew Wawn sugere que foi a interpretação vitoriana da antiga tradição que moldou a maneira como vemos hoje os vikings. Uma estante repleta de obras sobre Odin debatia o seguinte:

Era ele um poderoso líder que certa vez desafiara a tirania de Roma, e que podia agora atuar como modelo de vida para os jovens realizadores vitorianos socialmente ascendentes? Um membro singularmente talentoso de uma sociedade primitiva investido de autoridade sobrenatural por seus assombrados companheiros? Ou era ele parte de um mito primevo da natureza transmitido pela tradição oral? Ou poderia ainda sua presença ser encontrada no folclore contemporâneo na região rural da Grã-Bretanha? (Wawn, 2000, p. 5)

Eles podem ter encontrado apoio para a primeira teoria em uma história clássica de que uma "tribo do Mar de Azov, aliada de Mitrídates, foi a herdeira de seu sonho de um dia invadir a Itália. Liderada pelo chefe tribal Odin, consta que essa tribo escapou do domínio romano depois da vitória de Pompeu, migrando para o Norte da Europa e para a Escandinávia" (Mayer, 2010, p. 360).

Inicialmente, assim como Snorri Sturlusson, os eruditos seguiram o filósofo grego Evêmero ao interpretar os deuses como homens deificados. Em *The Hero as Divinity* [O Herói como Divindade], palestra proferida em 1840, Thomas Carlyle, que considerava a mitologia uma personificação do funcionamento da natureza, concentrou-se em Odin como um homem lembrado como um deus:

Sempre que um pensador aparecia, uma contribuição, um acréscimo, uma mudança ou uma revolução era feita na coisa em que ele pensava. Infelizmente, a maior "revolução" de todas, aquela realizada pelo próprio homem Odin, não penetrou também em nós como o resto! Qual é a história de Odin? É estranho até pensar que ele *tenha tido* uma história! Que esse Odin, no seu traje nórdico selvagem, com sua barba e seus olhos selvagens, sua fala e seus costumes nórdicos rudes, era um homem como nós, com nossas tristezas, alegrias, com nossos membros, peculiaridades – intrinsecamente igual a nós, e fez esse trabalho! Mas o trabalho, grande parte dele, pereceu; do trabalhador resta somente o nome. "Quarta-feira", dirão amanhã os homens, dia de Odin! De Odin não existe nenhuma história, nenhum documento, nenhuma conjectura a respeito dela que valha a pena repetir. (Carlyle, 1840.)

A mitologia do Norte era nova e estimulante, mas as pessoas que a liam tinham sido educadas na tradição clássica, e era natural para elas ver Odin, ou Wotan, como um equivalente de Zeus no Norte. Foi Richard Wagner que, abandonando os modelos italianos que dominavam a ópera na sua época, tornou popular novamente a mitologia germânica em escala internacional com *O Anel dos Nibelungos*, uma nova versão épica em quatro partes da lenda de Siegfried e Brunhild, criando, ou talvez descobrindo, uma nova encarnação do deus.

Em *O Ouro do Reno* (*Das Rheingold*), a primeira ópera em *O Ciclo do Anel*, Wotan é um jovem guerreiro/rei, que já gostava de mulheres e de perambular, mas que era mais motivado pelo desejo de conhecimento, o que o leva primeiro a capturar o Anel de Poder e depois a desistir dele. Em *A Valquíria* (*Die Walküre*), a segunda ópera, ele é o Pai Supremo, aprisionado no conflito entre a Vontade e o Amor e buscando uma maneira de contornar as leis que ele mesmo criou. Em *Siegfried*, a terceira ópera e a que mais se apropriou do conteúdos das *Eddas*, ele aparece como "O Viajante", que seduz e manipula as outras personagens em vez de intervir diretamente. Em *O Crepúsculo dos Deuses* (*Götterdammerung*), a última ópera do ciclo (na qual ele não aparece diretamente), Wotan está restringido pelo destino que construiu e só pode aguardar, esperando que sua prole acabe com o mundo para que um novo possa nascer.

Os mitos têm a maravilhosa capacidade de se adaptar a culturas em transformação. Wagner, sentindo os possíveis riscos das forças desencadeadas pela Revolução Industrial, tornou o "anel" uma chave para a riqueza e o poder ilimitados, e Wotan uma figura trágica que luta com o problema de como usá-lo. As óperas de Wagner ocupam uma posição única na música hoje em dia, e parte da natureza divina de Odin ainda é claramente evidente.

Ouvi, em uma entrevista de rádio, um cantor wagneriano descrever a interpretação de *O Ciclo do Anel* como uma "experiência religiosa".

Esse nacionalismo romântico continuou no século XX, especialmente na Alemanha, onde, como comenta Jung no seu ensaio *Wotan*, "Mais do que curioso – na realidade, até certo grau, estimulante – é o fato de um antigo deus da tempestade e do frenesi, Wotan, que há muito tempo estava inerte, acordar como um vulcão extinto para uma nova atividade em um país civilizado que há muito se supunha ter ultrapassado a Idade Média" (Jung, 1936).

No início do século XX, os jovens andavam pelas florestas e reviviam cerimônias pagãs. No entanto, já na década de 1930, estavam marchando pelo nazismo. Jung via Wotan como o Caçador Selvagem, uma fúria que estava acabando com a cultura cristã da Alemanha. Ao escrever antes da Segunda Guerra Mundial, ele não poderia imaginar os horrores aos quais o *furor teutonicus* conduziria; entretanto, identificou claramente o poder dos aspectos do deus que promovem a loucura e a destruição, a respeito do que terei mais a dizer nos Capítulos 8 e 9.

Quem era aquele homem mascarado? Odin hoje

Durante e após a Primeira e a Segunda Guerra Mundial, muitos germano-americanos anglicizaram seus nomes, e jornais e organizações culturais escandinavas fecharam as portas. Depois da Segunda Guerra Mundial, passaram-se décadas antes que as óperas de *O Ciclo do Anel*, de Wagner se tornassem novamente aceitáveis. Até hoje, a suástica, um antigo símbolo do Sol encontrado no mundo inteiro, não pode mais ser usada.

Ralph Metzner, que cresceu na Alemanha durante a Segunda Guerra Mundial, "sentia uma repulsa quase visceral por qualquer sistema de crença que fosse até mesmo remotamente associado à ideologia genocida dos nazistas" (Metzner, 1994, p. 4). Em *The Well of Remembrance,* ele descreve sua luta para se reconectar com a mitologia germânica. Quando começou a explorá-la, pareceu-lhe que

toda a trajetória da cultura europeia, na sua contínua busca de conhecimento em muitas formas, parece estar, de alguma maneira, relacionada com a figura desse deus errante, com seu congênere grego Hermes e com figuras mágicas lendárias como

Fausto e Merlin. Curiosamente, o mito de Odin parecia descrever muitos aspectos do meu próprio caminho na vida, meu contínuo interesse por explorar esferas incomuns de consciência, desencadeado pela minha primeira experiência psicodélica em 1961, bem como meu duradouro fascínio pelos estudos interculturais de religião, mitologia e xamanismo (Metzner, 1994, p. 10).

Para muitos, *O Senhor dos Anéis*, de J. R. R. Tolkien, professor da cátedra Rawlinson e Bosworth de língua anglo-saxônica da Universidade de Oxford, foi sua primeira exposição à cultura germânica. Tendo sido originalmente publicada em meados da década de 1950, a trilogia se tornou uma sensação mundial em 1965, quando Don Wollheim publicou as primeiras edições em brochura. Conheci os livros em 1963 quando me foram recomendados pela minha mentora Dra. Elizabeth Pope, diretora do departamento de inglês da Faculdade Mills. Naquela época, os fãs eram dedicados porém poucos, e o fato de você ter lido os livros lhe concedia o direito de entrar para uma sociedade seleta, povoada por medievalistas e fãs de ficção científica e literatura de fantasia. No entanto, já no final da década de 1960, pôsteres anunciando a Terra Média estavam nas paredes dos dormitórios das universidades, e alunos do Ensino Médio estavam aprendendo a escrever com o alfabeto rúnico.

Quando *O Senhor dos Anéis* tinha se tornado um ícone cultural e Metzner estava começando a explorar a consciência, as antigas memórias estavam se desvanecendo. Poderíamos dizer que a mudança estava no ar, e uma das coisas que, de repente, pareciam possíveis era venerar novamente os antigos deuses. Uma "igreja de Odin" tinha sido fundada na Austrália antes da Segunda Guerra Mundial. Ela foi restabelecida na Inglaterra no início da década de 1970, e na década de 1980 recebeu o novo nome de "Odinic Rite" (Rito Odínico).

Else Christiansen fundou a Odinist Fellowship (Sociedade Odinista) em 1969. Grande parte do seu trabalho foi realizado com pessoas que estavam na prisão, o que discuto mais detalhadamente nos Capítulos 7 e 9. Em 1973, Sveinbjörn Beinteinsson requereu ao Parlamento Islandês que Asatrú fosse reconhecida como uma religião legítima. Desde então, ela vem florescendo na Islândia, onde, em 2015, a Ásatruarfelagid tinha 2.700 membros (em uma população de 370 mil) e está hoje construindo um templo nacional.

Nos Estados Unidos, um dos primeiros grupos foi a Asatru Free Assembly (AFA), fundada por Steve McNallen. Ela fracassou por falta de apoio, embora tenha sido depois reorganizada como Asatru Folk Assembly e está hoje especificamente limitada a pessoas de ancestralidade europeia. Em 1987, antigos membros da AFA criaram dois novos grupos, a Asatru Alliance (uma federação de *kindreds* para pessoas de ancestralidade europeia) e o Troth (que é aberto a todos que ouvem o chamado dos deuses germânicos). Para um relato mais completo de todos esses avanços, consulte o Capítulo 7 de *Our Troth: History and Lore.* Troth é a organização à qual pertenço desde 1992, e compreende-se que eu seja parcial com relação a ela. Se você estiver procurando uma organização inclusiva que dá valor tanto ao conhecimento quanto à inspiração, eu certamente a recomendo. Para informações, consulte www.thetroth.org.

Então, que papel Odin está desempenhando no século XXI? Nos capítulos que se seguem, além do testemunho da tradição, você encontrará comentários e relatos de pessoas que o estão encontrando hoje em dia.

Prática

1. Construa um altar

Se você tem a esperança de desenvolver um relacionamento com alguém, um primeiro passo adequado é escolher um lugar para vocês se encontrarem. Quando esse "alguém" for um deus, comece com um altar. Com o tempo, seu altar para Odin poderá se tornar bastante elaborado, mas comece de maneira simples. Um tecido azul-escuro, uma vela e um cálice de licor para oferendas são suficientes para atuar como foco para a meditação. Se você quiser fazer mais, pode preparar um pano de fundo com uma caixa de papelão, em forma de tríptico, pintada ou coberta de tecido. Procure na internet três imagens do deus, imprima-as e prenda-as na caixa. No entanto, esteja preparado para expandir o espaço – se você continuar a trabalhar com Odin, reunirá itens adicionais e seu altar crescerá.

Figura 3 – Altar portátil para Odin.

2. Organize uma biblioteca

Odin pode ser um deus de inspiração, mas também é um mestre da tradição. O altar deve ter como contraponto uma estante de livros. Enquanto os seguidores das religiões abraâmicas são o "povo do Livro", os heathenianos são o "povo da Biblioteca". Para começar, sugiro as seguintes obras:

H. R. Ellis Davidson, *Gods and Myths of Northern Europe*, Penguin, 1965 (reeditado como *Gods and Myths of the Viking Age*, Crown, 1982). É uma obra clássica que oferece uma boa introdução geral à cultura e à mitologia nórdicas antigas. Exemplares usados estão facilmente disponíveis.

Neil Gaiman, *Norse Mythology*, Barnes & Noble, 2017. Uma versão nova e, às vezes, irreverente dos mitos básicos.

John Lindow, *Norse Mythology*, Oxford University Press, 2001. Uma fonte acessível e confiável que irá ajudá-lo a acompanhar quem é quem.

Andy Orchard (tradução), *The Elder Edda: A Book of Viking Lore*, Penguin Classics, 2011. Esses são os grandes poemas que formam a base da mitologia nórdica.

Snorri Sturlusson (Anthony Faulkes, tradução), *Edda,* J. M. Dent & Sons, 1987. Essa é uma tradução completa, relativamente recente, da *Edda Nova,* ou *Edda em Prosa,* compêndio do século XIII de histórias a respeito dos deuses concebido como um livro de referência para poetas.

Se você quiser saber mais a respeito da religião heatheniana, consulte *Our Troth: History and Lore* and *Our Troth: Living the Troth,* de autoria de Kveldulf Gundarsson (à venda em *Lulu.com* ou na Amazon) ou, para um relato mais introdutório, meu livro *Essential Asatru* (Citadel, 2009).

Autores contemporâneos estão contando novas histórias sobre Odin de sua própria autoria. Para narrativas de como os deuses podem aparecer hoje em dia, consulte:

Steve Abell, *Days in Midgard: A Thousand Years On,* Outskirts Press, 2008.

Laure Gunlod Lynch, *Odhroerir, Nine Devotional Tales of Odin's Journeys,* Wild Hunt Press, 2005.

John T. Mainer, *They Walk with Us,* The Troth *(Lulu.com),* 2015.

"O Viajante"

Quem é este que percorre os caminhos,
Um velho, alto e grisalho?
Um dos seus olhos desapareceu,
O outro olha para bem longe.
Ele se apoia em um bastão,
Muito longo, muito grosso,
Seus passos são lentos, seu olhar rápido,
Neste dia frio e brumoso.

Seja sempre gentil com os viajantes,
Que vêm de perto e de longe,
Seja sempre gentil com os viajantes,
Você não sabe quem eles são...

O velho que bate à porta
Pergunta se você será gentil,
Duas gralhas no céu,
Circulam bem perto, logo atrás.
Dê a ele uma xícara do que você tiver,
Cerveja gelada ou café quente,
Uma tigela de ensopado se você tiver uma panela,
O que quer que consiga encontrar.

Seja sempre gentil com os viajantes,
Que vêm de perto e de longe,
Seja sempre gentil com os viajantes,
Você não sabe quem eles são...

Os padrões estão sempre sendo tecidos,
Mais do que você consegue ver.
A coragem, a sagacidade e a bondade,
Força e honestidade,
Podem tecer o padrão à sua volta
Melhor do que você sabe.
Aceite a bênção do velho
Que ele dará antes de partir.

Quem era aquele que foi embora?
Você nunca soube seu nome.
Ele nunca disse seu destino
E tampouco de onde veio.
O que vem depois, quem pode dizer?
Céu terreno, inferno terreno?
Mas quer o tenha tratado mal ou bem,
Você colherá o que ofereceu.

Seja sempre gentil com os viajantes,
Que vêm de perto e de longe,
Seja sempre gentil com os viajantes,
Você não sabe quem eles são...

Leslie Fish, *Avalon Is Risen* (Prometheus Music, 2012.)

Figura 4 – "Vegtam".

CAPÍTULO DOIS

O Viajante

- *Interlúdio: A Segunda Fórmula Mágica de Merseburg* -

Perambulei amplamente, afrontei muitas façanhas,
Lutei com força contra Poderes...

— *Vafþrúþnismál 3*

A maioria dos nomes lhe foram dados em decorrência do fato que
com todas as ramificações de línguas no mundo, cada nação con-
sidera necessário adaptar o nome dele à sua língua para suas pró-
prias invocações e preces, mas alguns eventos que deram origem
a esses nomes ocorreram nas suas viagens e se tornaram temas de
histórias . . .

— *Gylfaginning 22*

Como vimos, Odin é um deus com muitos nomes e o herói, ou, às vezes, o vilão de muitas histórias. Os livros sobre mitologia nórdica geralmente o identificam como o soberano de Asgard, mas se examinarmos a tradição fica claro que, se Odin fosse um executivo em tempo integral, jamais teria tempo para todas as viagens que faz. Às vezes o encontramos na estrada, outras ele bate à nossa porta. Quer busquemos sua orientação nas nossas jornadas ou o acolhamos no coração e na nossa casa, precisamos entender onde ele perambula – e por que o faz.

Muitas das jornadas de Odin estão registradas nas *Eddas*. Quando ele troca insultos com seu filho em *Hárbardsljódh*, ele diz que esteve em terras distantes seduzindo bruxas. Em *Baldrsdraumr*, Odin sela Sleipnir e viaja para o mundo subterrâneo para consultar Völva, cujo monte mortuário está situado no portão oriental de Hel. Ele a evoca por meio de músicas e feitiços e, apesar das queixas dela, a obriga a contar por que seu filho Baldr está tendo pesadelos. Quando ela pergunta o seu nome, ele diz que se chama *Vegtam* ("Domador do caminho"), filho de *Valtam* ("Domador dos mortos em batalha") (*Baldrsdraumr* 6), simultaneamente reivindicando o poder sobre as viagens e os mortos. Sua última pergunta aparentemente ultrapassa os limites. A profetisa o reconhece como "Odin, o mais antigo dos deuses" e prognostica que a próxima vez que ele irá vê-la será em Ragnarök.

Em *Vafthrúthnismál*, ele viaja para apostar sua cabeça em um torneio de argúcia e sabedoria com o gigante considerado o mais sábio de todos, dizendo se chamar *Gagnradh*, "O que dá bons conselhos." O gigante, compreendendo as regras da hospitalidade, lhe oferece um bom assento e propõe um torneio de charadas, mas Odin insiste em permanecer em pé até ter respondido a todas as perguntas e assim vencer a primeira rodada. O deus interroga então Vafthrúthnir. Depois de o gigante fornecer 12 respostas corretas, o deus continua a fazer perguntas até que vence o gigante ao perguntar o que Odin sussurrou no ouvido do seu filho morto quando Baldr estava deitado na pira funerária. Esta – a grande pergunta da tradição – revela sua identidade. No entanto, a resposta não é revelada.

Na *Hervararsaga*, um homem chamado *Gestumblindi* ("Hóspede cego") oferece um sacrifício a Odin para que este o ajude em um jogo de charadas com o Rei Heithrek. Como resposta, um homem idêntico a ele e que também diz se chamar Gestumblindi toma seu lugar na competição. Ele ganha fazendo ao Rei Heithrek a mesma pergunta que foi vencedora contra Vafthrúthnir. Quando o rei tenta golpear Odin com a espada amaldiçoada Tyrfing, Odin se transforma em um falcão e voa para longe.

Quando a derradeira terra germânica se tornou cristã, as estátuas dos deuses foram derrubadas, e seu culto, reprimido. Mas o fato de Odin ter se tornado um viajante nas estradas do mundo não foi uma derrota, e, sim, uma oportunidade. Wotan aparece como "O Viajante" na ópera *Siegfried*. Apesar de Gandalf também possuir muitos nomes, ele é mais lembrado como o mago errante.

O romance de Neil Gaiman, *Deuses Americanos*, é a história de uma longa viagem. No livro, o Sr. Wednesday oferece a Shadow, que ele recrutou como aliado, sua explicação pessoal de como os deuses viajam de um lugar para outro.

50 | *O Mundo de Odin*

Quando as pessoas vieram para os Estados Unidos, elas nos trouxeram com elas. Elas me trouxeram, e também trouxeram Loki e Thor, Anasi e o Deus Leão, Leprechauns, cluricans e Banshees, Kubera e Frau Holle e Ashtaroth, e trouxeram você. Viemos até aqui na mente delas e lançamos raízes. Viajamos com os colonizadores para as novas terras através do oceano. (Gaiman, 2001, p. 123)

Embora a convicção do Sr. Wednesday de que os deuses foram esquecidos possa ter sido verdadeira durante algum tempo, não acredito que ela o seja hoje em dia. As óperas de Wagner mantiveram Wotan na consciência do público ao longo do século XX, e o livro de Gaiman e a série de televisão nele baseada estão contribuindo atualmente para o ressurgimento de Odin. Os deuses mudam de tempos em tempos e de lugar para lugar, mas quanto mais as pessoas estudarem a tradição, mais provável será que o deus se pareça com o Odin que Shadow encontra no epílogo do que com o Sr. Wednesday.

Fui entrevistada há alguns anos por um islandês cuja primeira pergunta foi como podíamos praticar uma religião escandinava na Califórnia. Respondi que o fazemos da mesma maneira como os noruegueses fizeram quando colonizaram a Islândia. Veneramos os espíritos da terra onde vivemos agora e examinamos a tradição para aprender a respeito dos deuses.

Mas eles não existem apenas na tradição. Os deuses viajam na nossa mente, e não apenas quando estamos pensando conscientemente neles. Conheci um número enorme de pessoas que encontraram Odin espontaneamente, de modo que não posso deixar de acreditar que os deuses também existem em outra dimensão da existência, que você pode chamar de Inconsciente Coletivo ou qualquer outra coisa, a partir de onde eles podem se exteriorizar para nos confrontar no momento adequado. Nas palavras da minha amiga Becky:

Naquele primeiro ano, o Pai Supremo mostrou-me apenas algumas das suas faces – O Viajante, o Buscador da Sabedoria, o Trickster e o benevolente Pai Supremo. Essas faces sensibilizavam partes profundas que eram seguras e fascinantes, e das quais eu queria ficar mais próxima. O Viajante foi o primeiro a bater, e não foi por acaso que ele se parecia com o Gandalf das histórias. Gandalf podia ser terrível, mas nunca para seus amigos. O Odin que apareceu na minha porta vestindo o chapéu de Gandalf contornou meu medo e foi convidado a entrar. Odin, O Viajante, correspondia a um grande número das figuras das minhas queridas histórias, de modo que respondi à batida do desconhecido com pensão completa e histórias permutadas. Eu sabia muito bem que a cortesia era necessária para aquele que bate e que ele honra os presentes livremente oferecidos, por mais humildes que sejam, de modo que pude oferecer hospitalidade em segurança.

O Trickster sempre sussurrou no meu coração e eu sempre sorri. Agora, quando o *trickster* sussurra, às vezes é minha voz. O Pai Supremo era muito semelhante ao Deus da minha infância – onipotente, onisciente, todo amoroso, e nunca o temi. Ele me amava e queria o melhor para mim. Começando ali, fui capaz de separar o que era Odin, o que era Jeová, e o sonho de uma criança de subir para o colo de "deus" e ser abraçada com um perfeito amor, segurança, interesse e regozijo.

Viajando

Odin viaja para adquirir sabedoria. Quando nós viajamos, o que procuramos e o que podemos aprender? A vida em si é uma jornada, e nossas viagens de lugar para lugar nada são além de paradas no caminho. Odin pode ser um bom guia para as jornadas físicas e espirituais.

Este poema de James Moore-Hodur expressa uma das maneiras pelas quais podemos participar das jornadas de Odin.

Óðinn é alento, e o Pai Supremo é o ar que enche teus pulmões. Ele é o vento. Ele está em toda parte vagando como a brisa através das novas folhas do outono.

Óðinn continua a vagar...

Ele está no grito estrondoso! Está no Canto de Galdr. Ele é a palavra entre os parentes. Caminha entre nós porque somos reflexos do próprio Yggdrasil.

Óðinn continua a vagar...

O aleto conecta toda a vida. O aleto gera a paz. O aleto cria o amor. O aleto produz a guerra. O aleto canta a verdadeira música de uma Runa. O aleto conta mentiras. O aleto sussurra segredos. A ausência do aleto causa morte e destruição. O aleto traz poesia para a vida. O aleto conecta todos nós.

Óðinn continua a vagar...

Quando inicio uma viagem, invoco Odin como *Vegtam*, o Domador do caminho, *Gagnradh*, que dá bons conselhos, e *Farmögnudhr*, O Poder da jornada. Se estou viajando de carro, peço a ele que mostre o caminho, com Heimdall para me proteger, e Thor e Tyr para defender os dois lados do carro. Odin é novamente chamado quando estou tentando descobrir o melhor caminho para chegar a algum lugar. Ele também é meu melhor aliado quando me comunico com as pessoas que encontro ao longo do caminho.

Também podemos aprender com a maneira como Odin viaja. Em vez de se apresentar em toda sua glória blindada, ele geralmente viaja disfarçado. Se permanecermos discretos durante a viagem, aprenderemos mais. Ninguém gosta do turista que se queixa o tempo todo, recusando-se a se adaptar aos costumes e à cozinha do local. Se você não estava preparado para escutar, por que deixou sua terra?

E você pode encontrar Odin no caminho. Tem havido uma série de ocasiões inesperadas. Minha amiga Amy o viu "certo dia dirigindo um jipe na estrada. A capa do estepe tinha figuras de lobos. Eu sei que era ele; se parecia muito com o que eu imagino que ele seja". Um amigo encontrou em um bar um homem alto e bem magro com barba branca e cabelo comprido, vestindo terno azul-marinho e um chapéu de aba larga. Ele tinha o nariz longo e olhos brilhantes. O bar estava barulhento e cheio. Meu amigo pagou uma bebida para o homem. Ele diz que o cara achou que ele estava maluco.

Julia me escreveu para dizer o seguinte:

Tive um encontro com um viajante parecido com Odin em janeiro. Eu havia acabado de chegar à Nova Zelândia e estava visitando uma ilha chamada Waiheke ao largo da costa de Auckland. Estávamos na praia e meu marido estava lendo um livro a respeito de Marx. Um homem com longo cabelo branco e barba, vestindo uma camiseta *tie-dye* e descalço, surgiu do nada, se sentou e começou a conversar conosco. Ele era extremamente inteligente e tivemos uma conversa fascinante com ele a respeito de globalismo, marxismo e ambientalismo durante mais ou menos meia hora. Antes de ir embora, ele nos disse... que iria ficar na praia durante a noite e depois seguiria viagem. Nos disse que não tinha casa e que era apenas um viajante que recentemente perdera seu barco.

Depois que ele partiu, eu disse para meu marido que achava que tínhamos conhecido um deus. Eu estava com a sensação de que era Odin, e meu marido concordou comigo. Ficamos na ilha por mais ou menos uma semana e não voltamos a vê-lo. Foi uma experiência realmente muito estranha. Quase pareceu que ele nos estava dando as boas-vindas no caminho do viajante.

Terá sido *realmente* Odin? Às vezes, o encontro resulta em uma compreensão que tem consequências por toda a vida. No entanto, outros encontros têm a natureza de um presságio – alguma coisa que você vê ou escuta que por si só é corriqueira, mas que é expressiva por causa do significado que você atribui a ela. Quando você viaja, uma palavra dirigida a Odin no início de cada dia o tornará sensível a eventos e imagens que aprofundam seu entendimento do mundo.

Vagar por Midgard nos ensina muitas coisas, mas algumas das nossas viagens mais produtivas são aquelas dirigidas para dentro. No meu livro *Trance-Portation*, escrevi a respeito das habilidades necessárias para a jornada interior, na qual separamos a mente do mundo exterior para pegar o caminho a leste do Sol e a oeste da Lua. Uma das metas dessa viagem é procurarmos, como Gylf, o Superior na sua própria casa.

Contatos Imediatos do Terceiro (Thridhi) Grau

Os artistas podem ser particularmente abertos à influência odínica, mas às vezes o deus aparece em pessoa. Além dos encontros casuais anteriormente citados, houve ocasiões em que alguém que se parecia com o deus também agiu como ele.

Certa amiga minha, por exemplo, me disse que, há alguns anos, foi obrigada a deixar o Arizona e aceitar um emprego de recepcionista em uma cidade do Meio Oeste dos Estados Unidos. Ela prometera voltar, mas de algum modo o momento nunca parecia adequado. Certa tarde, um homem alto, com barba e cabelo grisalhos, foi ver seu chefe. Quando estava indo embora, o homem se voltou para ela e perguntou: "Por que você ainda está aqui?", em um tom que deixou claro que ele não estava se referindo à hora de ir embora para casa. Naquele momento, ela o viu como Odin, e compreendeu que estivera adiando demais seu retorno. Depois disso, as coisas se resolveram suavemente e ela pôde voltar para o Arizona.

Outra amiga, quando estava indo obter informações a respeito do andamento de um processo judicial, passou por um homem bem-vestido, com um tapa-olho, nos degraus do Palácio da Justiça, que lhe deu um sorriso de aprovação. Ao entrar, ela tomou conhecimento de que a decisão do caso tinha sido a que ela esperara.

Odin não é o único deus que aparece dessa maneira. Quando meu marido teve problemas com o carro, várias vezes Hermes, na forma de um jovem ruivo, apareceu em resposta às suas preces. Quando essas coisas acontecem, o que está efetivamente acontecendo? Nas epopeias de Homero, os deuses muitas vezes assumem a forma de seres humanos para dar conselhos ou fazer a trama continuar. É somente depois que o deus ou a deusa desaparece que o mortal percebe com quem estava falando. Existem várias possibilidades. O humano pode ter imaginado o ocorrido, o deus pode ter efetivamente assumido a forma humana ou – minha teoria favorita – o deus entrou em uma forma humana apropriada e falou através dela.

Os gregos não foram as únicas pessoas a reconhecer a presença de um deus somente depois de ele partir. Veja esse exemplo extraído de *Hystory of Olav Trygvason* 71:

> É relatado que certa vez o Rei Olaf participava de um banquete em Ogvaldsnes, e certa noite um velho que falava muito bem e usava um chapéu de aba larga se aproximou dele. Ele tinha apenas um olho e tinha alguma coisa a contar sobre cada terra. Ele iniciou uma conversa com o rei; e como o rei achou

as palavras do convidado muito prazerosas, fez a ele perguntas a respeito de muitas coisas, para as quais o convidado deu boas repostas, e o rei ficou sentado até tarde naquela noite. Entre outras coisas, o rei lhe perguntou se ele sabia quem fora Ogvald que dera nome tanto ao promontório como a casa. O convidado respondeu que esse Ogvald era um rei, um homem muito valente, que fazia sacrifícios para uma vaca que levava consigo aonde quer que fosse, e que considerava bom para sua saúde beber o leite do animal. Esse mesmo rei Ogvald travou uma batalha com um rei chamado Varin, na qual Ogvald tombou. Ele foi enterrado debaixo de um montículo perto da casa; "e lá sua lápide se ergue sobre ele, e perto dela sua vaca também foi enterrada". O rei fez perguntas depois a respeito dessas e de muitas outras coisas, e também sobre eventos antigos. Ora, depois de o rei ter ficado acordado até tarde, o bispo lhe lembrou de que estava na hora de ir para a cama, e o rei acedeu. Mas depois que o rei se despiu e se deitou na cama, o convidado se sentou no banquinho para os pés diante da cama e continuou a falar longamente com o rei, porque depois que uma história terminava, o rei queria outra. O bispo então mencionou para o rei que estava na hora de dormir, e o rei acedeu; e o convidado se retirou. Pouco depois de acordar, o rei quis saber onde estava o convidado e ordenou que ele fosse chamado, mas ele não foi encontrado. Na manhã seguinte, o rei ordenou que seu cozinheiro e seu mestre de vinhos fossem chamados à sua presença e perguntou se algum desconhecido estivera com eles. Eles disseram que quando estavam preparando a carne, um homem se aproximara e comentara que eles estavam cozinhando uma carne de muito má qualidade para a mesa do rei, depois do que lhes dera dois pedaços grossos e gordos de carne bovina que eles cozinharam com o restante da carne. O rei então ordenou que toda a carne fosse jogada fora, dizendo que esse homem não poderia ser outro senão o Odin que os pagãos veneravam havia muito tempo; e acrescentou: "mas Odin não nos ludibriará". (Sturluson, 1844)

Acolhendo o viajante

Como você sabe quem está batendo à sua porta? Esse é o problema enfrentado pelo ferreiro anão Mime – que não deve ser confundido com Mimir, o dono do poço mítico, que será discutido em capítulos posteriores – no primeiro ato da ópera *Siegfried* de Richard Wagner.

Quando a ópera começa, Mime e o jovem e impetuoso Siegfried estão discutindo, porque o anão não foi capaz de forjar uma espada que Siegfried não consiga quebrar. Há uma espada que poderia servir – Nothung, mas somente se puder ser consertada. Esse é o momento em que um desconhecido com um manto esfarrapado e um chapéu largo aparece na porta, apoiado em um bastão cuja ponta encoberta oculta o fato de que é, na verdade, uma lança. Ele se proclama um hóspede fatigado pela viagem em busca de abrigo e diz se chamar "O Viajante".

> Muito procurei, e muito aprendi.
> Tornei homens sábios e instruídos,
> Salvando muitos das suas tristezas,
> Curando seus corações feridos.
> Muitos acreditam que a sabedoria é deles,
> E no entanto a maioria carece do que mais precisa.
> Quando eles me pedem, buscando conhecimento,
> Eu lhes ensino minha tradição.
>
> — Richard Wagner, *Siegfried*

Mime, contudo, insiste em afirmar que sabe tudo o que precisa, e, deixando a desejar em hospitalidade, tenta mandar o Viajante embora. Nesse ponto, Wotan assume outra das suas identidades, Gizurr (O que fala por enigmas). Ele aposta sua cabeça em uma batalha de argúcia. Seguindo o padrão em *Vafthrúthnismál*, cada jogador faz, então, três perguntas. As perguntas de Mime são a respeito do mundo e seus habitantes, às quais, é claro, O Viajante responde com facilidade. Por ser vencedor, ele agora exige que Mime aposte a própria cabeça em outras três perguntas. Mime consegue responder a duas das perguntas do Viajante, mas a terceira se concentra em um problema com o qual ele vem se debatendo desde o início da ópera – como reforjar Nothung. Wotan ressalta que se ele tivesse usado a oportunidade para fazer essa pergunta ao hóspede, ele saberia o que precisava. Ele agora deve a cabeça ao Viajante, que transfere esse direito à pessoa que irá forjar a espada, o homem que nunca conheceu o medo.

Para a maioria de nós, contudo, a primeira imagem de um mago errante que nos vem à mente é a de Gandalf, em *O Senhor dos Anéis*. Tendo em vista que Tolkien foi professor de literatura anglo-saxônica em Oxford, é compreensível que o livro, assim como o anterior, *O Hobbit*, esteja salpicado de pérolas da cultura germânica, especialmente da descrição de Gandalf, que "... usava um chapéu azul alto e pontudo, um longo manto cinza e um cachecol prateado. Tinha uma longa barba branca e espessas sobrancelhas que se projetavam além da aba do chapéu" (Tolkien, 1954, p. 33). A descrição parece um retrato de Odin, o Viajante.

O nome *Gand-alf* (Wand-elf) se origina do catálogo de anões no *Völuspá,* que também forneceu muitos dos nomes de anões em *O Hobbit.* Em *O Senhor dos Anéis,* o bruxo cresce em estatura tanto física quanto espiritual. Para os elfos, ele é Mithrandir, o Peregrino Cinzento. Entre os outros *kindreds*, ele tem ainda nomes diferentes. Depois que Gandalf se perde em Moria, a canção de lamentação de Frodo relaciona suas viagens, mas também sua capacidade de se comunicar com todos os seres e suas habilidades como guerreiro e agente de cura. Ele é um senhor da sabedoria, um lutador mortal e um "velho com um chapéu surrado" que se apoia em um bastão. Gandalf não é um dos nomes de Odin, mas está apenas a meio passo de *Göndlir* (Portador da Vara), que o é, e sua caracterização é inequivocamente odínica. Se alguém tiver alguma dúvida, o fato de Gandalf chegar em uma quarta-feira e beber somente vinho tinto (como Odin em *Grimnismál* 19) no jantar dos anões deveria ser uma revelação. Quando Bilbo abriu a porta para permitir que Gandalf entrasse em Bag End, para muitos leitores ele também permitiu a entrada de um reflexo do deus.

Em 1983, antes de ter encontrado Odin pessoalmente, eu já tinha escrito a respeito dele em um livro chamado *Brisingamen*, no qual ele periodicamente possui um poeta ciclista que perdeu um dos olhos no Vietnã. Não é de causar surpresa que, depois que comecei a trabalhar com ele, Odin tenha passado a aparecer também nos meus outros romances. Naturalmente, ele é uma figura importante na trilogia *Wodan's Children*, minha própria versão

58 | *O Mundo de Odin*

da história de Siegfried, Brunhild e Gudrun, e uma força vultuosa em *The Book of the Spear,* o segundo livro da minha tetralogia arturiana, no qual Merlin (que Nikolai Tolstoy também considera uma figura um tanto odínica) acaba ficando com a lança de Odin.

Anfitriões e hóspedes

Como a canção de Leslie Fish salienta, é possível que nem sempre reconheçamos Odin quando ele bater à nossa porta. Quando um viajante bate, não é suficiente deixá-lo entrar. Você precisa saber como oferecer hospitalidade. A primeira seção do poema nórdico antigo chamado o *Hávamál* – as palavras do Superior – é um manual de etiqueta tanto para o hóspede quanto para o anfitrião.

> Salvem os benfeitores! Um hóspede chegou.
> Onde ele se sentará?
> Ansioso está aquele que ao lado do lume
> Precisa testar sua sorte.

> *— Hávamál 2*

Isso é seguido de várias estrofes que detalham o calor, a comida, as roupas secas e a água para o banho que o hóspede que acaba de chegar precisará e mais 30 estrofes de instruções para o recém-chegado sobre como ele deverá se comportar enquanto estiver no local, começando por "A argúcia é necessária para aquele que viaja longas distâncias" (*Hávamál* 5) e terminando com a advertência de que ele não deve permanecer mais tempo do que o necessário.

Um dos apelidos de Odin é *Fjolnir,* traduzido por "O Que Tem Muitas Formas", "O Que Tem Grande Conhecimento" ou "Ocultador". *Grimnir,* "O Mascarado", é outro nome que Odin usa quando viaja. A antiga tradição oferece exemplos do que pode acontecer se você interpretar mal a hospitalidade. O poema édico *Grimnismál* começa com uma discussão entre Odin e sua mulher Frigg a respeito de qual dos dois irmãos cada um deles considera um homem melhor. Frigg afirma que o protegido de Odin, o Rei Geirrod, "é mesquinho com a comida e comete abusos contra seus hóspedes quando considera que são em número excessivo". Ela desafia Odin a ir ver por si mesmo e depois adverte o rei de que um perigoso feiticeiro está por perto, o qual pode ser identificado porque nenhum cão o atacará.

Quando Odin chega, ele diz se chamar Grimnir e se recusa a dizer outra palavra, mesmo quando o rei ordena que o amarrem em uma estaca entre dois fogos crepitantes. Não sei dizer se esse foi o primeiro churrasco de celebridade. Passados nove dias e nove noites, o filho do rei não consegue mais suportar o abuso da hospitalidade. Solta o hóspede assado e lhe oferece um chifre de cerveja. A primeira reação de Grimnir é prognosticar que o jovem será rei. Em seguida, proclama dezessete estrofes de tradição, incluindo uma lista dos seus nomes. Quando ele termina, o Rei Geirrod já conseguiu descobrir quem ele é. O rei se põe em pé de um salto, tropeça e cai sobre sua espada, cumprindo, assim, a profecia do deus.

Em "Völsa Þattr", uma história encontrada no *Flateyjarbók*, "Grim" é o nome fornecido pelo Rei Olaf Digre e seus acompanhantes quando chegam disfarçados e, de certa forma, se convidam para jantar na casa de um agricultor em um distrito longínquo da Noruega. Acontece que a família sempre começa a refeição da noite fazendo circular pela sala o falo de um cavalo que foi conservado em ervas, invocando seu poder de fertilidade. Quando o objeto chega ao Rei Olaf, ele o atira ao cão, adicionando a falta de etiqueta à irreverência de personificar o deus. Ele despe o manto cinza, revela-se como o rei e exige que a família imediatamente se torne cristã. Na história, o rei foi vitorioso, mas, com o tempo, aborreceu um número suficiente dos seus súditos que se aliaram contra ele, e foi morto na Batalha de Stiklastadir, em 1030.

O relacionamento entre anfitrião e hóspede é complexo. De acordo com o *Online Etymological Dictionary*, as palavras inglesas *host* (anfitrião) e *guest* (hóspede) derivam ambas de um único termo original indo-europeu, **ghos-ti-*, que significa "alguém com quem temos deveres recíprocos de hospitalidade", representando "um relacionamento de reciprocidade extremamente importante para a antiga sociedade indo-europeia".

Assim como tantas coisas na cultura germânica, a hospitalidade bem-sucedida depende de uma igualdade de troca. Tanto o anfitrião quanto o hóspede são sagrados. Uma vez que você tenha reivindicado o abrigo da família, seu anfitrião é compelido pela honra a defendê-lo, mesmo que mais tarde você se revele um inimigo, porque se qualquer um dos dois se voltar contra o outro é traição. Valendo-se dessa tradição, Sigmund, em *A Valquíria*, tendo sido acolhido na família de Hunding, está em segurança mesmo quando seu anfitrião descobre que Sigmund matou alguns dos seus parentes.

A runa *Gebo* – X – significa "Presente". Suas linhas iguais expressam a importância de manter o equilíbrio em uma troca. Encontramos no *Hávamál* 42 o conselho de que um homem deve dar presente em troca de presente, riso em troca de riso e mentiras em troca de mentiras. Até mesmo os generosos apreciam os presentes (39), mas é bom dar de bom grado (48). Mais adiante (145), somos informados de que "Um presente sempre procura um presente". Isso também diz respeito à hospitalidade e aos nossos relacionamentos com os deuses.

Oferecemos louvores aos deuses e os recebemos nos nossos banquetes. O que obtemos em troca? Dois outros nomes de Odin – *Fjölsvidh,* "Amplo de Sabedoria", e *Svithur,* "Sábio" – sugerem uma resposta. Especialmente para Odin, a maior recompensa é a troca de conhecimento. Dispor essa troca na forma de perguntas contribui para a emoção de um torneio. O que Odin pode aprender conosco? Nossa experiência humana, as coisas que aprendemos por viver em um corpo carnal em um mundo físico. O que podemos aprender com ele? Para encontrar uma resposta precisamos tomar conhecimento de outros nomes dele.

> Há nove mundos sobre a Árvore,
> OLHEM OS CORVOS VOANDO,
> Quem conhece os segredos de todos eles?
> O VIAJANTE SE APROXIMA.
> Ele conhece a escuridão e a luz,
> Os céus e o mar,
> ERGUEMOS UM CHIFRE PARA DAR AS BOAS-VINDAS
> AO DEUS DO ÊXTASE!
>
> — Diana L. Paxson, "God of Ecstasy"
> (para o restante dessa canção e a música, consulte o Apêndice 2)

Prática

1. Releia a cena do jogo de charadas entre Bilbo e Gollum, em *O Hobbit*, ou assista a ela no filme de Peter Jackson. Bilbo está jogando pela sua vida. O que Gollum quer com o jogo?

2. Prepare um jantar para o deus. Encha um prato para si mesmo e coloque o outro diante do altar de Odin. Há uma concordância geral de que rosbife ou costela malpassados, ou salmão defumado, o agradam. Frequentemente, cozinho brotos de aspargos com alho (cujo nome em inglês, *garlic*, vem de uma palavra que significa "alho-poró-de-lança". Se você tiver um cachorro, peça a ele que desempenhe o papel dos lobos de Odin e limpe depois o prato do deus. Para beber, sirva hidromel, uísque ou vinho tinto.

3. Quando caminhar pelo centro da cidade, preste atenção aos sem-teto. Procure pessoas, placas, letreiros etc. que pareçam significativos. Pegue nove moedas de 25 centavos ou, se tiver condições de fazer isso, dez reais, e os dê para alguém que pedir uma esmola.

4. Construa um amuleto e abençoe seu carro antes de viajar. A ilustração mostra o que eu uso. Este amuleto é uma runa aglutinada na qual três runas foram combinadas:

ᛖ – EHWAZ, o cavalo que o conduz
ᚱ – RAIDHO, cavalgar, o ato de viajar
ᛦ – ELHAZ, a runa Alce de proteção

Estas runas dos deuses foram traçadas na parte de trás:

ᚠ – para Odin, para guiar suas viagens
ᛗ – para Heimdall, pai dos homens, para protegê-lo
ᛏ e ᚦ – Týr and Thor nas laterais para evitar o perigo

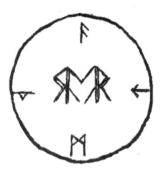

Figura 5 – Um amuleto de carro.

5. Escreva a história da sua vida como uma jornada.

6. Aprenda a fazer a jornada espiritual usando os exercícios do meu livro, *Trance-Portation*.

7. Faça a Primeira das Nove Meditações Noturnas.

Você pode fazer essas meditações inspiradas na estrutura de uma meditação para Loki, em *Playing with Fire*, de Dag Loptson, quando terminar cada capítulo ou em nove noites consecutivas depois de concluir o livro.

Monte seu altar de Odin e certifique-se de que a sala esteja fechada. Acenda uma vela cinza e derrame um pouco de hidromel ou uísque em um copo como oferenda. Em seguida, repita o seguinte:

Odin, por estes nomes eu te chamo:

Gangrádh (Conselheiro da Jornada)
Gangleri (Viajante)
Vegtam (Domador do Caminho)
Farmögnudh (Poder da Jornada)
Farmatyr (Deus da Carga)
Gestr (Hóspede)
Gestumblindi (Hóspede Cego)

Conceda-me sabedoria nas minhas jornadas,
Viajante, no teu manto cinzento,
Dome os obstáculos diante de mim,

Conceda-me força de noite e de dia.
E quando, ao retornar das minhas viagens,
Eu tentar ouvir teu chamado,
Ajude-me a enxergar-te no desconhecido,
Um hóspede dentro da minha casa.

Pense a respeito de jornadas que você fez. Lembre-se de pessoas e lugares e do que você aprendeu. Deixe que o vento dos pântanos passe por você. Sinta o cheiro da floresta e do mar. Aviste a estrada branca se estendendo à sua frente e, finalmente, o conduzindo ao lar que você ama. Em seguida, sente-se em silêncio, abrindo o coração, e quando ouvir a batida na porta do seu espírito, dê as boas-vindas ao deus.

A Segunda Fórmula Mágica de Merseburg

Phol ende uuodan uuorun zi holza.
du uuart demo balderes uolon sin uuoz birenkit.
thu biguol en sinthgunt, sunna era suister;
thu biguol en friia, uolla era suister;
thu biguol en uuodan, so he uuola conda:
sose benrenki, sose bluotrenki, sose lidirenki:
ben zi bena, bluot si bluoda,
lid zi geliden, sose gelimida sin!

Phol e Wodan estavam cavalgando em direção à floresta
e o potro de Balder sofreu uma distensão na pata.
Em seguida falou Sinthgunt, irmã de Sunna,
Em seguida falou Frija, irmã de Volla,
Em seguida falou Wodan, bem como ele sabia:
Distensão do osso, distensão do sangue, distensão da articulação:
Osso para osso, sangue para sangue,
articulações para articulações, que eles sejam unidos.

Figura 6 – Göndlir.

CAPÍTULO TRÊS

O Mestre da Magia

- Interlúdio: "Canção Rúnica" -

*Ljóð ek þau kann er kannat þjóðans kona
ok mannskis mögr...*

Canções mágicas eu conheço, desconhecidas das rainhas,
e de qualquer ser humano...

— *Hávamál* 146

O segundo poema da *Edda* Antiga se chama o *Hávamál*, as máximas do "Superior", um dos apelidos de Odin. Ele é uma sedutora mistura de conselhos sobre etiqueta e referências à magia de Odin, mas, para aprender o que é a magia, precisamos ir a outro lugar.

Em *Ynglingasaga 7,* Snorri Sturlusson nos diz:

Odin podia alterar sua forma: seu corpo ficava deitado como se estivesse morto ou adormecido; mas então ele assumia a forma de um peixe, ou verme, ou pássaro, ou grande mamífero e partia em um piscar de olhos para terras distantes para tratar de seus negócios ou dos de outras pessoas. Com meras palavras, ele era capaz de apagar o fogo, acalmar o oceano durante uma tempestade e enviar o vento para qualquer quadrante que desejasse... Às vezes, até chamava os mortos da terra, ou se colocava ao lado dos montes mortuários. Tinha dois corvos a quem ensinara a fala do homem; e eles voavam por toda parte sobre a terra, e traziam as notícias para ele. Em todas essas coisas, ele era eminentemente sábio. Ensinava todas essas *íþrótt* [artes] nas Runas, e canções que são chamadas *galdrar...* Odin também compreendia a íþrótt [arte] na qual o maior poder está abrigado, e a qual ele próprio praticava; a saber, a que se chama *seið* [magia]. Por meio disso, podia saber de antemão a sorte predestinada dos homens ou o destino ainda não completado deles; e também causar a morte, a má sorte ou problemas de saúde nas pessoas, e pegar a força ou inteligência de uma e dá-la para outra. Mas depois dessa *olkynngi* [feitiçaria], seguia-se tal *ergi* [fraqueza e ansiedade] que não era considerado respeitável que os homens a praticassem; e, por conseguinte, as *gydhjunum* [sacerdotisas] foram educadas nessa arte. (Sturluson, 1844)

Quais são essas "habilidades" das quais Odin é o mestre? Um dos seus apelidos é *rótt*, geralmente traduzido como "força" ou "vigor". Aqui, o termo íþrótt é traduzido como "arte". Sugiro que, neste caso, uma tradução mais apropriada seria "poderes". No trecho anterior, os termos mágicos são apresentados em nórdico antigo, seguidos pela tradução. Como você pôde ver, o nórdico antigo possui um vocabulário muito maior para práticas mágicas do que nós temos.

Os poderes mágicos de Odin

Galdr

Galdr, que abrange aproximadamente os mesmo tipos de habilidades que as palavras inglesas modernas derivadas do radical latino *cantare* (como *enchantment* e *incantation*)[5], é o tipo de magia mais associada a Odin. Isso não deveria causar surpresa, tendo em vista a importância de Odin como deus da comunicação. Ele é o deus que concedeu a dádiva do önd, o alento que é a vida, para os primeiros seres humanos, Ask e Embla (*Völuspá* 18). No poema rúnico anglo-saxão, o verso para a runa que sobreviveu na Escandinávia como a palavra ás, um deus (especialmente Odin), se tornou óss, às vezes traduzido como "boca". Creio que podemos pressupor que independentemente do tipo de magia que Odin estiver praticando, ela incluirá fórmulas mágicas cantadas ou entoadas.

---

5 Encantamento. (N.do T.)

A última parte do *Hávamál* contém uma lista dessas fórmulas. Digo uma "lista" porque embora Hár nos diga o que os amuletos *fazem*, ele não nos fornece efetivamente as fórmulas mágicas. Das 18, duas dizem respeito à cura, quatro à batalha, duas ao controle dos elementos, uma ao controle da mente, três são para proteção, uma para falar com os mortos e duas para a obtenção de conhecimento. As três últimas são feitiços de amor.

As fórmulas mágicas têm um ritmo poético especial chamado *Galdralag* (Ritmo de Encantamento). Para ver como isso se assemelha em inglês, consulte a tradução da *Edda* Antiga, de Lee M. Hollander.

Um exemplo de Galdralag do *Hattatal* (102) na *Edda* Nova é o seguinte:

Sóttak fremd, sótta ek fund kinungs,
Sóttak ítran iarl,
á er ek reist–thá er ek renna gat–
Kaldan straum kili–
Kaldan siá kili.

Honra eu busquei, busquei me encontrar com um rei,
Procurei um esplêndido nobre escandinavo,
Lá onde cortei lá onde corri,
Através de uma corrente fria com o barco
Sobre o mar gelado.

Uma parte importante da magia verbal de Odin envolve as runas, que vamos examinar mais detalhadamente no Capítulo 4.

A cura

Podemos considerar frustrante a falta de fórmulas mágicas no *Hávamál*, mas embora o nosso primeiro pensamento sobre Odin geralmente não esteja associado à cura, temos efetivamente duas fórmulas nas quais ele faz apenas isso. A Segunda Fórmula Mágica de Merseburg é um encantamento para curar um cavalo e é o único exemplo remanescente em Alto Alemão Antigo de uma fórmula mágica pagã. Ela consiste em um cenário mitológico e em um encantamento.

Versões cristãs, nas quais o papel de Wodan é representado por Jesus, são encontradas no folclore escandinavo posterior, mas a essência do encantamento é bem mais antiga. A. G. Storms a faz remontar a um amuleto védico datado de cerca de 500 aec (Storms, 1949, p. 111). Apresentei a versão original e uma tradução relativamente literal da Segunda Fórmula Mágica Merseburg. Você pode encontrar um vídeo da fórmula cantada em Alto Alemão Antigo por Birgit Knorr no YouTube em *https://www.youtube.com/watch?v=NjVRLcOjOGc.*

Eis outra versão que eu traduzi de forma mais livre:

Phol e Wodan cavalgaram para a floresta,
O potro de Balder distendeu a pata.
Sinthgunt, a irmã de Sunna, falou
Frija, a irmã de Volla, invocou.
Em seguida falou Wodan, falou bem, como ele sabia,
Distensão do osso, distensão do sangue, distensão da articulação, também:
Osso com osso, sangue com sangue,
articulação com articulação, que sejam unidos.

Eu mesma usei essa fórmula para amigos com ossos fraturados, distensões e ferimentos de cirurgias, concentrando-me no encantamento e acrescentando "carne para carne", "pele para pele" e outras partes do corpo que fossem necessárias.

Um dos sortilégios anglo-saxões mais interessantes que sobreviveram é chamado de as "Nove Ervas de Galdor", que relaciona os poderes da artemísia, da tanchagem, do agrião-dos-carneiros [*cardamine hirsuta*], da crista-de-galo [*echinochloa*], da camomila, da urtiga, da maçã, do cerefólio e do funcho [erva-doce] para oferecer resistência contra venenos e infecções. É também a única fórmula mágica na coleção de Storm a mencionar um deus. O encantamento conclui: "Essas nove têm poder contra nove venenos. Um verme [espírito de doença personificado] chegou rastejante, não matou nada, pois Woden pegou nove ramos de glória. Ele golpeou então a víbora que se despedaçou em nove partes" (Storms, 1949, #9). Depois de toda a fórmula ter sido proferida, o agente de cura prepara um unguento com as ervas que é passado sobre a ferida infeccionada.

Seidh

Galdr, embora importante, é apenas um dos termos que encontramos nas discussões sobre a magia da Era dos Vikings. Como um termo mais inclusivo, Neil Price da Universidade de Uppsala escolhe *seidh* (pronuncia-se "seite"), que é a outra categoria oferecida no *Ynglingasaga* para a magia de Odin.

> Repetidamente nas fontes... parecemos encontrar *seiðr* usado *simultaneamente* como um termo preciso e também como uma generalização para "feitiçaria" no nosso sentido moderno da palavra. Ao usar *seidr* como uma categoria primária, de uma maneira que inclui implicitamente as outras magias, pareceríamos, por conseguinte, estar seguindo o modo como os próprios nórdicos compreendiam o conceito. (Price, 2002, p. 66)

Seidh é um termo que atraiu uma atenção considerável nos últimos anos, particularmente como um rótulo para saber "o destino e o futuro do homem" por meio do ritual *spá* descrito na *Saga de Eric, o Vermelho* 4 e em outras partes das sagas. Essa era a habilidade que eu estava procurando aprender quando comecei a me interessar por magia nórdica (descrita no meu livro *The Way of the Oracle*), embora eu tenha estudado primeiro as runas para compreender melhor a cultura.

O que o *Völuspá* chama de "brincar com as almas" é essencialmente a mesma ideia que encontramos na definição de magia de Aleister Crowley – a arte de causar mudanças na consciência de acordo com a vontade. Referências a *seidh* nas sagas podem descrever a magia praticada para alcançar um objetivo positivo, como atrair os peixes ou prever o futuro, bem como para propósitos negativos. Para executar a magia operativa (ações que se destinam a afetar o mundo físico), o mago precisa alterar sua consciência, e uma das maneiras mais eficazes de fazer isso é por meio do *galdr*, o uso de canções ou fórmulas mágicas. Portanto, faz sentido que Sturlusson tenha atribuído ambas as classes de magia a Odin, embora (o que não causa muita surpresa, tendo em vista que ele estava escrevendo duzentos anos depois da conversão cristã) ele pareça um pouco confuso com relação à distinção entre elas.

O *spá* – o trabalho do vidente ou da vidente – é apenas um dos tipos de magia que Prince inclui no tópico *seidh*. No seu livro *The Viking Way*,

70 | *O Mundo de Odin*

ele declara: "Mais do que qualquer outra coisa, *seið* parece ter sido uma extensão da mente e das suas faculdades" (Price, 2002, p. 64). Na história da guerra entre os Æsir e os Vanir, surge uma figura misteriosa chamada Heidh. Além das suas outras habilidades, "por meio de *seið*, ela brincou" ou "se divertiu com as almas" (*Völuspá* 22). Além de nos dizer algo a respeito dos diferentes tipos de magia nórdica, essa estrofe indica que seidh era considerada basicamente uma prática feminina e altamente suspeita, o que torna surpreendente o fato de ela ser atribuída a Odin. Para mais informações sobre esse assunto, consulte o Capítulo 6, no qual discuto as relações de Odin com as mulheres.

Existem certamente muitas histórias nas sagas a respeito de homens que praticam feitiçaria, mas à medida que o tempo foi passando, elas se tornaram restritas às mulheres, provavelmente porque esperava-se que os homens tomassem medidas físicas, e não mágicas, contra seus inimigos. Durante o período em que os reis estavam tentando obrigar a Noruega a se tornar um reino feudal cristão, os *homens* que praticavam a magia é que eram perseguidos, não as mulheres. Na *History of Harald Hairfair 36* (Sturlason, 1990, p. 70), um *seidhmadhr* (homem que pratica *seidh*) chamado Vitgeir protesta quando o rei proscreve o *seigh*, sob a alegação de que o próprio filho do rei, Ragnvald Rettlebone, está praticando magia em Hadeland com 80 companheiros. O rei resolve o problema enviando outro filho, Eric Machado-Sangrento, para lidar com a situação, o que Eric faz ateando fogo ao seu irmão e aos outros no local de reunião deles. A propósito, Eric era casado com uma mulher chamada Gunnhild que aprendera *seidh* com dois finlandeses (provavelmente saamis[6]) e causou problemas com seus encantamentos nas sagas de Njal e de Egil. Aparentemente, era aceitável que as rainhas conhecessem magia.

Os homens ainda estavam praticando *seidh* uma ou duas gerações depois, quando o primeiro Rei Olav tentou fazer a mesma coisa com os *seidhmadhrs* em Tunsberg, inclusive com um neto de Ragnvald chamado Eyvind Kelda (Sturluson, 1990, *History of Olav Trygvason*, pp. 62-3, 165-66). Eyvind escapou e tentou subjugar o rei por meio da magia, mas acabou sendo capturado e afogado. Esse padrão persistiu até a fase em que as bruxas eram caçadas e queimadas no final da Idade Média, quando, ao contrário

---

6 Também chamados de lapões. (N.do T.)

da situação no resto da Europa, na Escandinávia eram os homens e não as mulheres que geralmente eram acusados.

Nas sagas, a *seidh* praticada pelos homens tende mais a ser negativa. Em *Gislisaga* 18, um *seidhmadhr* é contratado para fazer um *seidh* "para que não houvesse ajuda para o homem que matara Thorgrim, por mais que os homens quisessem ajudá-lo, e não deveria haver descanso para ele no país". Em *Laxdaelasaga* 35, Kotkel e seus filhos constroem uma estrutura elevada para praticar a *seidh* e fazem magia de intempéries contra Thorold. Surge uma tempestade e ele se afoga.

No final da descrição da magia odínica em *Ynglingasaga,* Sturlusson explica que houve uma época em que esse tipo de magia era praticada pelos dois gêneros, mas com o tempo foi considerada tão *ergi*, ou "imprópria para um homem", que se tornou restrita às mulheres. O termo *ergi* é complexo, com significados que variam de "sexualmente receptivo" a "covarde" ou "dissimulado", todos os quais parecem ter evoluído à medida que os papéis de gênero nórdicos se tornaram progressivamente polarizados. Há alguns anos, tentei analisar o relacionamento em um artigo publicado em *Idunna* 31 chamado "Sex, Status and Seið: Homosexuality and Germanic Religion [Sexo, *Status* e Seidh: A Homosexualidade e a Religião Germânica], disponível *on-line* em *www.seidh.org*.

No artigo "Regardless of Sex: Men, Women and Power in Early Northern Europe" [Independentemente do Sexo: Homens, Mulheres e o Poder na Europa Setentrional Antiga], Carol J. Clover demonstra que quando ocorre uma situação de conflito nas sagas, a distinção importante não é entre os sexos masculino e feminino, mas, sim, entre os papéis de *hvatr,* alguém que pratica uma ação física, e *blaudr,* que pode se referir a uma mulher, a um velho ou a uma pessoa de qualquer gênero que não possa empunhar uma espada e lidar diretamente com a questão (Clover, 1993, p. 2). Como você verá quando examinarmos Odin como deus da guerra, o papel dele em uma situação militar geralmente envolve a estratégia ou a magia em vez do combate.

Gand

Seið e *Galdr* não são os únicos tipos de magia mencionados no trecho do *Ynglingasaga*. Em nórdico antigo, o termo *gand* se refere a qualquer coisa encantada, em particular a objetos mágicos usados pelos bruxos e, por extensão, à magia. Em seu dicionário de nórdico antigo, Cleasby e Vigfusson definem um *gandr* como um objeto que ocorre em vários termos compostos, como *gand--reid*, ou cavalgada dos bruxos. Ele também pode significar um espírito e pode assumir a forma de um lobo. Price o vê como um "tipo genérico de energia de feitiçaria da qual todo o poder era extraído" (2002, p. 66). É provavelmente nesse sentido que a palavra é usada na descrição de Gullveig/Heidh na *Völuspá* 22. Orchard traduz *vitti hon ganda* como "o poder das varas".

Já no final da Idade Média, a palavra *gand* passara a significar uma vara ou um bastão mágico. Price (2002, p. 87) cita um estudo de Clive Tolley, que salienta que um derivado de *gandr* é a palavra *göndull,* que parece se referir a um bastão, possivelmente usado para invocar ou dirigir os espíritos *gand.* Acontece que um dos nomes de Odin é *Göndlir,* o qual, de acordo com esse raciocínio, significaria "portador do bastão". Outro apelido, *Sveigðir,* significa "portador da bengala (ou vara?)". Price também cita uma fórmula mágica obtida durante um julgamento norueguês de bruxos do século XIV – "Carrego [ou "lanço"] de mim alentos de *göndull,* um para morder-te nas costas, outro para morder-te no peito, um terceiro para fazer que o dano e o mal se abatam sobre ti" (Price, 2002, p. 178).

Os indícios são inconclusivos, mas a imagem que me ocorre é de Odin usando seu bastão e seu *önd* para enviar seus lobos Geri e Freki para atacar seus inimigos. Isso certamente lhes confere um propósito mais digno do que reciclar as oferendas ao deus que não foram ingeridas.

Xamanismo

Recém-saída do meu estudo da literatura xamanista, a forma negativa como o *Ynglingasaga* descreveu os poderes mágicos de Odin me pareceu muito semelhante à maneira pela qual um missionário cristão que encontrasse uma tribo pagã poderia resumir as habilidades do xamã local. Mas podemos dizer que Odin é um xamã? O xamanismo, termo que se originou das tribos da Sibéria, tem sido amplamente utilizado, ou erroneamente utilizado. Na sua exploração das práticas xamanistas ao redor do mundo, Mircea Eliade define o xamanismo como

> uma técnica de êxtase religioso. O xamanismo abarca a premissa de que os xamás são intermediários ou mensageiros entre o mundo humano e os mundos espirituais. Dizem que os xamás

tratam os distúrbios/doenças reparando a alma. O alívio dos traumas que afetam a alma/espírito devolve o equilíbrio e a saúde ao corpo físico da pessoa. O xamã também penetra esferas ou dimensões sobrenaturais para obter soluções para problemas que afetam a comunidade. Os xamãs podem visitar outros mundos/dimensões para trazer orientação para almas desorientadas e para melhorar as doenças da alma humana causadas por elementos estranhos. O xamã atua principalmente dentro do mundo espiritual, o qual, por sua vez, afeta o mundo humano. A restauração do equilíbrio resulta na eliminação do distúrbio. (Eliade, 1972, pp. 3-7)

O xamã é um praticante espiritual, homem ou mulher, que ajuda uma tribo ou uma comunidade rural. Pode ser chamado para o trabalho depois de ter tido uma experiência visionária ou de quase-morte na qual é destruído e reconstituído pelos espíritos. O novo xamã é treinado pelos espíritos ou por um xamã mais velho. Entre as habilidades xamânicas estão as jornadas de transe para obter conhecimento e informações, curar os doentes recuperando o espírito deles ou entrar em contato com forças sobrenaturais com a ajuda de aliados espirituais. Assim como muitas outras tradições espirituais, o contexto e os detalhes das práticas xamânicas em diferentes lugares são moldados pela cultura e pelas influências de outras religiões na região em que ocorrem. No sentido estrito, em cada cultura, deveria ser usado o nome local desses especialistas espirituais, mas também está claro que um padrão muito semelhante de experiências e habilidades é encontrado em culturas desde a Sibéria até a Terra do Fogo. Se a prática xamanista sobreviveu desde um estágio muito primitivo da evolução humana, parece razoável esperar que vestígios dela também sejam encontrados na Europa.

Em 1980, Michael Harner, que tinha feito um trabalho etnográfico com o povo Jivaro na Amazônia equatoriana, publicou *The Way of the Shaman*, a obra seminal do neoxamanismo contemporâneo, e fundou a Foundation for Shamanic Studies. Seu trabalho não pretende ser uma prática xamânica "autêntica", sendo mais uma síntese e adaptação que pode ser eficazmente utilizada por americanos e europeus modernos em uma cultura muito diferente. As pessoas treinadas no seu sistema estão fazendo hoje um bom trabalho como terapeutas "xamânicos" em muitos países.

Na ocasião em que o livro de Harner foi publicado, meus estudos já tinham me conduzido à espiritualidade feminina, à wicca eclética e à cabala esotérica ocidental, e eu estava sentindo a necessidade de equilibrar meu treinamento cerimonial com habilidades mais intuitivas. Àquela altura, eu já tinha uma experiência suficiente com a jornada de transe para pegar o livro de Harner e colocar em prática muitas das habilidades que ele abordou. Foi somente em 1987 que tive a oportunidade de efetivamente participar do seminário introdutório. Foi nesse seminário, como descrevi na introdução, que encontrei Odin. Este livro é um dos resultados desse encontro.

Embora eu compreenda as reações dos especialistas que afirmam resolutamente que Odin não é um xamã, o fato de ele ter escolhido me tocar em um seminário neoxamânico no qual eu certamente não estava esperando encontrá-lo exige que eu examine os motivos pelos quais autores como Mircea Eliade, que dedicam várias páginas a evidenciar as práticas xamânicas da cultura escandinava, acham que ele é.

Na primeira parte de *Shamanism*, Eliade identifica as seguintes características do xamanismo, que podem ser comparadas à lista do *Ynglingasaga* como se segue:

1. Xamanismo – o xamã é o trabalhador espiritual de mais prestígio na sua região, embora possa coexistir com outros tipos de sacerdotes ou até mesmo com outras religiões, porque seu espírito deixa seu corpo e viaja entre os mundos.

   Mito nórdico – Odin e Freyja são os deuses nórdicos mais famosos pelo domínio da magia. Ambos percorrem o mundo ou os mundos.

2. Xamanismo – o xamã tem um ou mais aliados espirituais, que assumem a forma de animais, ancestrais ou outros seres, e são invocados e controlados por canções mágicas.

   Mito nórdico – Odin recebe informações dos seus corvos, Huginn e Muninn, e cavalga seu cavalo mágico, Sleipnir, entre os mundos. Seus lobos também poder ser aliados. Ele é famoso pelo seu domínio de canções mágicas.

3. Xamanismo – o xamã é capaz de perceber almas e partes da alma e recuperá-las para curá-las ou guiá-las em direção à vida futura.

Mito nórdico – Odin pode falar com os mortos, na terra ou no Mundo Subterrâneo. Suas valquírias conduzem os escolhidos por ele do campo de batalha para sua mansão.

4. Xamanismo – o xamã sofre uma doença ou crise de quase-morte na qual pode vivenciar a morte e a reconstrução, aprende com os espíritos por meio de sonhos e visões e é treinado na tradição mágica do seu povo.

   Mito nórdico – Odin "morre", autossacrificado, sendo apunhalado e ficando suspenso na Árvore do Mundo. Nesse processo, ele obtém as runas e aprende seus mistérios.

5. Xamanismo – o Mundo Subterrâneo possui níveis e uma cosmologia detalhada que pode ser mapeada.

   Mito nórdico – o Mundo Subterrâneo nórdico possui nove mundos, inclusive o nosso. Odin percorre todos.

Desses elementos, aquele que talvez tenha atraído mais a atenção dos estudiosos do xamanismo é a provação de Odin na Árvore do Mundo. Vamos discutir esse assunto mais detalhadamente no próximo capítulo, que examina Odin como o doador das runas.

Uma das objeções a reconhecer a magia de Odin como xamanismo é a ausência de uma das mais poderosas ferramentas xamânicas para alterar a consciência e elevar o poder – o tambor. Seguramente os saamis, que compartilhavam muita magia com seus vizinhos nórdicos, usam tambores; no entanto, a ausência de referências nas sagas (ou, devo admitir, de indícios arqueológicos) levou a maioria dos especialistas a duvidar de que os vikings usassem tambores. No entanto, existe um exemplo que, embora não seja conclusivo, pelo menos é sugestivo.

Um dos poucos poemas humorísticos da *Edda* Antiga (considerando as definições de humor do nórdico antigo) é *Lokasenna*, uma história na qual Loki penetra em uma festa na residência de Ægir e começa a insultar sistematicamente todos os deuses e deusas. Infelizmente, todos os dados que nos chegaram por outras fontes dão a entender que tudo o que ele diz, por mais grosseiro que seja, é verdade. Quando Odin tenta defender Gefjon, Loki responde:

Mas empregaste a Seidh, dizem, na Ilha Samsey
Tocaste tambor (?) como as *völur*;
Como um *vitki*, viajaste entre os homens:
Creio que esses eram costumes *ergi*.

— *Lokasenna* 24

Völva (singular de *völur*) e *vitki* são termos que designam uma mulher e um homem que fazem magia – feiticeira e feiticeiro, poderíamos dizer. *Draptu á vétt* – "bater no tambor" – é minha tentativa de traduzir uma expressão bastante controversa, pois a tradução mais próxima que podemos dar para *vétt* é algo como a "tampa de uma caixa". Chisolm traduz a expressão como "magia dobrada"; Hollander, como "magia tecida"; e Orchard, "bater o tambor". Concluo que, quando Odin fazia magia como uma *völva*, termo normalmente traduzido como "bruxa", usava alguma espécie de ritmo para ajudá-lo a alterar seu estado de consciência.

Desde o momento em que comecei a trabalhar com Odin, criei e colecionei diversos instrumentos de magia, entre os quais um bastão de *seidh*, uma vara de runas e um tambor.

Figura 7 – Bastão de *seidh*, vara e tambor.

O tambor é feito de couro de alce e mostra criaturas da tradição nórdica dispostas nos mundo Superior, Médio e Inferior. Embora ele seja excessivamente sensível à umidade para ser usado ao ar livre, em um ambiente controlado, bater nas imagens que mostram diferentes níveis ou animais é uma maneira proveitosa de guiar a mim mesma ao longo de uma jornada de transe.

Prática

O caminho que me aproximou de Odin foi mágico. As habilidades às quais ele me conduziu exigiram anos de exploração e foram apresentadas nos meus livros *Trance-Portation*, *The Way of the Oracle* e *Possession, Depossession, and Divine Relationships* – e o que eu sei agora é apenas um início. O primeiro passo neste caminho é o autoconhecimento.

1. Autoavaliação antes do estudo da magia

Que práticas mágicas você experimentou?

Que conhecimento/habilidades você já tem?

— concentração e foco
— memória
— poesia/música
— visualização
— símbolos e amuletos
— sentir a energia
— trabalho de transe
— conexão com espíritos

2. Use a forma do verso Galdralag para escrever uma fórmula mágica

Como exemplo de um verso em Galdralag, consulte a prece na página 59.

3. A Segunda das Meditações das Nove Noites

Monte seu altar e prepare o espaço como antes. Acenda uma vela azul e invoque Odin como Vitki. Em seguida diga:

Odin, por meio destes nomes eu te invoco:

Göndlir (O Que Brande o Bastão)
Jolnir (Ser de Yule)
Sváfnir (O Que Traz o Sono)
Thrótt (Poder Mágico)
Fjölsvidh (Muito Sábio)
Sanngetal (Adivinhador da Verdade)
Jalk (Castrado)
Grímnir (Mascarado)

Mestre da Magia, O Que Brande a Vara, ouve-me,
Poderoso Cantor de encantamentos,
O Poder da Palavra eu quero, sabedoria eu desejo
Para operar minha vontade no mundo,
Para operar minha vontade.

Seidh madhr mostra-me, inspirando o espírito,
Como voar entre os mundos.
Toca tambor com as bruxas, sussurra para abrir meu coração,
Até que ele palpite com poder,
Para receber o poder.

Medite sobre o significado do poder. Que poder você tem e como o utiliza? Você deseja "Poder sobre" ou "Poder para"? Sente-se em silêncio e conte suas respirações, deixando que as palavras se intensifiquem na sua percepção e depois se afastem flutuando até que seu espírito se aquiete. Continue a respirar e a abrir sua percepção para as correntes de energia à sua volta. Abra o coração para o deus. Se palavras lhe ocorrerem, anote-as. Quando você sentir que está na hora, respire mais rápido e mova os membros para voltar à consciência habitual.

CANÇÃO RÚNICA

Velho Odin caolho
pendurado nove noites em uma árvore
aguardando a sabedoria.
Ficaste pendurado até que a árvore
brotou dentro de ti
a árvore vermelha ramificada da vida
a árvore com ossos brancos expostos da morte.
Na primeira noite o medo cerrou tuas pálpebras;
na segunda a bruma se formou em vagos aglomerados,
no canto do olho florescendo e zumbindo;
na terceira noite o mundo entrou em foco
com árvores, montanhas, meandros de rios,
nítidos como recém-criados;
na quarta noite houve movimento:
javali, urso-das-cavernas e pulga;
na quinta noite Huginn apareceu para se sentar na tua cabeça
criaste os quatro pensadores,
teu único olho se esforçando para distinguir as formas deles.
Na sexta noite te alongaste,
bebeste água de Mimir,
recordaste e os chamaste pelo nome;
na sétima Muninn, massa negra de penas,
acomodou-se no teu ombro.
Nada, não podias esquecer nada agora.
Na oitava noite tua mente negra
viu, o olho interior viu
tudo era nada:
nada do lado de dentro, nada do lado de fora
nada agora, nada então, nada por vir.
Na nona noite em que ficaste pendurado
na árvore de ti mesmo
viste
como guardavas tudo dentro de ti,
tudo e nada dentro de ti,

e levantaste a voz, cantando.
Controlando tuas emoções,
o interior e o exterior reunidos,
árvore de sangue, árvore de ossos e árvore do mundo reunidas,
começando e terminando juntos,
reunindo tudo,
tu cantaste.

— Elizabeth Harrod (1999, 10)

Figura 8 – Odin na Árvore.

CAPÍTULO QUATRO

O Cavaleiro da Árvore

- Interlúdio: A Construção de Bifrost -

Está na hora de falar na base de Thul
No Poço de Wyrd.
Eu vi e permaneci em silêncio, eu vi e pensei:
Ouvi homens falando;
De runas eles falaram, e tampouco ficaram em silêncio no conselho,
Na mansão de Hár, na mansão de Hár:
Eu os ouvi dizer estas coisas.

— Havamál 111

Como vimos, Odin aparece em muitas histórias, mas três delas em particular têm um peso que transcende a mera narrativa – como ele obteve o hidromel da poesia, como deu um dos olhos para poder beber do Poço de Mimir, e a proeza pela qual ele talvez seja mais famoso: seu autossacrifício na Árvore do Mundo para obter as runas.

Uma vez que minhas perambulações tinham me conduzido àquele inesperado encontro com Odin, eu tinha que aprender a trabalhar com ele. As jornadas de transe eram úteis, mas eu temia que quando minha vida ficasse movimentada (um resultado praticamente garantido), eu negligenciaria minha prática espiritual como já fizera muitas vezes antes. Também percebi que, para compreender Odin, eu teria que saber muito mais a respeito da cultura da qual ele se originara. Ocorreu-me que uma boa maneira de obter essas informações seria estudando as runas. E para garantir que eu não iria abandonar *esse* projeto, resolvi criar um curso para que a cada mês eu tivesse que pesquisar uma runa diferente.

Tenho a sorte de viver em uma comunidade que conta com muitas pessoas extremamente talentosas. Quando anunciei o curso, obtive uma resposta entusiástica, e em janeiro de 1988, alguns meses depois do meu primeiro encontro com Odin, o grupo começou a se reunir. Entre as 15 pessoas que compareceram à primeira aula estavam vários poetas, um aluno de pós-graduação de estudos escandinavos e outro aluno cujo estudo de anglo-saxão era mais recente do que o meu. Em 1988, o heathenismo como caminho espiritual organizado estava apenas começando a surgir. Todos no grupo eram pagãos ou simpatizantes do paganismo, mas somente alguns já tinham trabalhado com os deuses nórdicos.

Meu plano para o curso era estudar a cada aula duas runas do Futhark Antigo, reunindo e comparando informações dos antigos poemas rúnicos e da tradição e procurando maneiras de aplicar os conceitos à nossa vida. Ralph Blum havia popularizado sua interpretação particular das runas e Ed Fitch havia escrito o livro *Rites of Odin* baseado na wicca, mas Edred Thorsson (1984) era o único autor com formação acadêmica que tinha abordado as runas como sistema espiritual.

A turma trabalhou em conjunto para encontrar informações e compartilhar ideias sobre como as runas, ou as forças por trás delas, se manifestam no mundo. Para interiorizar o que estávamos aprendendo, executamos rituais. E todos os meses, enquanto eu me perguntava o que deveria preparar para a aula seguinte, eu abria minha mente para Odin; uma palavra conduzia a outra palavra, uma ideia a outra, oferecendo-me um *download* periódico de informações.

Assim como as letras do alfabeto hebraico, as runas funcionam simultaneamente com a visão, o som e a memória. Constatamos que cada runa atuava como um portal para algum aspecto da cultura germânica. Quando chegamos à última runa do Futhark Antigo, Othala, tínhamos encontrado todos os principais deuses e deusas, os mitos mais importantes e grande parte da história e dos valores por trás deles. O conteúdo gerado para as aulas desse curso, ampliado e refinado por ciclos adicionais nos anos que se seguiram, se tornou, com o tempo, meu primeiro livro de não ficção, *Taking up the Runes*. O que se segue se baseia na introdução às runas que apresento nos festivais e nas conferências. Para uma descrição mais abrangente e detalhada, consulte os livros sobre runas relacionados no final deste capítulo.

Mistérios e alfabetos

A maioria das pessoas hoje em dia chamaria "X" de "runa". A rigor, trata-se de uma *stave* rúnica (uma "letra" rúnica). *Runa* é, na realidade, um termo que tem sido aplicado a muitas coisas consideradas mágicas, como o tambor rúnico saami (que não tem *staves* rúnicas nele). Geralmente, é traduzido por "segredo" ou "mistério". Um encantamento ou uma fórmula pode ser chamado de "runa". Além disso, as *staves* vistas com mais frequência nos contextos mágicos e religiosos são apenas uma versão do *futhark*, uma palavra criada a partir dos sons das seis primeiras *staves* da sequência rúnica, o equivalente do alfabeto latino.

Existem duas maneiras de explicar a origem das runas. Uma delas é a história de como Odin se enforcou na Árvore do Mundo para obtê-las, assunto que discutiremos em detalhes mais adiante. A outra se baseia na arqueologia. As mais antigas inscrições rúnicas datam do século II ec. Muitas das *staves* rúnicas lembram letras dos alfabetos italianos do Norte que eram usados na época. Elas podem ter sido trazidas para a Germânia por germanos que tinham servido no exército romano ou podem ter sido introduzidas por comerciantes. A maioria dos primeiros textos rúnicos teve origem no que é hoje o Norte da Alemanha e a Dinamarca, dando a entender que, independentemente de onde o Futhark Antigo tenha efetivamente sido desenvolvido, foi nessa área que ele começou a ser utilizado.

Pollington conclui que "as runas não são uma importação cultural indiscriminada, e sim uma criação germânica inspirada pelo conhecimento de pelo menos um outro sistema de escrita contemporâneo (Spurklund, 2010, p. 661). A invenção do futhark nasceu do desejo de possuir um método de escrita e da necessidade de que esse sistema *não* fosse uma cópia transparente do modelo (romano) dominante" (Pollington, 2016, p. 79).

Na realidade, existem três futharks. O Futhark Antigo, que conhecemos a partir das inscrições feitas no Período de Migrações da Germânia, contém 24 *staves* rúnicas e é a versão usada com mais frequência hoje em dia na prática heatheniana religiosa e mágica. Os anglo-saxões levaram as runas germânicas continentais para a Inglaterra e adicionaram mais nove, perfazendo um total de 33 runas. Por outro lado, na Era dos Vikings, o futhark foi reduzido para 16 *staves*. Alguns sons deixaram de ser necessários porque a linguagem se modificara, e algumas runas, como Bjarkan, acumulava as funções de dois sons relacionados ("B" e "P"). As formas e a ordem mais comuns para esses três futharks são fornecidas na Figura 9, mas nas inscrições podem aparecer variações de todos eles. A interpretação das inscrições rúnicas também é dificultada pelo fato de a ortografia não ser regularizada, e as *staves*, ou inscrições, eram às vezes escritas tanto da direita para a esquerda quanto da esquerda para a direita, invertidas lateralmente ou até mesmo escritas de cabeça para baixo.

Os Principais Futharks

#	Futhark Antigo		Futhark Novo		Futhark Anglo-Saxão		som
	forma/s	nome	forma/s	nome	forma/s	nome	
1.		fehu		fé		feoh	F
2.		uruz		úr		úr	U
3.		thurisax		thurs		thorn	th
4.		ansuz		áss		ós	A
5.		raidho		reidh		rad	R
6		kenaz		kaun		ken	C/K
7.		gebo	–	–		gyfu	G
8.		wunjo	–	–		wynn	W
9.		hagalaz		hagall		haegl	H
10.		naudhiz		naudhr		nyd	N
11.		isa		iss		is	I
12.		jera		ár		gér	Yuh
13.		eihwaz	–	–		éoh	ei
14.		perthro	–	–		peordh	p
15.		elhaz	–	–		eolhx	zh
16.		sowilo		sol		sigil	S
17.		tiwaz		t´yr		tír	T
18.		Berkano		bjarkan		beorc	B
19.		ehwaz	–	–		eh	eh
20.		mannaz		madhr		mann	M
21.		laguz		lögr		lagu	L
22.		ingwaz	–	–		ing	ng
23.		dagaz	–	–		daeg	D

	Futhark Antigo		Futhark Novo		Futhark Anglo-Saxão		
#	forma/s	nome	forma/s	nome	forma/s	nome	som
24.	⧓	othala	–	–	⧓	éthel	O
25.					ᚳ	ac	a
26.					ᚫ	aesc	aah
27.					ᚤ	yr	u
28.					ᛡ	ior	io
29.					ᛠ	éar	ea
30.					ᛢ	cweorp	qu
31.					ᛣ	calc	k
32.					ᛥ	stán	st
33.					ᚸ	gár	g

Figura 9 – Os Futharks Antigo, Novo e Anglo-Saxão.

As inscrições rúnicas mais antigas foram feitas em objetos – para identificar o dono ou o fabricante, ou ainda para empoderar os objetos, como a runa combinada de ᚷᚨ, ᚷᚨ, ᚷᚨ inscrita no cabo de uma lança das terras ânglicas, possivelmente significando "confiro boa sorte" (Pollington, 2016, p. 174). Durante o período viking, as runas foram amplamente utilizadas para a comunicação e, às vezes, como grafite. Arqueólogos descobriram um grande número de mensagens rúnicas inscritas em pedaços de madeira nas ruínas de um centro comercial medieval debaixo da cidade norueguesa moderna de Bergen (Liestol, 1966). Mais tarde, memoriais rúnicos foram inscritos em pedras. Hoje, elas são usadas principalmente para finalidades mágicas, religiosas, decorativas ou relacionadas com a cultura (como a runa combinada de Bjarkan e Hagall que forma o logotipo da empresa sueca Bluetooth).

De tempos em tempos, aparece uma pessoa que adora a mitologia nórdica, mas não consegue lidar com Odin ou com o que acredita que Odin seja. Geralmente, isso acontece porque, até recentemente, as novas narrativas dos mitos baseadas na versão do século XIX do panteão nórdico eram muito patriarcais, e Odin, como rei dos deuses, era retratado como o pior do grupo. Já vi até mesmo alegações de que as runas foram inventadas por Freyja, ou alguma outra deusa ou deus as ensinou a Odin. Freyja é, de fato, uma senhora da magia, mas sua especialidade é *seidh*, não as runas. Se algum Poder que não Odin poderia reclamá-las, eu sugeriria as três Nornas, especialmente se Odin "assimilou" as runas quando esteve no Poço de Wyrd.

No livro *The Norse Goddess*, a artista e feminista sueca Monica Sjoo identificou aspectos da mitologia nórdica que ela considerava antigos e autênticos, ao mesmo tempo que rotulou de interpolação patriarcal tudo o que desprezava. Ingrid Kincaid escreve na quarta capa do seu livro sobre as runas que *The Runes Revealed* [As Runas Reveladas] desafiará o leitor a remover a lente manchada e distorcida da interpretação patriarcal para começar a enxergar as runas com uma visão mais clara. Muito antes de Odin, dos vikings e do cristianismo, as runas já existiam." Eu concordaria com isso, tendo em vista que cada runa é a chave para um aspecto da realidade, mas continuo a sustentar que foi Odin quem as obteve e as entregou ao mundo. O livro de Kincaid tem a intenção de compartilhar suas interpretações e reações às runas, e suas conclusões a respeito dos *significados* delas não são, na realidade, muito diferentes das minhas. Sinto que, para Odin, quem fica com o mérito de ter descoberto as runas não é importante, desde que elas sejam bem utilizadas.

A árvore e o poço

Então, qual a origem da história a respeito de como Odin conseguiu as runas? Em *Hávamál* (a Fala do Superior) 138, encontramos o seguinte: "Sei que fiquei suspenso na árvore agitada pelo vento, nove noites inteiras...". A "árvore agitada pelo vento" é a Árvore do Mundo, *Yggdrasil*, "o cavalo de Ygg" (o Terrível), outro nome de Odin. O deus, portanto, é o Cavaleiro da Árvore.

No *Völuspá* 19, a profetisa declara:

Um freixo eu conheço, chamado Yggdrasil,
uma árvore alta, umedecida com lama branca,
dali goteja orvalho sobre as várzeas.
perene, ela se ergue sobre o poço de Urdh.

Como o Poço de Urdh (Wyrd) está situado na base da Árvore, se Odin assimilou as runas depois de olhar para baixo, pode ter sido nesse Poço, no qual tudo foi preservado e tudo que está vindo a ser está continuamente sendo "depositado", que ele as encontrou. Ou pode tê-las encontrado em outra dimensão da consciência.

No *Völuspá,* Yggdrasil é um freixo. No entanto, de acordo com Simek, F. R. Schröder especulou que o nome poderia significar "pilar de teixo", com base em uma conexão entre as palavras protoindo-europeias que designam teixo e apoio (Simek, 2007, p. 375). Além disso, em nórdico antigo, *barraskr,* freixo-agulha, é outro nome para o teixo. A Árvore do Mundo também é chamada de "perene", o que respaldaria sua identificação como um teixo e não como o decíduo freixo. Por essas razões, embora o freixo seja nobre e belo, defendo a identificação de Yggdrasil como um teixo, que é a mais longeva das árvores europeias, com a idade de alguns espécimes sendo estimada em pelo menos 2 mil anos.

O teixo era frequentemente plantado nos adros das igrejas e era considerado um elo com o mundo dos mortos. A polpa das frutinhas vermelhas pode ser ingerida, mas todas as outras partes da árvore, inclusive a semente, são venenosas. Ouvi dizer que algumas pessoas ficaram com dor de cabeça e tiveram alucinações depois de ficar sentadas debaixo de um teixo em um dia quente. A madeira do teixo é apreciada para a confecção de arcos, bem como de bastões e varas mágicas. No entanto, você só deve trabalhar com ela onde houver uma boa ventilação, especialmente se a estiver lixando.

Dito isso, na jornada de transe que me conduziu ao meu primeiro encontro com Odin, a árvore para a qual o Corvo me conduziu foi a sequoia canadense, a qual, para meus olhos californianos, parece mais bela e imponente (bem como mais alta e mais velha) do que tanto o freixo quanto o teixo. Yggdrasil é o *axis mundi* que cresce no centro da dimensão espiritual que reside dentro de Midgard. Na Sibéria, a Árvore do Mundo é representada pela bétula, por um cacto saguaro entre os tohono o'odham do sudoeste americano e, na América Central, pelo *kapok* [paineira]. Creio que no mundo dos espíritos, vemos a Árvore do Mundo como a árvore mais imponente que cresce nas florestas da nossa terra.

Na cosmologia nórdica, Midgard, nosso mundo, está no centro; o mundo dos deuses em cima e o dos ancestrais no Hel, embaixo. A configuração dos outros mundos ao redor deles tem sido descrita de forma variada. Referências na tradição colocam Niflheim no Norte, levemente abaixo de Midgard. Jotunheim está no Leste e Muspelheim no Sul, o que deixa o Oeste para Vanaheim. Presumivelmente, os elfos claros vivem mais perto de Asgard e os *svartalfar,* embaixo.

O *Völuspá* nos diz que três raízes penetram nas profundezas. Debaixo de uma delas está o Poço de Urdh, onde as três Nornas (figuras análogas às três parcas do mito clássico, embora não sejam exatamente idênticas) pegam água para nutrir a Árvore. Também é nesse lugar que os deuses se reúnem em conselho. No seu fascinante estudo do mundo e dos períodos da cultura germânica, Paul Bauschatz sugere que todos os outros poços do Outro Mundo descritos na tradição estão conectados. Do Poço ascende a Árvore, que contém todos os mundos, cujos eventos caem no poço em "estratos ferventes e ativos" (Bauschatz, 1982, p. 122). Cria-se assim uma fonte de poder que sobe pela árvore para ser liberada nos diversos mundos.

Citando mais uma vez *Völuspá* 20:

De lá vêm as donzelas, que conhecem muita tradição.
Três, do lago que está debaixo da árvore.
Uma se chama Urd, a outra Verdandi,
a terceira é Skuld. Na madeira elas esculpiram sinais,
leis elas formularam, vidas escolheram.
Elas executaram ørlög para os filhos dos homens.

Longe de ser uma simples representação do passado, do presente e do futuro, as Nornas – Urd, Verdandi e Skuld – representam um conceito complexo do tempo. Minha interpretação da discussão apresentada por Bauschatz (1982, pp. 153-87) em *The Well and the Tree* é que os nomes das duas primeiras Nornas derivam de tempos do verbo *wairthan,* "ser". Uma simples forma de pretérito do verbo nos dá *Urd*, que governa essas ações desde a era primordial até um minuto atrás, que já foram "depositadas" no Poço. A palavra *Verdandi* não é apenas um tempo presente, mas também um particípio que emerge do passado. O futuro, contudo, só pode ser expresso com a ajuda de um verbo auxiliar. *Skuld,* proveniente de um verbo diferente, *skulan,* é acrescentado a outro verbo para indicar o que vai ou deveria acontecer em decorrência do que ocorreu antes.

"Elas enfatizam a proximidade ou a presença real da ação seguinte sem declará-la especificamente" (Bauschatz, 1982, p. 183). Interpreto isso como significando que o passado é fixo, e o presente, o perpétuo "vir a ser" no qual experimentamos o mundo, é moldado não apenas pelo passado, mas também pelas escolhas que fazemos neste momento. Por conseguinte, enquanto essas decisões não se tornarem parte do passado, o futuro só pode ser uma possibilidade.

A tradição não nos diz em que galho da Árvore do Mundo Odin foi enforcado, mas faz sentido para mim colocar o evento perto do Poço, onde o passado inalterável, o presente versátil e o futuro em constante mutação coexistem no torvelinho do caldeirão cósmico que é o Poço.

O sacrifício

Entramos aqui na dimensão do mito, onde a lógica é transcendida pelo significado. Em *Hávamál* 138, o Superior fala tanto na primeira quanto na terceira pessoa, observando sua provação ao mesmo tempo que a vivencia.

Pela espada ferido, oferecido a Odin,
eu para mim mesmo,
Naquela árvore da qual nenhum homem conhece
as raízes de onde ela sobe.

O orador é "oferecido a Odin", *sjalfur sjalfum mér*. Para entender o que acarretava um sacrifício a Odin, vamos considerar a morte do Rei Vikar na complicada história do herói Starkad, que fornece grande parte da trama para a *saga de Gautrek*. Conforme consta, o navio do Rei Vikar enfrenta uma calmaria, e a adivinhação lhes diz que Odin requer um sacrifício humano para fornecer um vento favorável. Todas as vezes em que eles tiram a sorte, a escolha recai no rei. Naturalmente, ninguém deseja matar o rei, especialmente Starkad, que é seu amigo e braço direito desde que eram meninos.

Naquela noite, Starkad vai (ou talvez sonhe que vai) com seu pai adotivo a uma reunião na qual todos os participantes são chamados pelo nome dos deuses (ou são possuídos por eles). "Odin" diz que ele precisa "enviar o rei para mim". Pela manhã, os homens decidem realizar um sacrifício simulado do rei. Com esse objetivo, Starkad soltou o galho. A haste do junco se transformou em uma lança que perfurou o rei, o toco da árvore deslizou debaixo dos pés dele, as tripas de bezerro se transformaram em um forte ramo de vime, o galho subiu de repente com o rei para a folhagem, e ali ele morreu.

Enforcar um homem e depois lanceá-lo poderia parecer um exagero, mas o uso de múltiplos métodos para uma única execução recua muito no tempo. Alguns cadáveres conservados nas turfeiras do Norte parecem ter sido amarrados, golpeados com porretes e apunhalados antes de ser lançados no pântano. Um jovem morto no século I ec e encontrado em Lindow Moss perto de Cheshire fora estrangulado e atingido na cabeça antes de sua garganta ser cortada (Joy, 2009, p. 45). Essa forma tripla de execução tem ressonância com as "mortes triplas" encontradas nas histórias do Suibhne irlandês, do Lailoken escocês e de Merlin, que foram mortos por perfuração, apedrejamento e afogamento ou exposição ao fogo.

Em *The Quest for Merlin,* Nikolai Tolstoy propõe que a morte de Llew Llaw Gyffes, a versão galesa de Lug que Tolstoy acredita ser cognato de Odin, é um exemplo do triplo sacrifício. No *Mabinogion,* Llew diz que só poderá ser morto se várias condições impossíveis forem satisfeitas, e comete o erro de dizer à sua esposa quais são elas. Ela as descreve para seu amante, que golpeia Llew com uma lança ritualmente fabricada enquanto ele está ereto com um dos pés sobre as costas de um bode e o outro sobre a borda de uma banheira. Llew se transforma em uma águia (habilidade compartilhada com Odin) e voa para uma árvore, onde pousa e começa a se deteriorar, até que seu tio, o bruxo Gwydion, o encontra e o cura.

Os homens e os animais sacrificados em Uppsala eram enforcados em árvores. Não sabemos se eles também eram atordoados e apunhalados. Os sacrifícios odínicos destacam apenas dois métodos de matar, que podem ter sido a versão germânica do costume. Algumas pessoas aventaram que a descrição da morte de Odin na árvore foi inspirada na morte de Jesus, mas a história do Rei Vikar sugere que se tratava de uma tradição pré-cristã do Norte.

Certamente, quando os povos germânicos depararam com a história da execução de Jesus, eles viram nela um paralelo com a provação de Odin. Embora Jesus tenha sido crucificado, e não enforcado, ambos ficaram suspensos em um cadafalso e foram lanceados. Para se ter uma ideia de como os povos germânicos encaravam a história cristã, consulte *The Heliand,* uma versão fascinante dos evangelhos sob a ótica germânica escrita em Saxão Antigo no século IX. Nessa versão, Jesus é retratado como um chefe tribal guerreiro rodeado pelo seu grupo de guerra. A seção sobre a crucificação inclui a parte de cravar os pregos, mas depois disso Jesus é descrito como tendo sido pendurado em cordas na forca. "O Protetor da Terra morreu na corda" (Murphy, 1992, p. 173).

Embora alguns tenham retratado Odin suspenso por um dos pés como o enforcado nas cartas do tarô, as indicações na tradição respaldam que ele foi pendurado pelo pescoço. Sem dúvida, o estrangulamento, que interrompe a respiração, seria apropriado para um deus da comunicação que, como veremos no Capítulo 5, concedeu a dádiva do alento à humanidade. Independentemente de como ele foi enforcado, também é importante que Odin esteja *suspenso*, um estado liminar que possibilita que ele se desloque entre os mundos.

Quando a corda levanta o corpo, a lança o abre para receber o poder. Quando um rei arremessa uma lança sobre um exército inimigo, ele dedica os soldados a Odin e não faz prisioneiros. A arma especial do deus é Gungnir, com a qual ele dedica suas oferendas. Acredito que Odin seja perfurado pela sua própria lança, embora ninguém pareça saber quem desferiu o golpe.

> Não me ofereceram pão ou chifre de bebida,
> Olhei para baixo.
> Eu me inteirei das runas, gritando, eu as tomei,
> retrocedendo depois.
>
> — *Hávamál* 139

Por que Odin vai até a Árvore? O que exatamente lhe acontece e o que ele aprende? Durante nove dias e noites o deus padece, quase morto de fome, semissufocado, enfraquecido pela perda de sangue e suspenso entre os mundos em um estado de consciência alheia e alterada. Conversas com amigos que quase morreram por causa de crises alérgicas me tornaram vividamente consciente do que acontece quando a garganta se fecha em um choque anafilático. Curiosamente, a adrenalina liberada pela dor pode retardar o processo, conduzindo a interessantes especulações sobre o equilíbrio que poderia ser alcançado pela ação simultânea do laço e da lança.

Odin está efetivamente morto, mas naquele momento de suprema consciência, ele é capaz de perceber e "compreender" as runas, assimilando a essência delas e interiorizando-a. Autores como Mircea Eliade veem nessa história um paralelo com uma iniciação na qual o novo xamã tem uma experiência visionária da morte e da desintegração, depois da qual os ancestrais ou espíritos lhe dão um novo corpo mágico. Se Odin cavalga a Árvore do Mundo em direção à sua morte, ele o faz em busca da transformação.

As seguintes estrofes de um poema de Jennifer Tifft expressam a experiência.

> Pulso, cintura, pescoço envolvidos com cânhamo, tenso na árvore
> Golpeado através dos mundos e entrecruzando-os
> Perfurado e perfurando, minha garganta esfolada pelas runas com gritos
>
> As palavras martelam no meu coração, repousam na minha língua,
> Moldam meu alento
> Olhos com visão dupla e única olham para fora, enxergam dentro
> Mais velhos e mais novos
> O desejo nunca perece: vontade de viver
> Morrendo para saber
>
> Efêmeras batidas de asas, exigindo firmeza:
> As palavras são reais
> Calor indomado, força desenfreada:
> A visão é verdadeira
> Ferimentos fantasmas de corda, dor relembrada:
> O conhecimento é tudo

Odin não tem um Gwydion para resgatá-lo. Não são os espíritos que ressuscitam o deus, e sim aquele outro Eu a quem ele foi oferecido. Vislumbramos um eu superior ou uma consciência expandida que só pôde se manifestar quando a parte menos evoluída foi descartada. No tempo místico, todos os eventos ocorrem simultaneamente; por conseguinte, Odin está sempre suspenso na Árvore do Mundo e sempre assimilando as runas.

94 | *O Mundo de Odin*

Quando encerramos um ciclo no meu curso de runas, aqueles que absorveram inteiramente o significado delas podem optar por vivenciar um ritual iniciatório que inclui permanecer amarrados a uma árvore por uma noite quase inteira, durante a qual, a cada dez minutos, aqueles que estão conduzindo o rito os abençoam com uma nova runa. O roteiro e as orientações estão incluídos no final do livro *Taking up the Runes*.

Quando chegou a minha vez, descobri que o fato de eu estar totalmente sustentada pelas cordas possibilitava que eu relaxasse em um estado de transe, enquanto a apresentação de uma nova runa em intervalos regulares evitava que o transe se transformasse em sono. O resultado foi um estado alterado de consciência que durou seis horas, no qual foi possível contemplar simultaneamente todas as runas e, desse modo, perceber os relacionamentos e as conexões entre elas.

Odin, é claro, foi mais além. Ele se ofereceu a si mesmo – mas o que isso significa? No texto mágico de Edred Thorsson, *The Nine Doors of Midgard*, é solicitado ao aluno que siga o exemplo de Odin, não se tornando o deus, mas se tornando "ele mesmo ou ela mesma. Essa é a verdadeira natureza do culto de Odhinn. O odiniano não busca a união com Odhinn, e sim com o seu próprio eu exclusivo, um espelho da tarefa divina de Odhinn" (Thorsson, 1991).

Isso é essencialmente a autorrealização, uma meta digna, mas não consigo deixar de me perguntar como o aluno é capaz de entender que aspectos de si mesmo ele deve rejeitar enquanto não tiver obtido uma sabedoria suficiente para vislumbrar o que possa ser esse verdadeiro eu, sem mencionar as metas efetivas de Odin. Temos visões de rapazes jubilosamente tentando se transformar nos guerreiros empolgados do *mannerbund* (a respeito dos quais aprenderemos mais no Capítulo 7), perdendo a oportunidade de encontrar as outras dimensões que o sacrifício de Odin revelou.

Minha experiência tem sido que a maioria das pessoas que trabalham com Odin não foram procurá-lo. Quando Odin chama, a pergunta que elas fazem é "Por que eu?" e não "Como posso obter teu poder?".

Operando as runas

Uma vez que você tenha as runas, o que você faz com elas? Em *Hávamál* 142 e 144, respectivamente, a descrição da provação de Odin é acompanhada por várias estrofes que discutem como fabricar as *staves* rúnicas físicas e usá-las.

> Runas precisas encontrar, e *staves* significativas,
> *Staves* muito poderosas,
> *Staves* muito fortes,
> Que *Fimbulthul* ["Sábio Poderoso" ou "Orador", um nome de Odin] tingiu,
> E *Ginnregin* os ["Grandes Poderes"] fabricaram,
> E *Hropt* ["Tumulto" ou "Orador", um nome de Odin] entalhou de entre os poderes:
>
> Sabes como *rist* [cortar/esculpir]? Sabes ler?
> Sabes como tingir [colorir]? Sabes como testar [ou brandir, ou rezar]
> Sabes como invocar? Sabes como *blót* [sacrificar]?
> Sabes como eliminar [oferecer, enviar]? Sabes como matar [literalmente, "interromper a respiração"]?

Essas perguntas são acompanhadas por 18 fórmulas mágicas para a cura, o combate, a proteção contra poderes humanos e sobrenaturais e para falar com os mortos. O propósito e os efeitos delas são descritos, mas as fórmulas propriamente ditas não aparecem. Elas são fórmulas rúnicas? Se for este o caso, aparentemente se espera que o mestre rúnico saiba que runas usar. O que nos é fornecido é uma descrição de como talhar e pintar as runas na madeira ou na pedra. Encontramos o mesmo padrão em outro lugar na tradição. Quando Skirnir tenta assustar a donzela-gigante Gerd e levá-la a concordar em se casar com Freyr, ele descreve o que as runas farão com ela, mas não, talvez afortunadamente, quais runas ele irá utilizar.

Quando Sigurd desperta a Valquíria do seu sono encantado na versão islandesa da história (*Sigrdrífumál*), ela o recompensa com várias páginas que descrevem como inscrever as runas para vários tipos de magia – Tiwaz para a vitória, Naudhiz para proteger a bebida da pessoa. As runas para os outros propósitos relacionados não são designadas. Uma estrofe descreve o entalhamento das runas na madeira, depois sua raspagem e a mistura das raspas com hidromel. Elas também podem ser insculpidas em armas ou apetrechos, ou ainda usadas em joias ou em um amuleto.

96 | *O Mundo de Odin*

Estas são as runas dos livros,
Estas são as runas de proteção,
Também todas as runas da cerveja,
E as esplêndidas runas de poder,
Para aqueles que podem, sem mácula e intactas,
Tê-las nos seus amuletos.
Usa-as, se tu as aprendeste,
Até que os Poderes sejam destruídos.

— *Sigrdrífumál* 19

Na saga do célebre poeta e guerreiro Egil Skallagrimsson, nós o vemos insculpindo runas em um chifre de bebida para revelar o veneno que ele contém (Capítulo 44). Em outro episódio (Capítulo 72), ele percebe que a filha de um agricultor, em cuja casa ele está hospedado, está doente. É informado de que o filho de um vizinho insculpiu algumas runas no osso do ombro de um carneiro para ajudá-la, mas ela não tinha melhorado. Egil, comentando que as pessoas que não entendem as runas não devem mexer com elas, raspa as runas e queima o osso para destruir o primeiro sortilégio e o substitui por um de sua criação.

Som e sentido

Os sons e significados que acompanham cada *stave* rúnica derivam de três poemas rúnicos: o anglo-saxão, o islandês e o nórdico antigo. Você pode encontrar os textos e as traduções *on-line* em uma série de *sites*, entre eles *https://en.wikisource.org/wiki/Rune_poems*.

Vamos examinar, por exemplo, a runa que é mais frequentemente associada a Odin. Trata-se da quarta runa, cujo nome reconstruído em germânico antigo é Ansuz. O poema rúnico em inglês antigo é apresentado da seguinte maneira:

ᚩ *[Os] byth ordfruma*   ælcre spræce,
Boca (ou "o deus") é o líder de toda palavra
wisdomes wrathu ond witena frofur,
sustentáculo de sabedoria, conforto para os sábios
and eorla gehwam eadnys ond tohiht.
Para todo nobre guerreiro   esperança e felicidade.

Esse poema rúnico foi composto no século VIII ou IX, quando os ingleses já tinham sido convertidos ao cristianismo, mas ainda estavam usando runas ou, às vezes, uma combinação de *staves* rúnicas e letras latinas. De uma maneira um tanto glorificada, a estrofe para Os celebra a comunicação.

O poema rúnico norueguês abrange as runas do Futhark Novo, que estavam em uso no século IX. O manuscrito mais antigo que o registra foi escrito no século XIII, também depois da conversão. Ele traduz o nome da runa como "boca" e o explica como a boca de um fiorde.

> ᚠ [óss] er estra færa   A boca do rio é o caminho da maioria
> das jornadas:
> *for, en skalpr er sværa*   mas uma bainha para as espadas.

O poema islandês talvez não seja mais antigo do que o norueguês, mas a Islândia foi o último país escandinavo a se converter ao cristianismo (no século XI). Até mesmo no século XIII, quando Snorri Sturlusson estava escrevendo, a antiga mitologia estava na base da poesia e da cultura. Ele identifica especificamente óss com "ás," um deus, Odin.

> ᚠ *[óss] er aldingautr*   Ase é o velho pai [Odin],
> *ok asgardhs jofurr*   chefe tribal de Asgard,
> *ok valhallar visi.*   e o líder de Valholl.

Não sabemos se a runa significava originalmente "boca" ou o deus Odin, mas tendo em vista que ele era o patrono dos poetas e também o doador das runas, se reunirmos o poema anglo-saxão e o islandês, teremos Odin como um deus da palavra e da comunicação. Meu próprio poema rúnico descreve a runa como, "ANSUZ, ÓSS, a sabedoria de Odin, comunicando o êxtase".

Quando saudamos Odin como Senhor das Runas, também o saudamos como Cavaleiro da Árvore, reconhecendo o preço que ele pagou por esse poder. Mas ele não buscou as runas apenas para si mesmo. Compartilhou algumas com os outros deuses, outras ele deu aos líderes entre os elfos e os anões, e outras ainda forjou para "homens nascidos na terra" (*Hávamál* 143). Não sabemos se todos os seres receberam as mesmas runas, mas se abraçarmos aquelas que Odin deu para a humanidade, é nossa responsabilidade usá-las com sabedoria.

A identidade de Odin como deus da comunicação também poderia explicar por que uma série de pessoas que trabalham com ele constatam que ele fala através delas e para elas por meio de revelação em transe, na qual abrimos a mente para o deus e simplesmente registramos as palavras que ele coloca nela. Essa técnica é discutida no meu livro *Possession*. Exemplos dessas transmissões de diferentes médiuns estão disponíveis no *site* Odinspeaks (*www.odinspeaks.com*).

Considerando que qualquer coisa que passa pelo filtro da mente humana pode estar sujeita à parcialidade e ao erro, o fato de que o material transmitido por meio de diferentes pessoas pode ainda assim exibir uma extraordinária uniformidade de tom e estilo sugere uma única fonte. No entanto, quer os comentários procedam da mente dos escritores ou do deus, eles oferecem ideias sobre a experiência de trabalhar com Odin nos dias de hoje.

Prática

Se você ainda não estudou as runas, este é um bom momento para começar. Meu livro *Taking up the Runes* é apenas uma das fontes proveitosas disponíveis hoje. Eis algumas outras:

Edred Thorsson, *Futhark* (Weiser, 1984). [*Futhark*, publicado pela Editora Pensamento, São Paulo, 2019.]

_____. *Runelore* (Weiser, 1987).

_____. *At the Well of Wyrd* (Weiser, 1989).

Estes livros, escritos no início do "Despertar Rúnico", foram os primeiros a desenvolver o trabalho com as runas como um sistema mágico.

Freya Aswynn, *Leaves of Yggdrasil* (Llewellyn, 1993). Interpretações de uma antiga sacerdotisa de Odin com formação em tradições mágicas britânicas.

Kveldulf Gundarsson, *Teutonic Magic* (Llewellyn, 1993). Mais tecnologia mágica com *pathworkings* – técnicas de meditação guiada – particularmente adequados.

R. I. Page, *Reading the Past: Runes* (British Museum, 1987). Bases históricas sobre as runas a partir de uma perspectiva mundana e acadêmica.

Stephen Pollington, *Rudiments of Runelore* (Anglo-Saxon Books, 1995). Uma introdução proveitosa às runas antigas, anglo-saxãs e nórdicas.

Stephen Pollington, *Runes, Literacy in the Germanic Iron Age* (Anglo-Saxon Books, 2017). Uma análise detalhada de tudo o que a arqueologia e o mundo acadêmico têm descoberto a respeito das origens e das utilizações do Futhark Antigo e da sua posterior evolução na Inglaterra.

Ann Gróa Sheffield, *Long-Branches* (*Lulu.com*, 2015). Um excelente estudo do Futhark Novo.

Muitos consideraram útil fabricar seus próprios jogos de runa com madeira, pedras de rio ou até massa de modelar que endurece no forno. Medite sobre o significado de cada runa enquanto a confecciona e guarde as runas no seu altar de Odin. Quando/se você tiver um jogo completo, experimente escolher ao acaso uma ou três runas. Esta é uma maneira de falar com o deus.

Meditação da Terceira Noite: o Cavaleiro da Árvore

Monte seu altar e prepare o espaço como fez anteriormente. Acenda uma vela verde. Ou então você pode optar por fazer essa meditação sentado com as costas apoiadas em uma árvore. Você deverá dizer o seguinte:

Odin, por estes nomes eu te chamo:

Váfuth ("Dependurado")
Hangi ("Suspenso")
Svidrir ("Deus da Lança")
Ómi ("Arauto")
Fimbulthul ("Poderoso Orador")
Cavaleiro da Árvore

Se você já decorou e estudou as runas, *galdor* (entoe-as) uma por uma, sentindo as vibrações ondularem pelo seu corpo, e passe alguns momentos meditando sobre o significado de cada uma. Se você ainda não as estudou, leia o poema rúnico que se segue ou outro da sua escolha, e dedique algum tempo à contemplação de cada significado. Uma versão do nome de cada runa será dada entre parênteses, para mostrar como o nome é pronunciado e qual é a sílaba tônica. Nessa transliteração, o "h" é aspirado, o "r" é pronunciado como na palavra "aRado"; o "th" pronunciado como na palavra inglesa *thing*; e o dh é pronunciado como na palavra inglesa *this*.

ᚠ Fehu (Fêhu) são rebanhos e campos férteis,
Livremente, Freyr encontra riqueza para os amigos.

ᚢ Uruz (Úruz), Auroques, exorta a força do espírito
Em direção à terra a moldar a criação.

ᚦ Thurisaz (Thúrisaz), o espinho de Thor,
É a força que liberta ou combate um inimigo.

ᚨ Ansuz (Ânsuz), Ós, é a sabedoria de Odin,
Comunicando o êxtase.

ᚱ Sobre Raidho (Ráido) o caminho é trilhado
Para o trabalho e o mundo juntos.

ᚲ Kenaz (Quênaz) conhece o fogo da criação;
Com a tocha transformando o lar e a casa.

ᚷ Gebo (Guêbo) reune a dádiva e o doador
Em uma igual troca de energia.

ᚹ Wunjo (Uúnio) obtém a bênção do Pai dos Desejos,
A alegria une as pessoas na liberdade da família.

ᚺ Hagalaz (Há-ga-laz) saúda aqui as sementes no gelo,
O mal se derrete na cura.

ᚾ Naudhiz (Náudhis) é Necessidade,
Runa-norna forçando o Destino a Partir da Necessidade.

ᛁ Isa (Íssa) é o Gelo, inércia,
Êxtase e serenidade...

ᛃ A Roda Anual de Jera (Iária) produz uma boa colheita,
A recompensa correta quando as estações amadurecem.

ᛇ Eihwaz (Êiuaz), teixo de Yggdrasil,
Arco da Vida e da Morte, mundos se agregando.

Perthro (Pérthro) despeja seu jogo da taça da runa,
Oportunidade ou mudança para homem ou criança.

Elhaz (Él-haz), o Alce, é junça pontiaguda e aguçada,
O poder do totem oferece proteção.

Sowilo (Souílo) faz a roda solar subir,
Luz guia na terra ou no mar.

Tiwaz (Tíuaz) é a runa de Tyr,
Vítima vitoriosa, ordenando justiça.

Berkano (Bércano), Bétula, Noiva e Mãe,
Nos traz o poder da Terra para o renascimento.

Ehwaz (Êuaz), Eoh, energia expandida,
O Cavalo Sagrado une o deus e o humano.

Em Mannaz (Mánaz) todo homem é mestre,
Todos os filhos de Ríg são parentes.

De Laguz (Láguz) a vida do Lago sempre circulando
Brota das profundezas da escuridão da Mãe.

Ingwaz (Íngüaz) viaja pelo mundo no seu veículo,
E morrendo, deixa vida na terra.

Dagaz (Dágaz) é o despontar de um dia luminoso,
Vida, crescimento e luz para todos.

Othala (Ôtala) é coração-lar sagrado
Para clã e parentes de mente e corpo.

A Formação de Bifrost

Há muito tempo, na época de sonho que inicia todas as histórias de origem, os deuses do Norte vieram da névoa onde o gelo primordial encontrava as chamas de Muspel. Odin foi o primeiro entre eles, o primeiro a conhecer a si mesmo, a ver e compreender o que via, a proferir as palavras de poder que designavam todas as coisas. Assim era naqueles dias, quando os *jotnar* – os poderes primordiais do vento e das condições atmosféricas, os gigantes da geada, dos despenhadeiros e das montanhas, do céu e do mar – caminhavam pelo mundo.

Odin pensou no futuro, porque uma visão chegara até ele vinda da Terra Média e de como ela seria cultivada e povoada pela humanidade. Mas para que isso acontecesse, os recém-criados humanos precisavam ter proteção, porque, naqueles dias, aqueles que iriam se tornar a humanidade ainda se abrigavam em cavernas e buracos, pegando raízes, colhendo frutinhas e lascando as pedras para fazer ferramentas.

Odin, que é um grande viajante, procurou o espírito da Terra, Jordh, a Mãe Terra em forma de mulher, giganta de uma família extremamente antiga. Ele lembrou a ela que a humanidade também descendia dela, e que eles precisavam de um protetor. Eles então se deitaram juntos, e dessa união nasceu Thor, que caminha a passos largos pelos céus, golpeando as nuvens para trazer o relâmpago e o riso no trovão. Thor recebeu a missão de combater os poderes selvagens, de derrotar apenas um número suficiente deles para que houvesse espaço de a humanidade florescer na terra. E assim é que, até mesmo agora, ele não mata todos os gigantes – apenas alguns, quando necessário. No entanto, hoje em dia, os próprio humanos destroem muitos dos parentes mais velhos.

Mas nem mesmo a força de Thor era suficiente. Um centro era necessário, um refúgio do qual os deuses poderiam emergir para formar os mundos. Odin fechou um contrato com um dos mais poderosos *jotnar* para construir para ele um local de poder. Se ele terminasse no prazo combinado, poderia ter Freyja, senhora do amor e da beleza, como noiva. Odin ousou fazer essa promessa porque Loki lhe havia garantido que encontraria uma maneira de desfazer o acordo. Mas o gigante colocou arreios no seu cavalo gigante, e juntos trabalharam excepcionalmente bem. Loki não conseguiu encontrar nada que o gigante aceitasse em troca da deusa. Faltava um dia para o fim do contrato, e as paredes estavam quase concluídas. O que fazer?

Loki, desesperado, se transformou em uma égua, elegante e cheia de curvas – e no cio. Ele, ou melhor ela, passou pelo cavalo gigante trotando, abanando sedutoramente o rabo, e o garanhão, incapaz de resistir, quebrou seus arreios e foi atrás dela. O gigante ficou furioso, mas sem o cavalo para puxar as pedras ele não conseguiu terminar a parede. Mais tarde, o cavalo voltou, mas o prazo foi ultrapassado e Freyja foi salva.

Houve outra consequência – após algum tempo, Loki, ainda na forma da égua, deu à luz um corcel de oito patas que era capaz de ser mais rápido do que o vento. Ele se chamou Sleipnir, e Odin o criou e o ensinou a correr entre os mundos.

E assim a fortaleza que os deuses haviam idealizado foi concluída, bela e poderosa, um castelo nas nuvens. E os deuses havim ficado na Terra Média, elevando os olhos para ele. Odin podia entrar, porque fora sua mente que o moldara, e ele tinha Sleipnir para conduzi-lo. Mas ele não desejava morar lá sozinho.

O castelo não estava inteiramente no mundo. Às vezes, as paredes pareciam tão transparentes quanto a névoa; às vezes, eram de pedra maciça. Em todas as ocasiões, era curiosamente difícil olhar para elas, porque, de alguma maneira, o olhar se desviava. Ninguém da raça mortal podia ir até lá, e isso não era fácil nem mesmo para os deuses sagrados. Uma ponte era necessária, e não apenas um elo entre um mundo e o outro, mas uma ponte que fosse ela própria uma transformação, de maneira que aqueles que caminhassem por ela pudessem se deslocar entre os mundos.

Odin pediu a Thor que convocasse as névoas e balançasse seu martelo, e nuvens se coagularam no céu. Odin chamou um vento suave para sustentá-las e convocou Sunna do Leste para abençoar o céu com seus raios. E quando ela se ergueu, todos os deuses viram um brilho no ar.

"O que é isso?", perguntaram. "O que você está fazendo com o céu?"

Mas Odin apenas sorriu. "Vejam", disse ele, "O disco de Sunna subindo na alvorada, o esplendor das maçãs de Idunna, o sangue que lhes dá vida. Ergam-se firmemente na Terra Média e olhem como os homens olham...", e ele pronunciou uma runa de poder – URUZ...

E os deuses piscaram, porque a vibração no ar tinha uma cor. Eles viram o vermelho, eles viram o carmesim, um arco de cor curvando-se no céu. E o arco fez uma curva para baixo até que aquela luz avermelhada banhou todos eles, e viram uns aos outros vermelhos, todos filhos da terra.

"Isso é maravilhoso, mas para que serve?", perguntaram.

"Esperem", disse Odin. E eles puderam perceber que o ar ao lado do arco vermelho estava se deslocando, mas isso foi tudo. "Vocês não conseguem ver", perguntou ele, "o resplendor do pôr do sol no mar? A pele ardente dos amantes abraçados? Olhem para Freyja com a luz do sol no cabelo. Sintam o desejo pulsar dentro de vocês e *vejam...*", e ele pronunciou uma segunda runa – FEHU...

E, de repente, eles perceberam que o vermelho estava mudando de tonalidade e se transformando em um arco laranja resplandecente, que brilhava intensamente nos céus. A faixa então se curvou para baixo e eles sentiram desejo, e Freyja se deslocou entre eles, abençoando-os com seu amor.

Mas agora estava claro que o ar perto do grupo laranja também estava vibrando.

"O que é isso?", perguntaram. "Mostre-nos como ver..."

"São vocês que precisam querer isso", disse o deus. "Atraiam o fogo do sol e a radiância do grão que cresce para seus centros, e vejam!" Uma vez mais ele entoou uma runa – SOWILO. E os deuses olharam para o brilho e determinaram que ele os envolvesse, e enquanto fez isso, o fogo refulgiu através deles, e foram banhados em luz dourada.

Um arco flamejante transpôs o céu; ele era como uma estrada, mas ainda não larga o bastante para que pudessem percorrê-la, e o ar ainda tremia com cores que eles não podiam enxergar.

"A próxima faixa será mais difícil", disse Odin, "porque vocês precisam abrir o coração para o mundo inteiro. Vejam a relva que tremula, vejam as folhas reluzentes da Árvore do Mundo e tornem-se estas coisas." Ele pronunciou a runa JERA, eles tocaram a relva verdejante que cresce em toda parte e as folhas verdes da árvore Yggdrasil, que dá à luz os mundos, e amaram tudo isso.

À medida que cada faixa de cor era adicionada, eles puderam sentir que estavam mudando; agora também estavam tremendo com entusiasmo.

"Vocês podem me dizer o que estão vendo?", perguntou-lhes Odin. E eles balançaram a cabeça em silêncio, porque só tinham consciência de um esplendor para o qual não tinham palavras. "Enquanto vocês não puderem falar sobre essa visão, não terão poder sobre ela", declarou Odin. "Levantem os olhos para o céu, respirem fundo e deixem o vento preenchê-los com palavras."

E ele proferiu a runa que é um dos seus próprios nomes: ANSUZ...

E um vento azul formidável passou por eles, e, de repente, começaram a balbuciar. "Azul turquesa, cerúleo, ultramarino, céu, mar...", gritaram, e uma faixa azul cintilante refulgiu do verde e formou um arco no céu.

"A ponte agora é larga", disseram eles. "Vamos atravessar."

"Não", respondeu Odin. "Você pensam que veem, mas não veem, porque estão vendo apenas com os olhos do corpo. Penetrem a vibração que se aproxima agora e deixem que ela os sacuda até que vocês *verdadeiramente* enxerguem..."

E a runa que ele emitiu foi PERTHRO, que significa o Poço no qual estava escondido o olho que ele deu em troca da Sabedoria.

E o que eles viram então foi a cor do céu, que se torna mais intensa quando o pôr do sol avança em direção à meia-noite e o céu é iluminado pela Lua; eles viram todas as outras cores nessa nova luz mais luminosa e radiante do que antes. Eles viram com o olho que está oculto atrás da testa. Eles viram o anil...

Os deuses olharam uns para os outros e se viram transformados, e Odin sussurrou a última runa, que é a runa do seu espírito, e se chama FELICIDADE... WUNJO...

E os deuses viram a cor além da cor, um violeta radiante, e viram o arco-íris completo, curvando-se como uma ponte diante deles, ligando as alturas do santuário de Odin com as terras embaixo.

"Vejam Bifrost, a ponte tremulante, que vibra com todas as cores que existem. Agora, a substância da qual vocês formaram sua essência está completamente iluminada, e vocês, reluzindo com todas as vibrações, conseguem enxergar todas as coisas. Sigam-me agora, meus filhos, e entraremos no nosso novo lar."

Odin então pisou na ponte, seu corpo tremeu com todas as cores dela e brilhou como um arco-íris. O primeiro a segui-lo foi Heimdall, o filho de Odin com as nove ondas, o deus que consegue enxergar mais longe e ouvir melhor do que qualquer outro ser nos mundos; por causa disso, Odin o tornou guardião de Bifrost. E depois dele, um por um, todos os deuses e deusas sagrados pisaram na ponte e subiram à esfera que se chama Asgard, o santuário dos deuses.

E sabemos que é que assim que as coisas são, porque depois da tempestade o Sol retorna, e Bifrost brilha na sua luz sagrada. E todos os que aprendem a reluzir com as cores do arco-íris, vendo e compreendendo todas as coisas, podem viajar para morar com os deuses.

Escrevi essa história em 1996 para um conferência em Asilomar, perto de Monterey, que vinha se concentrando em um novo chakra a cada ano. Pense nela como uma fantasia a respeito da origem da Ponte do Arco-Íris, inspirada pela tradição, mas que não se baseia nela. Quando eu estava na conferência, eles tinham chegado a Ajna, o chakra da Visão situado no Terceiro Olho. O salão da conferência estava decorado com cortinas anis e tinha alguns dos maiores cristais de quartzo que já vi em toda minha vida. Embora eu não concordasse com tudo o que estavam dizendo, aquele foi para mim um fim de semana muito odínico.

Figura 10 – O Pai Supremo.

CAPÍTULO CINCO

O Pai Supremo

- Interlúdio: "Na Cama de Gunnlödh" -

Gylfi: "Quem é o mais elevado e antigo de todos os deuses?"
Superior: "Ele se chama Pai Supremo na nossa língua, mas no Velho Asgard ele tinha doze nomes".

— *Gylfaginning 3*

N a verdade, como já vimos, no caso de Odin, 12 nomes é apenas um começo. Mas entre seus apelidos e epítetos, "Pai Supremo" é um dos mais populares.

Podemos ter encontrado Odin primeiro como o viajante ou o mago, mas uma busca das suas imagens revelará que ele é, com mais frequência, retratado como o governante de Asgard, o maior e mais glorioso dos deuses. Quando Odin não está vagando pelo mundo, zela por ele de Asgard. Nos velhos tempos, os chefes tribais eram como pais para seu povo. O título "Pai Supremo" expressa o relacionamento protetor de Odin com os homens e os deuses.

Reis e escaldos

Nomes como *Fimbultyr* (Deus Poderoso ou Imponente), *Godjadharr* (Deus Protetor), Ítrekr (Esplêndido Governante), *Jörmunr* (O Poderoso), *Fjölsvidhr* (Muito Sábio), *Forn-Ölvir"* (Santo Ancião) e *Haptagudh* (Deus dos Deuses) comunicam uma imagem de poder e majestade.

Como diz Sturlusson: "Quando se sentava com amigos, ele tinha uma aparência tão bela e nobre que todos ficavam felizes" (*Ynglingasaga* 6). Quando acrescentamos a isso os nomes descritivos que fazem referência à sua longa barba grisalha e sobrancelhas cerradas, obtemos uma figura que lembra o Imperador do baralho do tarô, o arquétipo do Velho Sábio. Týr pode ter sido o monarca original, mas, ao longo dos séculos, Odin assumiu esse papel.

Imagens do século XIX, especialmente, o retratam presidindo o banquete no Valhalla sentado no seu trono ricamente entalhado, muitas vezes usando o incorreto, porém pitoresco, elmo alado, com a lança apoiada na poltrona. Um tapa-olho pode cobrir um dos olhos, mas o olhar do outro tem a acuidade visual de uma águia. Ele veste o azul luminoso intenso do céu noturno logo depois do pôr do sol. Quando as tochas tremeluzem, sua armadura reluz. Seus corvos pousam no encosto alto da grande poltrona e, aos seus pés, dois grandes lobos cinzentos mordiscam os ossos das oferendas.

Na introdução à *Edda* Nova, Sturlusson retrata Odin como um monarca de suprema riqueza e poder que governa o mundo por causa da sua força e do papel que ele desempenhou na criação dele. A *Edda* Nova foi escrita como um manual para os poetas, que eram sustentados pelos grandes senhores e pelos reis. Era um arranjo mutuamente vantajoso. Até que a conversão ao cristianismo forneceu homens que podiam relatar os feitos dos reis em latim, a única maneira pela qual um rei poderia conquistar fama imortal era ter seus feitos registrados para a posteridade em uma elegante poesia.

> Um serviço particular que os islandeses prestavam eram o de poeta da corte (*skjald*), cuja tarefa era compor poemas em louvor ao seu senhor... Essa poesia era, portanto, um elemento muito importante na cultura islandesa e influenciava enormemente as ideias dos islandeses a respeito do seu passado, reforçando seu interesse pelos reis, especialmente pelos reis na Noruega. (Sawyer, 1982, p. 14)

O próprio Sturlusson havia viajado para a Noruega na esperança de servir o jovem Rei Hákon dessa maneira. O *Hattatal,* mais tarde incorporado à *Edda* Nova, compreende 102 estrofes compostas em diferentes métricas. Os exemplos são extraídos de poemas de louvor escritos por Sturlusson para o Rei Hákon e seu regente, o conde Skuli. Muitas estrofes celebram a bravura militar do rei e do seu exército, mas várias retratam uma imagem do rei na paz e na prosperidade.

O líder está ansioso para distribuir o fogo do pântano [ouro] –
a mão tende a agir de acordo com o costume.
O punidor da pilhagem dá âmbar de Rhine [ouro] –
os príncipes se tornam famosos entre os homens.
O governante confia enormemente na experiência dos seus homens –
um presente tem em vista sua recompensa.
O rei tem poder sobre os homens no futuro –
cada homem ganha com o companheirismo.

— *Hattatal* 26

As palavras em colchetes fornecem o significado das "metáforas" que são frases que descrevem o que uma coisa é ou faz, em vez de fornecer o verdadeiro nome. Por exemplo, um rei "odeia o ouro" porque distribui o ouro que recebe para recompensar seus seguidores. Em *Beowulf*, escrito cinco séculos antes, as pessoas elogiam a bravura com que o rei os protegia, e bradam "que ele era o mais generoso entre os reis da terra dos homens e para os homens o mais benevolente, para seu povo o mais afetuoso e por elogios o mais ávido" (Tolkien, 2014, pp. 2663-5).

Além da *Edda* Nova, Sturlusson compilou o *Heimskringla,* The Lives of the Norse Kings. Ele começa com a legendária história de como Odin conduziu seu povo da antiga Troia para estabelecer seu reino no Norte e relata a biografia daqueles que governaram a Escandinávia até o reino de Magnus Erlingson, que morreu em 1194, pouco depois de Sturlusson nascer. O foco é nas batalhas e vitórias, mas até mesmo para um rei cristão, o maior elogio é que "a terra era próspera durante seu governo, porque havia boas estações e paz" (Sturlason, 1932, *History of Sigurd the Crusader*, p. 41).

No entanto, uma leitura do *Heimskringla* mostra que o poder dos reis nórdicos não era ilimitado. Mesmo depois que a conversão ao cristianismo concedera aos reis escandinavos a prerrogativa do Direito Divino e um serviço público letrado na forma de escreventes treinados em mosteiros, seus súditos se agarravam a uma firme independência. As pessoas que colonizaram a Islândia estavam fugindo do poder real e resistiram às tentativas norueguesas de subjugá-las até que foram esmagadas pelas pressões sociais e ambientais no século XIII.

A estrutura política germânica fundamental, como se manifestou não apenas na Escandinávia, mas também na Europa continental e na Inglaterra anglo-saxã, parece ter sido a de escolher um rei entre os homens dentro dos oito graus de parentesco real, que era apoiado pelos seus guerreiros (que lhe juravam lealdade) e aconselhado por um conselho formado pelos homens proeminentes da comunidade.

Odin era efetivamente o tipo de rei que Sturlusson louvava? Nas *Eddas*, ele não parece exercer toda essa autoridade. Durante a guerra entre os *Æsir* e os Vanir, os deuses mais sagrados se reuniram para discutir sua reação aos seus *rökstóla* (assentos do destino), os assentos de julgamento que estão perto do Poço de Wyrd (*Völuspá* 6, 23, e 25). Essa é uma frase que encontramos em vários lugares nas *Eddas* quando uma decisão precisa ser tomada. Odin arremessa uma lança sobre o inimigo para começar a batalha, mas encetar uma guerra é uma decisão conjunta.

Encaro seu papel mais como o de um CEO com um conselho de diretores do que como o do presidente de uma empresa. Isso faz sentido, já que se a sua função era administrar o mundo, dificilmente ele teria tempo para perambular por ele. Como veremos no Capítulo 7, na literatura do período das sagas, as área na qual Odin de fato exerce uma liderança isolada é na preparação para o Ragnarök; e quando a última batalha acontece, é ele quem conduzirá os deuses e os heróis para o campo.

Quando Richard Wagner estava escrevendo as óperas de *O Ciclo do Anel*, a Europa tinha tido sete séculos adicionais para desenvolver o conceito da monarquia absoluta, e os estudiosos reinterpretaram o papel de Odin como líder dos deuses germânicos. Em *O Ouro do Reno*, Wagner retrata o deus como um dos jovens reis-heróis amados pelos escaldos, sedento de sabedoria, porém ainda mais ávido de glória. A "Entrada dos Deuses no Valhalla", com o qual essa ópera termina, é um retrato musical da fortaleza que será a manifestação física do seu poder. Em *A Valquíria,* vemos Wotan como um rei imperante, seu poder restringido pelas leis que ele mesmo criou. Em *Siegfried*, ele abandona sua função de rei para se tornar o Viajante, manipulando os eventos. mas sem controlá-los, e em *O Crepúsculo dos Deuses,* ele desistiu até mesmo de tentar e se retira para sua fortaleza para esperar que seus filhos mortais acabem com o velho mundo.

No século XX, a personagem de Odin continuou a evoluir. Como vimos no Capítulo 2, o Gandalf de Tolkien tem uma notável semelhança com Odin como o Viajante. À medida que a narrativa de *O Senhor dos Anéis* foi se desenrolando, a figura de Gandalf evoluiu, assim como muitos outros elementos na história de Tolkien. Com o tempo, o mago errante é revelado como um dos Maiar, um deus de menor envergadura, que é um servo de Manwë, em quem encontramos uma figura evocativa de Odin como Soberano de Asgard.

No *Silmarillion* de Tolkien, Manwë é chefe dos Ainur, os seres divinos que criaram a Terra Média. Ele reina do topo de uma montanha celestial. Trajado de azul, ele é o Rei Ancião e Senhor dos Ventos, e as grandes águias são suas servas.

A versão recente de Odin como rei dos deuses procede da Marvel Comics. Em 1962, Odin apareceu em *Journey into Mystery* # 86 e se tornou uma personagem habitual dos quadrinhos como o governante de Asgard e pai de Thor. Depois de evoluir ao longo de uma intricada série de tramas na forma de revistas em quadrinhos, na atual série de filmes da Marvel ele tem uma nova encarnação, representada por Anthony Hopkins. Naturalmente, a versão da mitologia nórdica da Marvel só segue a tradição quando convém, mas Odin, no seu aspecto de Pai Supremo e soberano de Asgard, é uma figura dominante nela.

Criador de Midgard

O papel de Odin em Asgard não é sua única pretensão ao título de Pai Supremo. Independentemente das histórias que possam ter sido contadas anteriormente a respeito da criação do mundo, na ocasião em que as *Eddas* estavam sendo escritas, a função de dar movimento ao mundo fora outorgada a Odin.

Ele não é, contudo, a fonte suprema. No Völuspá 3-4 e *Gylfaginning* 4-8, somos informados de que o universo nasceu da colisão dos elementos do gelo e do fogo, um equivalente nórdico da teoria do *Big Bang*. Eles se encontraram em *Ginnungagap*, o Abismo, e da exuberante efervescência resultante surgiu um ser primordial, Ymir, cujos membros, ao se friccionarem, geraram os gigantes de gelo. Ymir foi alimentado pela vaca sobrenatural Audhumla, que lambeu a geada salgada e revelou um ser chamado Buri, o primeiro dos deuses. O filho de Buri se chamou Bor, que se casou com Bestla, filha do gigante de gelo Bolthorn. Seus filhos foram Odin, Vili e Vé.

Como devemos interpretar essa história? Meu sentimento é que essa tríade, nascida da união da essência divina com um dos seres gerados pela manifestação da matéria, representa os primórdios da consciência. As formas protoindo-europeias desses nomes teriam sido *Wodhanaz, *Weljon e *Weixan (Orel, 2003, p. 453). Da maneira como as interpreto, *Wod* (o radical de "Odin") é a paixão extática da criação. *Vili* é "vontade", ou intenção concentrada. *Vé* é o nome de um lugar sagrado ou santuário, e portanto pode representar a sacralidade manifestada no mundo material. Enquanto as primeiras fases da história da criação registram as interações de forças escassamente personalizadas, com o surgimento de Odin e seus irmãos, a Mente começa a agir sobre a Matéria.

Seu primeiro ato é desmembrar o ser primordial, e com as partes de Ymir construir o mundo. "Eles transportaram Ymir para o meio de Ginnungagap, e a partir dele criaram a terra, e do seu sangue o mar e os lagos. A terra foi criada com a carne e as rochas com os ossos, e com os dentes, molares e ossos que tinham se partido eles formaram as pedras" (*Gylfaginning* 8).

As outras partes que sobraram de Ymir foram usadas para o resto do mundo, inclusive uma paliçada para proteger Midgard, que foi feita com seus cílios. Histórias semelhantes são encontradas em uma série de mitologias. O fato de que a versão hindu, na qual o ser primordial Purusha é sacrificado para criar a vida, procede das mais antigas escrituras védicas sugere que o tema já estava presente na religião protoindo-europeia.

Quando contemplo esse processo, vejo o Poder que hoje conhecemos como Odin focando de uma maneira mais poderosa e precisa o que fora uma difusa consciência cósmica em modos separados, porque "ele" está consciente deles. Uma das principais maneiras de diferenciar elementos para que possamos trabalhar com eles é lhes conferir um nome. Desse modo, apresento a hipótese de que a associação de Odin com a comunicação se desenvolveu durante o processo de criação. A imagem visual que me vem à cabeça é a do deus percorrendo esse ambiente em evolução, ajustando e moldando por meio de palavras as entidades que iam surgindo.

114 | *O Mundo de Odin*

Mas ele não faz isso sozinho. Odin trabalha com seus irmãos para construir o mundo e coopera com os *Ginn-heilög Godh,* os deuses mais elevados, mais sagrados, para organizar o funcionamento dos céus e da roda do ano. Não sabemos o nome desses outros deuses. Talvez eles sejam outros filhos de Bor e Bestla, uma geração anterior de divindades, ou as formas em evolução dos deuses que encontramos na mitologia. O que eles fazem, no entanto, é estabelecer um modelo para a civilização com templos, tecnologia e entretenimento.

O seguinte poema de Fjolnirsvin expressa uma perspectiva do papel de Odin como criador.

I. ODINN

Antes de eu criar o mundo a partir do corpo de Ymir
com meus irmãos, Villi e Vé,
que podem ou não ser eu
(esse é o problema das hipóstases),
os primeiros gigantes disseram:
"Existe apenas gelo e fogo e o lugar onde eles se encontraram.
Isso é tudo o que existe,
a única ordem concebível".

Agora a terra floresce em toda sua complexidade.

Sabe então. Quando Yggdrasil morto germinar novos brotos
e Baldur retornar,
em cujo ouvido sussurrei
(não, não te direi o quê),
e do tronco dilacerado
emergirem os pais dos futuros descendentes,
piscando diante do novo Sol,
não haverá apenas reiteração
e sim a transformação
e uma ordem que se revela, inimaginada.

As três pessoas

Depois da história da criação, a seção seguinte do *Völuspá* 9-16 relaciona o nome dos anões. A criação deles parece ter sido um esforço coletivo. Nas estrofes 17-8, chegamos à história da criação da humanidade. Encontramos aqui outra oportunidade para Odin ser considerado o Pai Supremo.

Certo dia, enquanto caminham ao longo da costa, três deuses encontram duas toras de madeira. Na *Edda* Nova (*Gyrlfaginning* 9), Sturlusson simplesmente os chama de filhos de Bor, mas no *Völuspá* somos informados de que os três que encontraram as toras eram Odin, Hoenir e Lódhur.

Uma tora é de *ask*, freixo. A outra, *embla,* é interpretada como olmo ou, às vezes, videira (Lindow, 2001, p. 63). Outras tradições espirituais dizem que os seres humanos foram criados a partir do lodo, mas sempre gostei da ideia de que estamos efetivamente relacionados com as árvores. No entanto, isso nos confere a responsabilidade especial de cuidar dos nossos parentes.

A primeira coisa que sabemos a respeito de Ask e Embla é que eles eram örløg-lausa, "sem *örløg*" ou "não predestinados". Além de ainda não serem humanos, eles também nem mesmo estavam vivos. Eram puro potencial, prontos para ser moldados. Para entender o que os deuses fizeram a eles, precisamos examinar quem eles eram e o que cada um deles oferecia.

Conhecemos Odin (ou achamos que conhecemos). Hoenir surge várias vezes na mitologia. Além do seu papel na criação dos seres humanos, no início do *Skaldskaparmál* ele aparece como companheiro de Odin e Loki na jornada que conduz ao rapto de Idunna.

Pode ter havido outras histórias nas quais os três viajaram juntos; como no poema *Haustlong*, que se refere a Loki como amigo de Hoenir. Em *Ynglingasaga* 4, Hoenir é um dos reféns enviados pelos Æsir a Vanaheim depois da guerra entre os Æsir e os Vanir. Ele parece bem, mas encaminha todas as opiniões para seu companheiro refém, Mimir. Os Vanir, desapontados, decapitam Mimir (a respeito de quem ouviremos mais quando discutirmos o Poço de Mimir no Capítulo 10) e expulsam Hoenir do Vanaheim. Hoenir também é um dos poucos deuses da primeira geração que está destinado a sobreviver ao Ragnarök (*Völuspá* 63), depois do que ele executará uma adivinhação com "peças de madeira".

116 | *O Mundo de Odin*

Uma terceira divindade, Lódhur, é ainda mais enigmática. Uma metáfora para Odin é "amigo de Lódhur". John Lindow (2001, p. 212) ressalta que outra metáfora para Odin é "amigo de Lopt". Lopt é um dos nomes de Loki, e algumas pessoas identificaram Lódhur com ele.

Talvez possamos entender melhor o que está acontecendo comparando as versões da *Edda* Antiga e da *Edda* Nova.

	Völuspá	Gylfaginning
1. Divindade	Odin	Odin
Dádiva	Önd	Önd ok lif
	(alento/espírito)	(alento/espírito e vida)
2. Divindade	Hoenir	Vili(?)
Dádiva	Ódh	*hvit ok hræring*
	(mente, inspiração, paixão)	(sagacidade e movimento)
3. Divindade	Lódhur	Vé(?)
Dádiva	*lá ok litu goda*	ásjónu, mál ok heyrn, ok sjón
	(vida e boa aparência)	(face, fala, audição
		e visão; ou seja, os sentidos)

Em ambas as versões, Odin oferece önd, o alento da vida, o espírito que é absorvido com a primeira respiração e liberado com a última. É um termo que tem o mesmo peso que as palavras *ruach* em hebraico, e *pneuma*, em grego. A respiração nos proporciona o oxigênio que catalisa todos os outros processos corporais. Sem ele, as outras dádivas seriam inúteis. Respirar é um processo, assim como a combustão da respiração no nosso sangue é um processo. Odin é um processo, motivo pelo qual é tão difícil cingi-lo.

Meditar sobre isso gera o entendimento de Odin como uma força dinâmica, fonte do alento, que conduz à comunicação, e do vento, que é o alento do mundo. Este poema de Paul Edwin Zimmer (1979) expressa alguns dos seus significados.

Com o esterno e o cérebro, respira o céu!
Deixa teus pulmões ansiarem por se encher:
Pesado com sabedoria, o vento nos pulmões
Enrubesce o sangue com ferrugem, que corre através do corpo

E do cérebro, conduzindo o alento para toda parte;
Deslocando-se no sangue, jubilosamente despertando a vida,
Deixa que o vento desperte a sabedoria na tua mente!

Ódh é a dádiva de Hoenir, o que parece estranho, tendo em vista que é o radical do nome de Odin. É também uma das palavras nórdicas mais difíceis de traduzir. No seu monumental dicionário, Cleasby e Vigfusson (1874) oferecem uma tradução para ela como adjetivo que significa "louco", "violento", "frenético", que se encaixa na definição do século XI de *Wodan id est furor*, de Adão de Bremen. No entanto, Cleasby e Vigfusson acompanham isso com um verbete para ódh como substantivo, no qual seu significado é dado como "sagacidade" ou "mente" com o significado secundário de "canção" ou "poesia". A maioria dos tradutores desse trecho prefere interpretar a palavra como substantivo. Para uma investigação mais profunda dos significados, consulte o Capítulo 10.

Na *Edda* Nova, contudo, a dádiva é relacionada como "sagacidade e movimento", que poderia ser compreendida como incorporando os dois sentidos de ódh. Hoje, temos a tendência de pensar na atividade mental como imparcial e controlada, mas minha interpretação pessoal de ódh é algo como "fervor criativo", o ato do pensamento agitado pela paixão. Isso não se encaixa particularmente bem com o que conhecemos de Hoenir, mas poderia funcionar bem para Vili se o encararmos como "fervor concentrado pela vontade".

A terceira dádiva é uma coleção de qualidades que capacitam o ser humano, que já possui a capacidade de se mover, pensar e sentir, a viver no mundo. Os sentidos possibilitam que transmitamos e recebamos informações. Considero a dádiva de uma face como o equivalente da "boa aparência", a modelagem final que conferiu a Ask e Embla as formas que os humanos têm hoje.

A identidade do Poder que concede essa terceira dádiva é ainda mais enigmática do que a do segundo. Em um poema do século XIV, o *Thrymlur* (uma versão na forma *rimur* islandesa do *rymskvidha* édico), *Lódhur* aparece como outro nome para Loki. Isto, quando combinado com a inclusão de Loki como um companheiro de viagem para Hoenir e Odin na *Edda* Nova em que o trio encontra o gigante Thiazi, me inclina a favorecer Loki/Lódhur como a terceira divindade envolvida na ativação de Ask e Embla.

118 | *O Mundo de Odin*

A dádiva do terceiro deus, seja ele quem for, é externa – a forma do corpo e os sentidos. Desse modo, ela se encaixa bem como uma dádiva de Vé, transformando uma coisa do mundo físico em algo sagrado. Especulando um pouco mais, eu poderia apresentar argumentos a favor de Loki, fonte de tantas ferramentas e dispositivos, como aquele que doa os meios pelos quais nosso corpo interage com o mundo.

Neste ponto, talvez eu deva dizer algumas palavras a respeito de Odin e Loki, que não é filho de Odin, mas com quem ele tem uma complexa ligação. Da maneira como percebo a situação, entre os limites da criação de Midgard e a batalha final de Ragnarök, que acabará com o mundo que conhecemos, os deuses existem em um eterno presente a partir do qual eles entram e saem do nosso tempo cronológico. Desse modo, todos os mitos, entre eles o sacrifício de Odin no Poço e sua provação na Árvore, estão ocorrendo simultaneamente. Embora vá chegar uma época em que Loki será o inimigo, na *Edda* Nova ele é sempre relacionado entre os deuses. Em *Lokasenna 9,* Loki lembra a Odin que eles são "irmãos de sangue" e que Odin prometeu que se ele tomasse uma bebida, a compartilharia. A história de como isso aconteceu está perdida, mas o relacionamento é claramente importante. Por esse motivo, mesmos nos *kindreds* em que Loki não é explicitamente reconhecido, alguns heathenianos borrifarão um pouco do que quer que esteja sendo oferecido a Odin sobre a vela ou na lareira.

Quando contemplamos Odin como o Pai Supremo, precisamos compreender que seu papel na criação não foi o de um relojoeiro que monta seu mecanismo e o deixa funcionando. Ele é uma força ativa no nosso desenvolvimento, convidando-nos a participar da evolução conjunta do mundo. O poema "Who Started It All?" [Quem começou tudo?, 2004] de Michaela Macha, expressa esse relacionamento.

> Então quem
> começou tudo
> começaste com Ask e Embla
> ou *nós te* moldamos, Metamorfo?
> um espelho refletindo um espelho
> palpite de qualquer pessoa
> mas precisamos de ti? Ou tu de nós?
> Para sobreviver

o amor não é necessário,
nem o riso, nem a amizade, nem os deuses
mas para viver
ternamente precisamos deles.
Tu me chamaste, ou eu te
visitei sem ser convidada?
Eu sigo, ou tu *me*
observas por trás?
Isso não importa
enquanto trago para ti meu sacrifício
Não sei quem começou tudo, mas
vamos encerrar
juntos.

Pais de Deuses e Reis

Em *Gyrlfaginning* 19, Sturlusson (1987) nos diz o seguinte: "Odin é o mais antigo dos Æsir. Ele governa todas as coisas, e embora os outros deuses sejam poderosos, todos se submetem a ele como filhos ao seu pai". Pessoalmente, tendo a duvidar de que os outros deuses sejam sempre tão submissos – consigo imaginar algumas discussões acaloradas naqueles assentos de julgamento próximos ao Poço.

Quer os relacionamentos façam parte das histórias originais, quer tenham sido admitidos quando deuses de diferentes tribos heathenianas foram amalgamados na mitologia, em vários pontos da tradição, Thor, Heimdall, Týr, Baldr, Hermod, Höd, Val e Vidar são considerados filhos de Odin.

Thor

Thor, deus da tempestade e do trovão, é filho de Odin com Jordh, uma giganta cujo nome significa "terra". A importância dela é indicada pelo fato de que Thor é frequentemente identificado como "Filho da Terra" e não como "Filho de Odin". Não temos nenhuma história a respeito de como isso aconteceu, mas, para mim, o fato de *Bjorn,* "Urso," ser fornecido como apelido tanto para Thor quanto para Odin é sugestivo. Crânios de ursos decorados encontrados em montes mortuários paleolíticos indicam uma antiga veneração, e o urso era considerado sagrado para a deusa da terra em uma série de culturas. Imagino os dois se encontrando na forma de ursos.

O apelido *Raudgrani* de Odin, "bigode vermelho", explica como Thor obteve seu cabelo ruivo, mas quando eles se encontram em *Hárbardsljodh,* a única história que descreve sua interação, Odin é *Hárbard* (Barba Grisalha).

Podemos ainda encarar o nascimento de Thor de outra maneira. De modo geral, evito interpretar os mitos como explicações de fenômenos naturais, mas quando eu estava fazendo uma pesquisa sobre Thor, encontrei uma fascinante análise meteorológica da causa do relâmpago e do trovão. Sua tradução em termos míticos produziu a seguinte descrição do encontro de Jordh com Odin a partir do ponto de vista *dela.*

Bem, vocês precisam entender – foi há muito tempo, e éramos diferentes então. Falando com vocês, humanos, aprendemos a ver a nós mesmos de maneiras diferentes. Mas naquela época... éramos forças, éramos sentimentos. E os mundos estavam em processo de mudança – agíamos e reagíamos à medida que a situação se modificava.

Naqueles dias, eu não tinha um nome. Eu sabia que *existia.* Sentia o impacto das pedras do céu que vaporizavam minha rocha e liberavam a água que estivera presa dentro dela. Eu sentia as explosões de calor que vinham de dentro. Calor e Frio... Fogo e Gelo... e enquanto eles guerreavam, o primeiro toque sedutor do vento...

Ah... aquele vento... e a Voz que chamava meu nome...

O vento me tocou, me cortejou, extraindo a umidade das minhas rachaduras e depressões até que as gotículas de água rodopiaram para cima e se tornaram nuvens. Quando o vento as moldou, pude sentir uma tensão se desenvolvendo entre as bases mais quentes das nuvens e as torres frias que procuravam o céu. A energia naquelas áreas mais baixas me repelia. Senti minha tensão aumentar. Eu queria... alguma coisa... e pude sentir que alguma coisa estava mudando no ar superior.

As nuvens estavam se movendo, criando um canal de energia. Uma vez mais ouvi aquela Voz, chamando, instigando, bradando meu nome.

E eu me estendi para fora, para cima, com toda minha pujança. Meu Poder tocou o Dele e completou a conexão. E então... palavras humanas não podem comunicar a glória, o êxtase enquanto eu recebia a descarga do Poder Dele em uma explosão de ar incandescente.

A onda de choque que foi a união das nossas vozes reverberou no primeiro ribombo do trovão, quando Trovão, o Filho da Terra, nasceu. E quando os ecos esmoreceram, senti o beijo refrescante da chuva que caía.

Heimdall

Heimdall, que conhecemos basicamente como o deus cuja visão e audição sobrenaturais o habilitam a defender Asgard, é filho de nove mães. Elas são gigantas, e, de acordo com Sturlusson, as nove ondas são filhas do gigante Ægir, que governa as profundezas do oceano. No entanto, seus nomes não são os mesmo que os nomes relacionados para as mães de Heimdall no *Shorter Seeress's Prophec* (Orchard, 2011).

No entanto, é possível especular a respeito de como Heimdall pode ter sido gerado. Em *Harbardsljodh,* Odin alardeia que dormiu com sete irmãs feiticeiras em uma terra distante. No entanto, para se conectar com as filhas de Ægir, ele teve que se entregar às ondas, que me parece exatamente o tipo de experiência de expansão que Odin teria procurado nas suas andanças.

Consta também que no poema *Rígsthula,* Heimdall, com o nome de Rig, procriou as três classes sociais: *thrall* (servo ou escravo), *carl* (agricultor) e *eorl* (governante). Presumivelmente, isso ocorreu durante um período de andanças antes que ele se estabelecesse como vigia de Asgard. É uma história que, no geral, parece mais típica de Odin, especialmente quando vemos que *Kon* (rei), o filho mais novo de Eorl, se revela um mestre da tradição rúnica, rivalizando com o próprio Rig. Kon é neto ou bisneto de Odin. Certo dia, quando ele está caçando, uma gralha o aconselha a seguir o caminho do guerreiro, e de acordo com uma nota na tradução de *Rígsthula* (1986) de Hollander, com o tempo, ele se torna o fundador da linhagem real da Dinamarca.

Týr

Assim como no caso de Heimdall, a afirmação de que Týr é filho de Odin se baseia em uma simples declaração de Sturlusson na *Edda* Nova. A única história remanescente que menciona a paternidade de Týr é *Hymiskvidha,* na qual Týr e Thor viajam para a mansão de Hymir, que é pai ou avô de Týr, para conseguir um caldeirão grande o bastante para Ægir produzir cerveja suficiente para todos os deuses. A mãe de Týr é uma "moça dourada", talvez uma deusa, que não é designada.

Embora somente duas histórias a respeito dele sobrevivam nas *Eddas,* ao contrário de Heimdall, Týr é um rei que é conhecido desde os tempos romanos. Seu nome, que se origina do mesmo radical que nos deu os nomes de Zeus e Júpiter, sugere que ele possa ter sido o deus do céu original. Tendo em vista que o próprio Odin é filho de uma giganta, a própria descendência dos gigantes atribuída a Týr em *Hymiskvidha* pode ser um sinal da sua antiguidade.

Baldr e Hermod

Com exceção de Thor, Baldr é o filho mais conhecido de Odin. Em *Gylfaginning* 22, Baldr, o único rebento de Odin com sua esposa Frigg, é retratado por Sturlusson como "extremamente louro e com uma aparência tão luminosa que chega a emitir luz... Ele é o mais sábio dos Æsir, aquele que motivou os mais belos elogios e o mais misericordioso, mas uma das suas características é que nenhuma das suas decisões pode ser cumprida".

Por sorte, o próprio filho de Baldr, Forseti, se revela um mediador muito mais bem-sucedido. Para equilibrar esse retrato de Baldr, um tanto semelhante a Cristo, é importante assinalar que no *Gesta Danorum* de Saxo Grammaticus (1905) Balderus e Hotherus são rivais que disputam a mão de Nanna (a esposa de Baldr na *Edda* Nova), e Hotherus o mata em uma batalha.

A versão islandesa da história, partes da qual aparecem em vários lugares na *Edda* Antiga e que está completa na Nova, começa quando Baldr começa a ter pesadelos. Odin responde cavalgando até o portão de Hel, onde usa seus sortilégios necromânticos para evocar a arcaica Völva que está enterrada lá e perguntar a ela o que está acontecendo. Queixando-se, ela se levanta, e começa a contar para ele não apenas que Hella está produzindo a cerveja e decorando a mansão para dar as boas-vindas a Baldr, como também que o assassino de Baldr será seu próprio meio-irmão, Höd, e seu vingador outro filho de Odin, Váli, que ainda não foi gerado.

Um grande mistério é o motivo pelo qual Odin, ao voltar com essa informação, nada faz para interromper a tragédia. Frigg se esforça, percorrendo o mundo para fazer que todos os seres jurem que não vão ferir seu filho, mas, por alguma razão, à primeira pessoa que lhe faz a pergunta ela revela que há um ser que não fez o juramento, o insignificante visco. Quando os deuses, em uma requintada exibição de humor viking, testam a proteção de Baldr atirando coisas nele, Loki prende um dardo de visco a uma flecha e direciona a pontaria do deus cego Höd.

Baldr cai morto e todos se reúnem para um magnífico funeral. Frigg promete recompensar Hermod se ele cavalgar até Hel e implorar a Hella que liberte seu filho. Baldr o saúda como irmão, mas não está claro se Hermod é filho de Odin ou um herói humano a serviço dos deuses. A condição de Hella para libertar Baldr é que todas as coisas devem chorar por ele. Uma giganta se recusa a fazer isso, de modo que, até Ragnarök, Baldr precisa ficar onde está.

Ao que consta, enquanto Baldr jazia na sua pira funerária, Odin se curvou sobre o corpo e sussurrou algo no seu ouvido. A natureza dessa mensagem se tornou o enigma mais famoso da literatura nórdica, revelando a identidade de Odin e dando a ele a vitória em mais de um torneio de enigmas, já que ele é o único que sabe a resposta.

Isso não impediu que as pessoas especulassem. Uma interpretação popular é que a despedida de Odin ao seu filho é uma promessa de que Baldr ficará seguro em Hel até que Ragnarök liberte seus habitantes, quando ele voltará para reinar sobre um mundo renovado.

Mas o preço que ambos precisam pagar é que, a não ser que eles percorram a estrada para Hel, Baldr – entre todos os rebentos de Odin – é o único filho que o Pai Supremo nunca mais verá.

Höd, Váli e Vidar

O Hotherus mencionado por Saxo Grammaticus é um poderoso guerreiro humano com uma espada mágica que mata em combate o rival Balderus. Na sua encarnação édica como Höd, ele é filho de Odin e é cego. Não somos informados da identidade da sua mãe. Ele também vai parar em Hel, e depois de Ragnarök está destinado a voltar com Baldr para governar o novo mundo.

O deus que vinga Baldr se chama Váli. Ele foi especificamente gerado por Odin na deusa ou princesa Rind para essa finalidade, possivelmente contra a vontade dela, mas em conformidade com a profecia da Völva. Vamos dar outra olhada nesse incidente no capítulo sobre Bölverk. Váli, ainda recém-nascido, em uma só noite é transformado em um guerreiro que não se barbeia e nem se penteia até matar Höd.

Vidar, frequentemente combinado com Váli para fins de aliteração, é o filho de Odin com a giganta Grid. Entre as metáforas para ele apresentadas em *Skaldskaparmál* estão "deus silencioso", "dono do sapato de ferro", "inimigo e assassino do lobo Fenris" e "deus da vingança dos deuses". Seu destino é vingar seu pai depois que Odin foi morto por Fenris, matando o lobo com uma espada ou rasgando sua mandíbula. Com Höd e Váli, ele sobreviverá a Ragnarök.

Brünnhilde

A descrição mais poderosa de Odin como pai não está nas *Eddas*, e, sim, na ópera *A Valquíria*, de Wagner. Brünnhilde, líder das filhas valquírias de Wotan e da deusa da terra Erda, é sua favorita, sua confidente, o espelho da sua alma com quem ele pode abrir o coração, o que uma vida inteira de guerra conjugal o impede de fazer com a esposa Fricka.

Brünnhilde, apanhada no meio da briga entre os dois, defende Sigmund, o filho mortal de Wotan, que é o que ela sabe que Wotan *quer*, em vez de proteger Hunding, que as próprias leis de Wotan o obrigam a apoiar.

Igualmente furioso tanto consigo mesmo quanto com ela, Wotan persegue e condena Brünnhilde com a ira divina. O fim do terceiro ato, no qual ela implora a ele que a entregue a um herói em vez de deixá-la ser a presa de um homem comum, é uma das cenas mais lancinantes da ópera, mais profundamente comoventes do que a maioria das cenas de amor operísticas a que já assisti. Enquanto Wotan e Brünnhilde cantam sua dor e seu amor, a tensão aumenta até que, finalmente, ele cede e se torna mais uma vez o pai amoroso. O passado não pode ser desfeito, mas Wotan a perdoou e a deixa cercada por uma barreira de chamas que somente os heróis mais notáveis podem atravessar.

Os seres humanos

Na sua famosa análise das óperas de *O Anel dos Nibelungos,* de Wagner, a comediante musical Anna Russell observa que Wotan gerou os gêmeos Sigmund e Sieglinde "com o nome singularmente apropriado de Wolf [Lobo]"! Aparentemente, os encontros de Odin não se limitavam a gigantas.

Independentemente de como isso foi feito, nos países germânicos, Odin ou Woden aparece no topo de um número extraordinário de árvores genealógicas. Na Escandinávia, sua prole inclui Sigi, ancestral dos Volsungs (*Volsungasaga*); Scyld Scefing, ancestral da linhagem real dinamarquesa (*Ynglingasaga*); os Geats e os Amelung Goths (*Getica* de Jordanes); e Sigrlami, rei de Gardariki (*Hervararsaga*). Em *Ynglingasaga* 8, tomamos conhecimento de que depois de se separar de Njord, Skadi se associou a Odin e teve vários filhos com ele, entre eles Saeming, ancestral de Jarl Hákon.

No volume 1 da sua *Teutonic Mythology,* Grimm (1966, p.165) inclui as genealogias dos reis anglo-saxões. Na Inglaterra, Woden foi relacionado em genealogias compiladas durante os séculos VII a IX nas obras *Historia Ecclesiastica, Historia Brittonum* e *Anglo-Saxon Chronicle*, de Beda, o Venerável.

Entre os reis anglo-saxões que afirmavam descender de Woden e que são mencionados tanto no prólogo da *Edda* Nova quanto na *Anglo-Saxon Chronicle* estão Wecta, ancestral de Hengest e dos reis de Kent; Beldeg, ancestral dos reis de Wessex; Wihtlæg e Casere na Anglia; Winta, em Lindisfarne; e Seaxneat em Essex. Todos esses dão a Odin uma boa oportunidade para reivindicar o direito a outro dos seus nomes, *Veratýr* ("Deus dos Homens").

Em *An Eye for Odin? Divine Role-Playing in the Age of Sutton Hoo* [Um Olho para Odin? Homens Representando Deuses na Época de Sutton

Hoo], Neil Price e Paul Mortimer discutem uma série de descobertas arqueológicas, começando com o famoso elmo de Sutton Hoo, no qual o olho esquerdo de uma imagem, máscara ou elmo foi forjado ou alterado para que dê a impressão de que não existe. Experimentos com uma réplica do elmo de Sutton Hoo demonstraram que "observado em recinto fechado à luz tremeluzente do fogo, aquele que usava o elmo era caolho" (Price e Mortimer, 2014, p. 522). Eles concluem que uma semelhança com Odin era pretendida para respaldar a mística da realeza.

Figura 11 – Reprodução do elmo de Sutton Hoo.

Afilhados de Odin

Identificar-se como filho de Odin não é uma prerrogativa exclusiva dos reis. Muitos daqueles que são levados hoje a trabalhar com ele caracterizam seu relacionamento como o de um filho com um pai, embora não sejam necessariamente obedientes, como vemos no seguinte poema de Laurel Mendes.

Pai Supremo, meu pai, velho amigo recém-encontrado.

A escolhida escolhe agora ser filha uma vez mais.

Não obediente, e, sim, extremamente obstinada,

Compartilhada entre muitos, não singular, não solene.

Assim será minha dedicação a ti.

No entanto, farei o que eu puder para ajudar teus filhos.

Quando eu for capaz, caminharei contigo.

Thor, dá-me força nos meus membros para que eu possa avançar,

Freya, dá-me graça e verdade no meu coração,

Sif, dá-me palavras amáveis para que meus lábios profiram,

Frigga, concede à minha vontade tua firme determinação.

Este é o serviço que agora é meu para oferecer

Então, dize-me, meu pai, temos um acordo?

James Hodur descreve seu relacionamento com Odin da seguinte maneira:

Decidi revelar como eu encaro Óðinn, o Pai Supremo. Para mim, Óðinn é a figura de um avô. Ele é um avô que tem um passado. Ele viu a guerra, a tragédia e tem cicatrizes. Ele não deixa que essas cicatrizes o governem. Como qualquer avô ou membro da família, ele pode ser bondoso e amoroso. Mas também pode ser cruel e indiferente. Isso faz parte da vida e de qualquer relacionamento familiar. Encaro também Óðinn como mestre. Ele me inspira e me gratifica com muitas ideias e pensamentos. Mas ele pode ser um chefe de serviço desafiante e me apresentar problemas para resolver. E eu preciso mostrar serviço.

Dizer que meu relacionamento com Óðinn é fácil está longe de ser verdade. Dizer que não vivenciei outros aspectos de Óðinn na minha vida é atenuar a verdade. Nosso relacionamento é tão variado e complexo quanto ele. Assume muitas facetas e provavelmente continuará a fazê-lo enquanto crescemos juntos.

Quando um Poder tem tantos nomes e máscaras quanto Odin, haverá obviamente muitas maneiras de trabalhar com ele. O relacionamento entre filho e pai é um dos mais positivos. Muitos heathenianos se referem aos deuses como nossos Parentes mais Velhos. Dizer que somos filhos de Odin não é reivindicar a divindade; mais exatamente, é reconhecer que temos muito a aprender. No entanto, nem sempre é fácil estar disposto a aceitar as lições do deus.

Uma pessoa pode ter uma série de razões para se relacionar com Odin como seu filho. Aqueles que tiveram um bom relacionamento com o pai podem buscar nele um pai espiritual que dará continuidade ao apoio e à orientação que se lembram da infância. Aqueles cujos pais os decepcionaram podem estar procurando o amor que nunca conheceram. No entanto, uma das responsabilidades de um pai é incentivar e, se necessário, obrigar seus filhos a crescer. Odin nunca exige de nós mais do que exige de si mesmo; naturalmente, ele exige muito de si. Se recebermos primeiro um "amor duro", temos que acreditar que por trás dele existe uma compaixão ilimitada. O Pai Supremo pode não reduzir as nossas tarefas e escolhas difíceis, mas ele compartilhará nossa dor.

Prática

1. Respire

Inspire contando até quatro, prenda a respiração contando até quatro, solte o ar contando até quatro e prenda novamente a respiração. Prossiga nesse ritmo, retomando a contagem caso se distraia. Encha os pulmões, deixe que o ar expanda seu tórax, encha cada parte do seu corpo e, em seguida, ainda fazendo a contagem, solte o ar. Enquanto continua a respirar, sinta o oxigênio que você inala energizando todas as células. Ao expirar, entoe a sílaba "ond". Repita regularmente esta prática como uma preparação para a meditação.

2. Envolva-se com a cocriação

Escolha um projeto ambiental e faça uma contribuição monetária; ou então, o que é ainda melhor, ajude fisicamente o projeto. Participe de um dia

3. Adote uma árvore

Pode ser uma árvore no seu jardim ou em um parque. Escolha uma árvore bem desenvolvida, vigorosa e saudável. Saúde-a como sua parente. Derrame oferendas de água. Coloque os braços ao redor dela e envie sua consciência para dentro dela a fim de sentir a vida circulando para cima e para baixo através do tronco. Em seguida, sente-se apoiando as costas na árvore.

Agora, feche os olhos e visualize o dia em que os deuses chegaram caminhando pela costa. Veja Odin em pé diante de você. Sente-se ereto e inspire e expire lentamente, prestando atenção ao movimento do ar através dos seus pulmões. Sinta o oxigênio no seu sangue, cantando nas suas veias. Deixe que essa energia desperte a consciência do seu espírito. Verbalize as sílabas do seu nome. Quem é você? O que isso significa? Deixe então a consciência fluir para fora nos seus membros. Sinta os limites do seu corpo, toque no seu rosto para reaprender os contornos dele. Escute os sons à sua volta. Em seguida, abra os olhos e regozije-se no mundo.

4. Meditação da Quarta Noite: o Pai Supremo

Monte seu altar como de costume e acenda uma vela dourada. Talvez você também queira deixar à sua frente uma taça de vinho tinto. Em seguida, diga o seguinte:

Odin, por estes nomes eu te chamo:

Alfadhr (Pai Supremo)
Fimbultyr (Deus Poderoso ou Imponente)
Godjadharr (Deus Protetor)
Ítrekr (Esplêndido Governante)
Jörmunr (Ser Poderoso)
Fjölsvidhr (Muito Sábio)
Forn-Ölvir (Santo Ancião)
Haptagudh (Deus dos Deuses)
Veratyr (Deus dos Homens)

No mundo do rei há sabedoria,
No olho do rei há inspiração,
Do seu trono vem a proteção
e sacralidade da sua mansão.

No humor do rei existe poder,
Na mão do rei existe a cura,
Na sua mesa, abundância,
E bênçãos radiantes para todos.

Odin é nosso rei, que governa Asgard,
Odin, nosso pai que criou este mundo para nós,
A dádiva de Odin, o caminho para a glória
Desde que demos ouvidos a seu chamado.

Visualize-se em pé na porta de Valaskjalf, a mansão de Odin. Suas telhas de prata resplandecem ao Sol e brilham à luz das estrelas. Do lado de dentro, tochas ardem nas suas bases sobre os pilares entalhados, emitindo uma luz cintilante sobre as armas e joias dos homens e mulheres que lá se encontram. Quando começa a avançar, você sente um sopro de ar e um grande corvo desce voando, passa ao seu lado e segue adiante.

Seu olhar o acompanha até o trono no fim do corredor. Outro corvo emite uma saudação da coluna que sustenta as costas do trono, cuja madeira é entalhada com figuras entrelaçadas que parecem se mover. Dois lobos erguem-se diante do trono, mordiscando ossos.

Mas sua atenção está fixada na figura sentada no trono, com um chifre de bebida na mão. Um manto azul-escuro, com borda ornamentada com fio de prata, envolve seus ombros. Também de prata são as fivelas e os broches da túnica escura, e fios de prata brilham na barba e no cabelo grisalho que ondula a partir de um aro de prata que circunda sua testa.

Ele está sentado ereto, o olhar aguçado fixado em algo além das paredes da mansão, e você sabe que ele está vigiando Midgard. O outro olho está sombreado. Você não sabe o que esse olho vê. Enquanto você olha, a luz fica mais brilhante, alcançando cada ponta de metal, envolvendo-o em uma radiância dourada.

Você se curvará diante dele ou tentará sustentar esse olhar penetrante? Aja como seu coração ordenar e reverencie o deus. Talvez ele se volte e fale com você.

Quando o momento parecer adequado, volte para a porta. Respire fundo, retorne à consciência do aqui e agora e abra os olhos para o lugar de onde veio.

NA CAMA DE GUNNLÖDH

Quem és tu?
Quem ousa, nesta escuridão,
Escorregadio como uma serpente, buscar a minha cama?
Muito tempo esperei no Coração do Mundo, protegendo meu segredo.

Quem ousa se aproximar de mim agora?

Sibilas nas sombras, ou é riso que eu ouço?
Tenho me sentido solitária aqui; eu ficaria feliz em rir...
Ah, agora consigo ver-te, um olho de luz e um de escuridão,
e um sopro de ar se segue,
um sopro de vida do mundo além dessas paredes.
Bem, estou farta de segredos e sombras.
Fala comigo, serpente, o que tens a dizer?

Conta-me uma história; como viajaste em forma de homem,
iludiste os escravos, conquistaste a ajuda de Baugi com teu trabalho,
e na figura de Bölverk o levaste a fazer um buraco no ventre do mundo.
Eras forte, então, e sagaz.
Tens a intenção de *me* enganar?

A serpente enrosca runas espiraladas em volta de mim,
e a língua da serpente sussurra um sortilégio.

Pensas que isso vai me colocar em transe?
Agora é minha vez de rir.
De fato, admiro tuas transformações,
mas se desejas me conquistar,
precisas fazer outra mágica.

O que, pergunto, desejarias aqui?
Uma hora na minha cama, ou duas, ou três?
Tu te retrais diante dessa sugestão?
Talvez minha aparência não seja bem o que esperavas...
Terás que ser realmente astucioso para me enganar.

Sou tão antiga quanto as rochas ou a água corrente.
Sou da raça de Ymir,
Mais velha do que qualquer mulher que já conheceste –
Agora eu te vejo sorrir.
Então... afinal de contas, sabes uma maneira de me conquistar.

Aproxima-te. Satisfaz-me...
Mostra-me que teus lábios sabem mais do que sortilégios.
Colocarás em risco até mesmo tua virilidade,
renunciando ao teu poder?
Se planejas me possuir, estás errado – *eu* te engolfarei,
mas não podes parar agora, não é mesmo?

Precisas dar tudo, já que começaste.

Eu te envolvo nos meus braços, tua sabedoria jaz dentro de mim.
Meus lábios são como mel...
Bebe profundamente, viajante.
O êxtase jorra para cima, preenchendo a mim, preenchendo a ti...
Repousa agora, pois me satisfizeste bem.
Por uma noite do mundo, podes dormir nos meus braços.

O quê, ainda não estás pronto para deixar-me?
Talvez estejas aprendendo –
Começo a ver a beleza espelhada no teu olho.
Desta vez, Ó Desejado, será fácil.

O Pai Supremo | 133

Vem uma vez mais para a minha cama
Enquanto uma segunda noite atravessa o mundo.

Beija meus seios, e saboreia o mel;
para ti sou toda dourada.
Devora-me! Consome-me inteiramente,
bebe profundamente do caldeirão na essência da minha vida.
Tudo o que sou darei para ti,
Pois teu amor tornou-me amável.
Abraça-me, meu amado,
Enquanto reconstruímos o mundo.

Agora, nos meus braços, repousas exausto.
Dormirias durante uma era do mundo.
Mas a terceira noite se aproxima, e há mais,
sabes que há mais.
Tu o queres, Velho Homem?

Tens a vontade de procurá-lo
mesmo quando tua carne está cansada e teu espírito fraqueja?
Não tens avidez por ele agora, não é mesmo?
Olhas para mim e te perguntas como podes ter me desejado;
seria tão fácil agora recuar
e se retirar furtivamente para casa com o que conquistaste.
Mas nunca descansarás se me deixares agora...

Vem, então, e eu te chamarei de Sábio.
Embora o espírito fraqueje e a carne esteja relutante,
vamos procurar juntos nas sombras.
Mergulha nos meus braços, sem saber se a morte te aguarda.
Agora... agora vieste para cá onde a Necessidade te instiga.
Este receptáculo está cheio de hidromel escuro,
amargo para a língua, mas no estômago, o mais doce de todos...

A terceira noite passou.
Viajante, Amado, Sábio, eu te liberto,
pois agora tu me possuis inteiramente,

e aonde quer que vás, eu irei também.
Rapidamente, então, deixa que o amor crie asas.
Suttung ruge, tentando alcançar a águia –
Os invejosos o perseguem e o atacam.
Deixa que eles lambam as gotas derramadas na tua passagem,
sem saber que o que ganhaste de mim
é um prêmio com o qual nunca sonharam.

Dirão eles que roubaste minha virtude?
Não foi este o caso, porque permaneço oculta no coração da montanha,
e meus caldeirões estão sempre cheios.
Aqueles que te darão o que deste,
aqueles capazes de seguir o caminho que percorreste,
encontrarão por meio da tua dádiva, Galdorfadhir,
o caminho para meus braços.

— Diana L. Paxson

Figura 12 – Oski.

CAPÍTULO SEIS

O Desejado

- Interlúdio: Análise dos versos do poema de "Head-Ransom" -

Fala belas palavras e sê liberal com a riqueza
Se quiseres conquistar o amor de uma mulher.
Elogia a aparência da encantadora jovem.
Vence pelo galanteio.

— Hávamál 92

Embora Odin sempre volte para Frigg, ele frequentemente se envolve com figuras femininas nas suas andanças. Nos livros sobre mitologia nórdica, as descrições de Odin enfatizam seu papel como governante de Asgard e líder dos guerreiros que lutarão em Ragnarök. Como veremos no Capítulo 7, tudo isso é verdade, mas uma olhada na tradição revelará que Odin interage com as mulheres com mais frequência do que qualquer outro deus germânico. Seu interesse não se limita ao sexo. Ele até se inclina mais a se aproximar delas em busca da sabedoria. Liga-se a humanas, deusas e parentes gigantas, e é o deus principal para muitas heathenianas hoje em dia.

No grupo de "nomes de prazer", Price relaciona *Oski* (deus dos desejos, o que satisfaz o desejo), *Sadh* ou *Sann* (o fiel), *Thekk* (agradável, muito apreciado, sagaz), *Unn* ou *Udh* (amante, amado), *Njótr* (aquele que usa ou desfruta) e *Glapsvidhr* (sedutor) (Price, 2002, p. 105). Embora "Harbard" seja uma escolha enganadora entre os nomes de Odin, na série *Vikings!*, da televisão, a personagem que leva esse nome certamente assume o papel de Odin ao realizar os desejos das mulheres.

Aqui também poderíamos colocar *Jolnir* (ser de Yule[7]) e *Wunsch* (desejo), uma personificação medieval do século XIII, possivelmente derivada do mesmo radical que *Wunjo*, a runa da alegria. Como descrito por Grimm, "O total de bem-estar e felicidade, a plenitude de todas as graças, parece ter sido expressa na nossa antiga linguagem em uma única palavra, cujo significado foi desde então reduzido; ela se chamava *wunsch* (desejo[8])" (Grimm, 1966, I:138). Na poesia, Deus dá a "Wish" o poder de criar a perfeição. Todo Yule, meu *kindred* canta para essa figura composta como o alemão *Weihnachtsmann*, "Homem da Noite Santa." Para a música, consulte o Apêndice 2.

Como resido em Berkeley, sempre me divirto quando encontro referências a "Oski", o Urso Dourado, que é o mascote da Universidade da Califórnia. O nome parece proceder do "Oski Yell"[9]. Nos jogos de futebol (americano), o mascote gosta de criar problemas e flertar com as moças.

Figura 13 – "Oski," o urso totem da Universidade da Califórnia, com o nome bordado na jaqueta (da vitrine dos ex-alunos da UC).

---

7 "Yule é um festival de inverno identificado com o Natal nos tempos modernos. Os povos germânicos pagãos celebravam o Yule do final de dezembro ao início de janeiro em uma data determinada pelo calendário lunar germânico. Quando o calendário juliano foi adotado no Norte da Europa, o Yule foi colocado no dia 25 de dezembro para corresponder à data do Natal." Traduzido de https://answers.yahoo.com/question/index?qid=20081126080752AAaojPs. (N.T.)

8 Wish, em inglês. (N. do T.)

9 *Oski Yell* é o Grito Oski, o "grito de guerra" da Universidade da Califórnia. (N. do T.)

Tendo em vista que *Bjorn,* "Urso," e *Bjarki,* "Ursinho," estão relacionados por Price entre os nomes de Odin como metamorfo, meus amigos e eu tendemos a encará-lo como um dos aspectos de Odin. Flores são às vezes deixadas diante da sua estátua antes de um jogo especialmente importante.

No decurso das suas aventuras, Odin é associado a deusas, gigantas e mulheres mortais. Ele às vezes as "conhece" no sentido bíblico, às vezes não. Creio que o que realmente o motiva é a avidez por conhecimento. Quer a ligação inclua ou não o sexo, nos relacionamentos de que temos conhecimento ele geralmente tem um propósito que vai além de simplesmente ter relações sexuais.

Quando comecei a trabalhar com Odin, uma das primeiras coisas que ele fez foi me colocar em contato com sua esposa e antigas namoradas. Eis algumas das coisas que aprendi.

Frigg

Aqueles que só encontraram a mulher de Odin como a castradora Fricka nas duas primeiras óperas de *O Ciclo do Anel* poderão se perguntar o que ele vê nela. Wagner a retrata como uma versão ainda mais maldosa e desagradável do que a Hera grega – a esposa ciumenta arquetípica, que continuamente faz maquinações para impedir que seu marido "pule a cerca". Dizem que a caracterização foi moldada no relacionamento de Wagner com a primeira esposa, Minna, que tinha bons motivos para se queixar.

Quando encontramos Frigg na tradição, deparamos com uma figura muito diferente. Seu nome deriva da antiga palavra para amor. (Compare com o inglês antigo *frigu,* amor. "Frigga" escrita com um "a" final é uma versão incorreta, porém muito comum.) O relacionamento entre Odin e a esposa envolve um respeito mútuo, e suas únicas brigas registradas são políticas.

Se Frigg não deve ser considerada uma mulher maldosa e desagradável, como devemos percebê-la? As referências feitas a ela na literatura remanescente oferecem algumas ideias interessantes. Em *Lokasenna,* somos informados de que Frigg é filha de um gigante, Fjorgynn. O nome feminino Fjorgyn também é dado a Jordh, Terra. De qualquer modo, Frigg descende de gigantes. Por ancestralidade, ela é, portanto, uma deusa da terra, companheira apropriada e complemento de um deus que viaja pelos céus. Muitas das qualidades de Frigg, como sua firme estabilidade e profunda sabedoria, parecem derivar dessa origem terrestre.

Loki acusa Frigg de ter vivido com os irmãos de Odin (Vili e Vé) enquanto ele estava longe (episódio que também aparece na *Edda* Nova e na história de Saxo sobre os dinamarqueses). Como Frigg é normalmente considerada um modelo de fidelidade, alguns especulam que os "irmãos" são, na verdade, aspectos de Odin. Desejo apresentar outra possibilidade: se Frigg é uma deusa da terra, o território ao qual ela está associada é o dos Æsir, e ela carrega a soberania desse território. Nesse caso, sua associação poliândrica com Vili e Vé lhe conferiria o direito legal e espiritual de reinar sem interromper a soberania de Odin. "Vé", a sacralidade do lugar e foco espiritual, e "Vili", a Vontade que governa, permanecem com a deusa em Asgard enquanto o arrebatador "Wod" percorre os mundos.

Embora Frigg possa permanecer tranquilamente em casa, sabe-se que ela se interessa pelos assuntos da humanidade. Na história dos lombardos no século VIII, escrita por Paulo Diácono, somos informados de que, por alguma razão, Odin se opunha àquela tribo. Frigg ordenou às mulheres que saíssem com o cabelo amarrado debaixo do queixo. Quando Odin perguntou: "Quem são esses barbas-longas?". Ela declarou que, já que ele as mencionara, era agora obrigado a presentear o exército delas com a vitória.

Ainda mais conhecida é a história narrada no *Grimnismál*. Odin e Frigg haviam tomado sob sua proteção dois irmãos: Agnar era protegido por Frigg, e Geirrod, favorecido por Odin. Por recomendação de Odin, Geirrod roubou a herança de Agnar e se tornou rei, enquanto Agnar foi parar na floresta. Para acertar as contas, Frigg acusa Geirrod de carecer da virtude germânica básica da hospitalidade e desafia Odin a provar que ela está errada aparecendo incógnito. Ela envia, então sua criada Fulla para advertir o rei de que um perigoso bruxo está vagando pela região e que ele pode ser reconhecido porque nenhum cão o atacará. Naturalmente, quando Odin bate à porta de Geirrod, os cães se agacham diante do Senhor dos Lobos, e o rei, determinado a descobrir o que está acontecendo, agarra o desconhecido e ordena que ele se explique.

Odin diz apenas que seu nome é Grimnir, o Oculto, de modo que Geirrod determina que o amarrem a uma estaca entre duas fogueiras. Depois de Odin ter assado ali durante oito noites, o jovem filho do rei não consegue mais suportar o crime contra a hospitalidade, leva um chifre com hidromel

140 | *O Mundo de Odin*

para o desconhecido e o liberta. A primeira reação de Odin é declarar que a soberania passou do rei para seu filho. Depois, como se para compensar seu silêncio, o deus nos apresenta 47 estrofes da tradição. Geirrod, finalmente compreendendo quem ele estava torturando, levanta-se de repente, tropeça e é trespassado pela própria espada.

No poema "Sonatorrek", Egil Skallagrimsson se refere aos habitantes de Asgard como "descendentes de Frigg". Mas embora ela possa ser encarada como "Mãe de Todos", só temos conhecimento de um filho que nasceu do seu corpo – Baldr, o Belo. A história do seu fim prematuro também é o mito no qual Frigg desempenha o papel mais ativo.

Quando Odin volta de Hel com a interpretação de Völva dos sonhos de Baldr, Frigg toma medidas para exigir que todas as coisas jurem que não farão mal a ele – ou, mais exatamente, quase todas. Infelizmente, depois de concluir essa tarefa, ela enfraquece sua própria ação ao confessar para uma velha bruxa que deixou de exigir um juramento do humilde visco. Consta que Frigg conhece todos os destinos, embora não revele o que sabe (*Lokasenna* 29). Não podemos deixar de nos perguntar por quê, neste caso, ela não percebe que seus esforços para salvar o filho serão inúteis, ou que a "bruxa", na realidade, é Loki, ou que revelar a ele que não pediu ao visco que fizesse o juramento provocará exatamente a tragédia que ela está tentando evitar. Seu fracasso ao tentar salvar Baldr é o primeiro grande sofrimento de Frigg, quando as exigências da maternidade dão lugar às do *wyrd* ou destino[10]. Seu segundo sofrimento, naturalmente, será sua incapacidade de salvar seu marido em Ragnarök (*Völuspá* 52).

Frigg é chamada de primeira entre as ásynjur (as deusas). Tenho a impressão de que ela é o centro sereno ao qual Odin, em todas suas andanças, sempre pode retornar. Foi chamada de Mãe de Todos ou Mãe Suprema, uma denominação que parece especialmente apropriada quando consideramos que as 12 "criadas" que Sturlusson associa a ela podem, na verdade, ser encaradas como figuras separadas, hipóstases ou aspectos da própria deusa – personas que ela adota para desempenhar um papel mais ativo.

---

10 "*Wyrd* é um conceito da cultura anglo-saxã que corresponde aproximadamente a destino em geral ou destino pessoal. A palavra é ancestral do vocábulo do inglês moderno *weird*, que retém seu significado original apenas dialeticamente." Traduzido de https://en.wikipedia.org/wiki/Wyrd. (N. do T.)

Sága

Um desses aspectos, ou criadas, é Sága, a qual, na *Edda* Nova, está relacionada em segundo lugar depois da própria Frigg. Sága reside em *Sokkvabek* (Mansão Rebaixada), "um lugar muito grande". Em *Grimnismál* 7 somos informados de que

Sokkvabekk, o quarto, é chamado,
onde circula a água fresca;
lá, Odin e Sága bebem felizes todos os dias,
em taças douradas.

Desconfio de que enquanto Odin e Sága bebem juntos, eles estão contando histórias um para o outro. De acordo com o *Icelandic-English Dictionary*, o nome Sága é

semelhante a *segia* (dizer) e *saga*, que é uma narrativa, conto, lenda, história. A própria palavra deve sua origem ao fato que os primeiros textos históricos se baseavam apenas na tradição; o registro escrito era uma "saga" ou lenda passada para o papel; a história escrita dessa maneira não era nem mesmo nova e já tinha tomado forma e sido narrada para muitas gerações com o mesmo nome. (Cleasby e Vigfusson, 1874)

Podemos imaginá-los bebendo cerveja e competindo para ver quem consegue beber mais e contar mais histórias do que o outro. Estamos familiarizados com o papel de Odin como patrono da poesia, mas sua amizade com Sága também lhe confere uma conexão com a narrativa em prosa.

Freyja

A relação de Odin com sua esposa está bem documentada. No entanto, a não ser pela história da "batalha eterna" no *Flateyjarbók,* seu relacionamento com Freyja pode apenas ser deduzido, mas a ideia de que existiu um envolvimento é aceita hoje em dia por muitos heathenianos. Para comprová-la, examinamos *Völuspá* e *Lokasenna* na *Edda* Antiga e o relato de Sturlusson do princípio da história dos Æsir em *Ynglingasaga.*

142 | *O Mundo de Odin*

Na estrofe 21 do *Völuspá*, a profetisa que está narrando as antigas histórias para Odin fala da "primeira guerra do mundo". Por mais estranho que pareça, ela não começa com um desafio entre homens, e, sim, com a chegada de uma mulher misteriosa chamada *Gullveig* ("Ávida pelo ouro" ou "Poder de ouro") que entra na Mansão de Hár. A reação não é hospitaleira:

Gullveig com lanças eles golpearam
E na mansão de Hár a queimaram.
Por três vezes ela foi queimada, por três vezes ela renasceu,
Com frequência, repetidamente, e no entanto está viva.

A estrofe seguinte sugere por quê:

Heidh ela é chamada quando vêm as casas,
Völva e profetisa. Gand ela conhecia,
Seið ela compreendia, alterava as mentes por meio de Seið,
Ela era sempre querida para as mulheres com dificuldades.

Em outras palavras, ela era uma bruxa que fazia um tipo de magia que os Æsir não compreendiam. Gullveig e Heidh podem ser vistas como figuras separadas, mas Lindow (2001, p. 155) e uma série de outros especialistas concluem que, pelo menos nesse trecho, eles são nomes ou títulos de Freyja. Depois que ela parte, os deuses se reúnem para discutir se devem prestar uma homenagem e decidem travar a primeira guerra no mundo. Odin arremessa sua lança sobre o inimigo, mas os Vanir estão claramente vencendo.

Para ver o que acontece em seguida, precisamos nos voltar para *Ynglingasaga* 4, onde somos informados de que depois de uma luta inconclusiva, eles fizeram negociações nas quais trocaram reféns para garantir a paz. Os reféns enviados pelos Vanir foram Njordh e Frey. Com eles veio Freyja, a irmã de Frey. "Ela era uma sacerdotisa e foi a primeira a ensinar *seidh* para o povo da Terra dos Ases, que era utilizada pelos Vanir." Como uma ou duas páginas depois somos informados de que Odin praticava *seidh*, ele deve tê-la aprendido com Freyja.

Podemos concluir que esse relacionamento também incluía o sexo a partir da afirmação de Loki na famosa festa de Ægir de que Freyja havia dormido com todos os homens presentes na sala. Isso pode ou não ter sido um problema. Como seu pai Njordh ressalta em sua defesa, "não é nenhum crime que uma mulher tenha um marido e um amante" (*Lokasenna* 33).

No *Sörla áttr,* um episódio contido no *Flateyjarbók,* escrito no século XIV, Freyja é uma mulher mortal, concubina do "Rei Odin". Para ganhar o maravilhoso colar Brisingamen, ela passa uma noite com cada um dos anões que o forjaram. Cumprindo ordens de Odin, Loki rouba o colar. Para recuperá-lo, Freyja precisa fazer que dois reis e seus homens travem uma batalha sem fim. O poema *Húsdrápa* apresenta outra versão na qual Heimdall e Loki lutam na forma de focas, e Heimdall recupera o colar.

Essa não é a única associação de Freyja com a guerra. No estudo das casas dos deuses com o qual Odin começa a fazer o *download* da tradição em *Grimnismál* 14, somos informados de que

Fólkvangr (o campo cheio de gente) é o nono, onde Freyja decide
Onde cada um irá se sentar no salão.
Metade dos mortos em batalha ela escolhe a cada dia,
E metade Odin tem.

Hoje, a maioria das pessoas parece pensar que Freyja escolhe primeiro. Nas palavras da canção de Freyja, de autoria de Lorrie Wood,

Chorando ouro, percorres hoje o mundo,
Com asas de falcão, navegas caminhos ventosos.
Os homens de Ygg lutam, mas nenhum é capaz de dizer como
Os primeiros escolhidos por Freyja passam os dias.

Mas *para que* ela os quer? Novamente, podemos apenas especular. A tradição não diz o que acontece às deusas depois de Ragnarök. Talvez os guerreiros que bebem em Sessrumnir (o salão de "muitas cadeiras" de Freyja) irão protegê-la enquanto ela ajuda a reconstruir o mundo.

Uma última questão a respeito do relacionamento de Freyja com Odin tem a ver com seu misterioso marido, Ódh. A única coisa que sabemos a respeito do casamento deles é que ele deu a ela duas filhas e depois desapareceu. Com o tempo, ela foi atrás dele. Em *Gylfaginning* 35, Sturlusson explica que ela (assim como Odin) tem um grande número de apelidos porque "adotou muitos nomes quando estava viajando entre povos desconhecidos procurando por Ódh".

O fato de o nome do marido de Freyja ser a primeira sílaba do nome de Odin nos faz refletir. Como diz Patty Lafayllve no seu livro sobre Freyja:

> Dois conceitos são importantes neste caso, o primeiro sendo uma pergunta: Od e Odin são exatamente o mesmo? Não há uma resposta legítima para isso, mas, como veremos, Odin e Freyja têm muito em comum... é interessante considerar que Freyja viajou por muitos mundos em busca do seu despertar espiritual (ou, estendendo a metáfora, um estado extático de inspiração). Essa autora muitas vezes se pergunta se todas essas esferas estavam no mundo mundano. (Lafayllve, 2006, p. 50)

Tendo em vista o tipo de magia que Freyja estava ensinando a Odin, o relacionamento entre eles deve ter transcendido a sexualidade física. Enquanto Frigg proporciona uma estabilidade duradoura, creio que Freyja é aquela que desafia Odin e o empurra além dos seus limites, e talvez ele faça o mesmo para ela. Quando fazemos trabalho de transe com Freyja e Odin, a sacerdotisa de Freyja sabidamente assume o controle e acalma os médiuns que estão recebendo Odin quando eles se tornam excessivamente turbulentos – em um dos casos, ameaçando "pegar de volta toda a magia que eu te ensinei" se o deus não devolver o médium novamente à consciência normal.

No heathenismo moderno, Freyja parece só ser inferior a Odin como recrutadora. Tenho conhecimento de pelo menos o mesmo número de pessoas que se dedicaram tanto a ela quanto a ele. Alguns que a seguem são hostis a Odin, mas, às vezes, o deus e a deusa trabalham juntos, como no sonho de um amigo na lista de membros do Troth, que está ingressando agora no heathenismo.

> Desse modo, há relativamente pouco tempo, eu estava envolvido com a mitologia germânica como um interesse, não como uma crença. Certa noite, tive o seguinte sonho. Eu estava correndo por uma aldeia, que poderia ser na Inglaterra, na Nova Inglaterra ou na Europa. Enquanto eu corria, olhei para baixo,

e meus falecidos cachorros se materializaram do meu lado. Eles me levaram para dentro de uma casa iluminada por uma brilhante luz dourada e um belo piso de madeira de lei. As paredes eram de um tom marfim cintilante.

Senti a presença calorosa de parentes e amigos, mas não tive a chance de olhar para ninguém, porque fui distraído pelo meu gato de estimação (que eu fora obrigado a sacrificar naquele mesmo ano); ele não parava de se esfregar em mim e ficar no meu caminho. Também ficava subindo em um pinheiro que estava do lado de dentro montado como uma árvore de Yule ou de Natal, enquanto uma mulher tentava prender laços nos seus galhos.

Ela dava risadinhas enquanto o gato subia dentro da árvore. Seu cabelo tinha um tom vermelho-dourado que emitia uma luz da mesma cor e estava trançado, formando um coque na parte de trás da cabeça. Seu rosto lembrava o rosto de todas as belas mulheres que já vi. Ela parecia muito meiga e carinhosa, mas também tinha uma intensa energia sexual, do tipo que um cara teria que dizer a si mesmo para não se apaixonar demais porque ela involuntariamente partiria seu coração. Era melhor tê-la apenas como amiga e nada mais. Não ser nem mesmo um amante no sentido mais casual.

Acordei do sonho me perguntando quem era essa mulher, e algo me disse que ela era Freya. É claro que fazia sentido que meu gato fosse atraído por ela, já que seu trenó é puxado por gatos. Eu me dei conta então de que ela estava colocando laços em uma árvore de Yule. No dia seguinte, de brincadeira, fiz uma busca no Google por uma imagem de "Yule" e deparei com a seguinte imagem: a foto de um gato enroscado diante de um fogo crepitante com as palavras "Que seu Yule e Solstício do Inverno sejam calorosos e brilhantes e brilhante", assinado, "Odin".

Estou consciente do humor pretendido na imagem. Mas o gato na foto poderia muito bem ser o meu, e a imagem parece que poderia ser uma cena do meu sonho. Eu sei que uma pessoa criou a imagem, e não foi o próprio Odin. E acho que Odin tem a intenção de ser de certa maneira irônico, para me confundir, já que sempre o considerei um tipo de cara durão, que não demonstra o amor que sente. Talvez ele tenha aquele tipo de humor o qual não sabemos se ele está falando sério ou fazendo uma brincadeira.

Acho que a maneira como os sinais funcionam é que eles são coisas que devem ser encontradas por alguém em uma espécie de sequência, depois ou antes de um evento; no meu caso, o sonho. Para mim, isso é significativo, porque sempre me senti mais próximo dos meus animais de estimação do que da maior parte da minha família. Sempre fui o excêntrico. Eu sei, eu sei que meu misterioso sonho heatheniano é a respeito do meu gato. Sim, estou bastante consciente de como isso me faz parecer louco. Sei que não é um sonho impressionante no qual Odin me entregou uma runa, ou um sonho a respeito de Mjolnir ou de matar um gigante ao lado dele. Nunca fui um cara metido a ser machão, não tento ser o que não sou. Para dizer a verdade, eu realmente sinto falta do meu gato e do resto da minha família animal. Sou muito grato por eles terem ficado sob a proteção de Freya.

Gunnlödh

Os casos amorosos de Odin com as deusas parecem ter sido conduzidos em pé de igualdade. Algumas das suas relações com outras mulheres são problemáticas, embora pelo menos em um caso – sua tentativa de seduzir a filha de Billing, uma dama que "se divertiu comigo com os mais diversos tipos de zombaria, e eu não consegui o que queria com ela" – ele fracassou (*Hávamál* 102). Odin também se relacionou com gigantas. Quando troca insultos com Thor em *Harbardsliodh* 18, ele fala da sua visita à Ilha Algroen (All-green, Toda-verde), onde, ao contrário de Thor, ele seduziu as gigantas em vez de matá-las. Apenas ele é capaz de conquistar o desejo e o amor delas.

É tentador fazer uma escolha seletiva na tradição e saltar os episódios que mostram o lado mais sombrio de Odin. Vamos examinar mais detalhadamente sua reputação como sedutor quando eu discutir Odin como Bölverk no Capítulo 8. Aqui, no entanto, quero examinar a motivação por trás da sua visita a Gunnlödh e verificar se essa visita pode ser, mesmo que não justificada, pelo menos vista sob uma luz mais positiva. O poema que precede este capítulo é minha tentativa de entender como Odin veio a se deitar com ela e o que cada um deles obteve com a troca.

Entre as façanhas de Odin, três são especialmente famosas porque resultam em dádivas para a humanidade. Uma delas, como já vimos, foi a obtenção das runas. No Capítulo 10, conto a história de como Odin deu o olho para obter sabedoria. A terceira realização é a conquista do hidromel da poesia. Parte da história é narrada de modo um tanto alusivo em *Hávamál* 104-10. Nas partes 57-8 de *Skaldskaparmál,* encontramos a história completa.

O hidromel da poesia é produto de uma série complicada de eventos que ocorrem durante a conclusão da guerra entre os Æsir e os Vanir. Com o tempo, ele acaba ficando em poder do gigante Suttung, que o conserva em três caldeirões, chamados *Odhroerir, Bodn* e *Son* (na mitologia nórdica, *tudo* tem um nome), escondidos em uma caverna dentro de uma montanha e vigiados pela sua filha Gunnlödh. Odin entra na montanha na forma de uma serpente, usando o nome Bölverk.

Bölverk foi até Gunnlödh e dormiu com ela durante três noites, e ela permitiu que ele bebesse o hidromel três vezes. Na primeira, ele bebeu tudo o que Odhroerir continha, na segunda, tudo o que Bodn continha e na terceira, tudo o que Son continha, e assim ficou com todo o hidromel. Em seguida, ele se transformou em uma águia e foi embora voando o mais rápido que pôde, mas quando Suttung avistou a águia voando, também se transformou em uma águia e voou atrás dela. Mas quando os Æsir viram onde Odin estava voando, deixaram seu barril bem à mostra; quando Odin sobrevoou Asgard, ele vomitou o hidromel dentro do barril. No entanto, Suttung estava quase conseguindo pegá-lo, de modo que um pouco do hidromel saiu por trás, e essa parte não foi preservada. Todos os que desejaram beberam um pouco dessa parte, que é chamada de porção

148 | *O Mundo de Odin*

dos maus poetas. Mas Odin deu o hidromel para os Æsir e para os seres humanos que eram capazes de compor poesia. (Lindow, 2001, p. 225)

Duas ideias me ocorrem quando leio essa história. A primeira é que Gunnlödh é uma *giganta*. O fato de que Thor combate mais gigantas do que gigantes sugeriria que elas são bem capazes de se defender, de modo que o que aconteceu na caverna não foi um estupro, embora possa ter sido sedução. Em *Hávamál* 106, Odin admite que lhe pagou o bem com o mal e deixou-a com o coração pesado, e, mais tarde (*Hávamál* 110), que quebrou uma promessa feita sobre um anel de juramento. "Para Gunnlödh, ele trouxe tristeza." O que aconteceu entre eles foi claramente algo mais do que um simples prazer físico. O tom sugere que ele também sentiu amor por ela, e lamentou ter que deixá-la.

O que nos conduz a uma segunda ideia. Para Odin, a dor não é um impedimento. Repetidamente, nós o vemos correndo o risco de senti-la e suportando-a para alcançar um objetivo maior. Neste caso, ele estava trazendo para o mundo a dádiva da poesia, uma parte fundamental da cultura nórdica e uma arte que tem o poder de ensinar as verdades mais profundas. Se deixar Gunnlödh o feriu tanto quanto a ela, esse foi o preço de fazer negócio. Aqueles que trabalham com Odin hoje em dia reconhecem que ele nem sempre é capaz de poupá-los, mas nossa experiência é que ele compartilhará a dor deles.

Mulheres de sabedoria

Freyja não é a única mulher com quem Odin aprende magia. No Capítulo 3, vimos o trecho de *Lokasenna* no qual Loki acusa Odin não apenas de trabalhar com as mulheres, mas também de *agir* como uma mulher enquanto fazia *seidh* na Ilha Samsey. Observada do convés de um barco, Samsø (ao largo da costa de Jutland) é um borrão cinzento e sem graça no horizonte, mas a ilha tinha uma reputação e tanto na época dos vikings como o local da sepultura de Angantyr e seus irmãos *berserkers*[11], o cenário para a maravilhosa cena na *Hervararsaga* na qual Hervor acorda seu pai do sono no monte mortuário e exige sua espada mágica.

---

11 Antigos guerreiros nórdicos conhecidos pela sua ferocidade e furor temerário nas batalhas. (N. do T.)

Quando Odin chegou lá, aprendeu práticas extáticas, possivelmente induzidas pelo transe causado pelo tambor e pela dança, "como as das *völur*" (plural de *völva*). Imaginamos uma irmandade de bruxas vivendo na ilha. Depois de aprender a magia delas, ele viajou entre os homens na forma de um *vitki*, termo que poderia significar um homem de sabedoria ou um feiticeiro, um Gandalf ou um Saruman. A estrofe evoca imagens de uma antiga magia da terra, uma magia feminina que era ainda menos aceitável para um homem do que o próprio *galdor* de Odin.

Loki então chama Odin de *args adal*, efeminado, o que é de certa forma uma piada vinda da mãe de Sleipnir, como insinua Frigg na estrofe seguinte quando diz aos dois que parem de falar a respeito do passado deles. *Argr*, ou *ergi*, é um conceito complicado cuja ambiguidade tentei esclarecer em um artigo intitulado "Sex, Status, and Seidh: Homosexuality in Germanic Religion" [Sexo, *Status* e Seidh: Homossexualidade na Religião Germânica] (1997). O termo *ergi* era usado como um insulto, indicando que a pessoa assume o papel receptivo no sexo. A declaração de Sturlusson, de que anteriormente tanto os homens quanto as mulheres aprendiam a *seidh*, mas que já no seu tempo ela era considerada tão *ergi* que só era ensinada às sacerdotisas (*Ynglingasaga* 7), indica um declínio no *status* das mulheres e de qualquer qualidade associada a elas, possivelmente estimulado pela crescente influência da cultura europeia cristã continental.

Um dos apelidos de Odin que costuma intrigar os estudiosos é "Jalk", que se traduz como "castrado", certamente um dos últimos termos que esperaríamos que fosse aplicado a um deus. Não estou sozinha ao desconfiar de que esse é o nome que ele talvez tenha usado na Ilha Samsey.

À procura da profetisa

Enquanto as *völur* da Ilha Samsey parecem ser bruxas que trabalham com ervas, a Völva que profere as profecias do *Völuspá* parece ter um *status* consideravelmente mais elevado e ser de um tipo mais nobre. Desde a autoridade com a qual ela pergunta se Valfadhir deseja que ela narre as histórias dos tempos antigos até a profecia final de Ragnarök, ela tudo expõe em uma imponente poesia. Ela sabe onde o olho de Odin está escondido. Ela sabe que Baldr vai morrer, quem o vingará e a terrível lista de desastres que anunciarão a ruína dos deuses. E ela é recompensada (*Völuspá* 29).

O pai dos exércitos deu anéis e colar,
(dela ele) obteve sortilégios de previsão e magia de previsão.
Ela observa amplamente os mundos.

Não sabemos quando e por que Odin buscou o conselho dela, mas temos algumas informações sobre o outro poema no qual ele procura uma profetisa. Em *Baldrs Draumar* (Os Sonhos de Baldr), os deuses se encontram para discutir por que o filho de Odin está tendo pesadelos. Quando ninguém consegue explicá-los, Odin (viajando com o nome de Vegtam) sela Sleipnir e cavalga até o monte mortuário de Völva, que está enterrada fora do portão oriental de Hel. Como fomos informados em *Hávamál*, ele tem sortilégios capazes de coagir os mortos. Ele os utiliza para convocar a vidente, que se ergue da sua sepultura, queixando-se ruidosamente por ter sido perturbada. Ele indaga a respeito de Baldr e ela profetiza toda a história, até que, finalmente, percebe com quem está falando e, com uma troca de insultos, o manda embora.

O fato de Völva contar a Odin exatamente o que irá acontecer e mesmo assim ele não tomar nenhuma medida para impedi-lo é um dos mistérios da mitologia nórdica. Sentimos não apenas ambivalência nas motivações dos pais de Baldr como também a operação de um *wyrd* tão poderoso que não pode ser modificado nem mesmo pelos deuses mais ilustres.

Nas óperas de *O Ciclo do Anel*, de Wagner, o papel da Völva, que, por alguma razão conhecida apenas por Wagner, é chamada de Vala, é preenchido pela deusa da terra Erda, convocada por Wotan no início do terceiro ato de *Siegfried*. A conversa deles é improdutiva, já que ela primeiro pergunta por que Wotan não pediu conselho a Brünnhilde. Quando ele explica que a valquíria foi punida por desobediência, Erda fica confusa, e quando ele pergunta como Wotan pode evitar a destruição vindoura, ela fica em silêncio. Desapontado, ele faz que ela volte a dormir, proclamando que ele deixará de lutar contra o destino e deixará Siegfried lidar sozinho com o Anel, sem o auxílio dos deuses.

Quanto a Brünnhilde e às valquírias, voltaremos a encontrá-las no Capítulo 7, quando Odin vai para a guerra.

Encontros mortais

É interessante que tantas mulheres se sintam atraídas por Odin, considerando que ele é um deus extremamente masculino. Com base em muitas conversas, minha impressão é que as mulheres, como um todo, talvez possam, na verdade, ter mais facilidade do que os homens de entrar em contato com ele. Na obra *Aquela Força Medonha* (*That Hideous Strength*, 1945), C. S. Lewis faz que uma personagem observe que somos todos femininos com relação a Deus. Creio que (a não ser quando ele próprio está sendo *ergi*) isso talvez possa ser verdade a respeito dos mortais que encontram Odin.

Como veremos no Capítulo 7, o êxtase *wod* do *berserker* era geralmente um caminho masculino, mas hoje em dia tanto os homens quanto as mulheres são socializados para valorizar a calma e o controle. Enquanto uma mulher que sabe consentir pode se abrir à energia extática de Odin, quando esse vento divino começa a soprar muitos homens reagem tentando resistir ao seu poder. Geralmente, o melhor conselho é (tentar) interromper inteiramente o contato com o deus ou, como Heinlein costumava dizer: "Relaxar e cooperar com o inevitável". A canção "Possession" [Possessão] de Sara MacLachlan não foi composta a respeito de Odin, mas expressa brilhantemente a maneira como algumas pessoas se sentem em relação a ele.

Uma mulher pode se relacionar com Odin como um patrão ou um guardião, como um pai ou como um amante. O seguinte relato descreve a experiência de uma jovem que está começando a trabalhar com ele.

> Minha primeira experiência com Odin foi assim: certo dia de verão eu estava tomando banho e, de repente, uma melodia realmente bela e forte me veio à cabeça (veja bem, não componho música), e minha reação foi algo como "Ok, legal" e mais ou menos a descartei. Naquela noite, uma energia muito intensa invadiu meu quarto e Odin apareceu. Minha primeira reação foi "Droga", porque a energia era bastante intensa; fiquei um pouco assustada. Perguntei se ele queria que eu escrevesse uma música, ele respondeu que sim e me pus então a escrevê-la.

> As primeiras vezes em que interagi com Odin se caracterizaram, de um modo geral, pela presença dessa intensa energia e eu me sentindo intimidada por ela. Mais ou menos um ano depois da primeira vez que Odin apareceu na minha vida, compareci a um serviço devocional para Odin, o que modificou totalmente a maneira como eu o encarava e como interajo com ele agora. Durante

o serviço, Odin me entregou ferramentas que me ajudariam a lidar com alguns problemas que eram/são realmente difíceis para mim. Naquela noite, percebi que era muito mais fácil me conectar com Odin do que eu imaginava; ele estava bastante disposto a me ajudar em relação às coisas com as quais eu precisava mesmo de ajuda e, para culminar, ele adora Matemática como eu.

Estou felicíssima por ter ido ao serviço devocional de Odin, pois agora me sinto muito mais ligada a ele e muito mais à vontade para trabalhar com ele. Além disso, sinceramente, durante o serviço ele disse/fez coisas que poderiam ter sido assustadoras, mas elas apenas me pressionaram a transpor o medo, de modo que foi na verdade minha perspectiva com relação a ele que mudou. A partir do serviço, comecei a usar um *valknut*[12] e adquiri uma estátua de dois lobos para meu altar, de modo que me converti em uma fã de Odin.

Para algumas pessoas, a experiência de entrar em contato com o deus durante um estado de transe pode encerrar um componente sexual, já que a energia que circula através do corpo também pode ativar esses centros. Certa sacerdotisa de Odin, pedindo uma compreensão intuitiva, recebeu os seguintes comentários na forma de ditado:

Entendo que o que você deseja é seguir esse momento extático quando tudo o mais desaparece gradualmente... e em nove lições fáceis. Bem, darei isso a você, em uma única lição: *ergi*. Reflita sobre isso, sobre essa receptividade referida pela palavra. Pense nela, não como efeminada, mas como efeminante – a diferença é profunda.

Torne-se um receptáculo. Um receptáculo para o quê? Bem, se você deseja experimentar o êxtase de ser uma com um deus, você precisa se abrir para eles e para aquilo com que eles se conectam... Sim. Você precisa criar o meio para que o mar seja derramado em um dedal, para que todas as estrelas caibam em

---

12 Símbolo sagrado de Odin, formado por três triângulos entrelaçados. Antigo símbolo da tríade divina feminina. (N. do T.)

um balde de leite. Você precisa se tornar um receptáculo para *todo o universo*, e isso não é pouco.

Mas é isso que você procura, esse é o caminho. Reflita sobre o conceito da receptividade, torne-se oca para que sua essência seja... passiva. Não apática, mas capaz de sair do caminho. Você pode Nos usar para preencher o que se tornou vazio pela sua passagem. Assim como qualquer outro ato, esse será difícil na primeira tentativa. Como a virgem nervosa, você estará apertada e não poderá conter muito (e já conheci muitas virgens espirituais...). No entanto, à medida que você crescer, quanto mais você contiver, mais *poderá* conter, e mais rápido alcançará o que está buscando.

Ainda assim, é bem parecido com o sexo, de modo que se você tem problemas com relação a ele, eles poderão vir assombrá-la aqui. Eles virão e viverão com você, preenchendo aquele espaço onde você gostaria que nós vivêssemos, onde você gostaria de colocar todo o universo que conseguir aguentar. E isso... não ajuda. Mas para abrir o caminho em direção ao êxtase, torne-se um receptáculo. Até eu já fiz isso, de tempos em tempos... embora, como você pode bem imaginar, eu posso conter *um pouco* mais do que o espécime típico de vocês, certo?

Quando você permite que o universo, o Tudo que existe, a penetre mesmo que apenas por um único momento irradiante... ou, por substituição, qualquer um de Nós... você aprende a responder um pouco melhor a ele no restante do tempo. É assim que você nos respeita pela manhã: lembrando-se de como falar conosco quando desperta tão bem quanto você faz quando dorme ou medita. O sexo é bom. Os momentos de êxtase que abalam a mente são maravilhosos (e eu sou um especialista). Mas é o respeito pela manhã que realmente dá conta do serviço no que se refere a nós.

Você entende? É importante, é o que faz a missão continuar uma vez que a diversão se torna apenas uma lembrança.

154 | *O Mundo de Odin*

Algumas mulheres assumiram um compromisso formal como esposa de um deus. Em *Flateyjarbók,* há uma história na qual um templo de Frey é administrado por uma sacerdotisa que é conhecida como esposa do deus. Também existem tradições camponesas da Dinamarca nas quais uma donzela se "casava" com uma figura feita a partir do último feixe de cereal, representando Wodan e chamado de "o Velho" (de Vries, 1931). Até onde eu sei, a primeira pessoa a efetivamente participar de um ritual de casamento com Odin nos tempos modernos foi Freya Aswynn, autora de *Leaves of Yggdrasil* e *Powers and Principles of the Runes.* Ela começou a sentir a presença de Odin no início da década de 1980, quando ainda estava praticando wicca e a tradição ocidental dos mistérios, e se dedicou a ele. Em 1993, ela sofreu um ataque psíquico que a desconectou "astralmente". Eis como ela o descreve:

> Certo dia, acordei e Odin tinha desaparecido! No que me dizia respeito, eu tinha chegado ao fim e estava pronta para "ir vê-lo em pessoa" e descobrir que diabos estava acontecendo. Enquanto eu contemplava uma passagem só de ida para Asgard, meu irmão lobo me telefonou para fazer uma pergunta ou um comentário a respeito das valquírias, e ele intuiu que alguma coisa estava muito errada.
>
> Ele empreendeu uma jornada visionária e entrou em contato com Odin a respeito dessa questão. Odin lhe mostrou uma pequena calota encrostada de um material cor de ferrugem no meu chakra da coroa. Kveldulfr recebeu instruções de Odin para golpeá-la com Gungnir, a calota se rompeu e voltei ao normal. No entanto, eu estava muito ansiosa com relação ao fato de que qualquer idiota ressentido poderia desconectar-me de Odin, meu contato com o Plano Interior. Eu estava pensando em uma maneira de eliminar essa possibilidade para sempre, pelo menos nesta encarnação. Eu tive a ideia, porém não a audácia, de sugeri-la.
>
> Eu tinha lido na literatura vodu que os devotos, às vezes, "se casavam" com o Loa. Ao mesmo tempo, eu sabia que na Suécia, durante a Idade Média, uma sacerdotisa era considerada por

todos como sendo noiva de Frey e que circulava com uma carroça e a estátua de Frey. Quando, muito sutilmente, conversei com Kveldulfr a respeito do assunto, por coincidência ele tinha deparado com "Contributions to the Study of Othin" [Contribuições para o Estudo de Othin], de autoria de Jan de Vries. O texto mencionava um ritual que envolvia o "último feixe" e Wodan. Depois de dar a devida consideração à ideia e fazer várias consultas, decidimos que essa era a única maneira de eu progredir, tanto do ponto de vista esotérico quanto no meu desenvolvimento espiritual pessoal. No dia 28 de novembro de 1993, na presença de um pequeno círculo de pessoas próximas, eu me casei com Wodan. A cerimônia se baseou em um rito de colheita agrícola tradicional, escrito e pesquisado por Kveldulfr Gundarsson. Os votos que fiz são pessoais.

Desde o início, em 1983, sempre estive, de algum modo, consciente da presença dele. Essa sensação se tornou ainda mais forte depois do casamento até mais ou menos 2002. Depois, a vida ficou uma merda e eu tive que lutar pela minha sobrevivência na vida mundana. Mas ele continuava comigo. Sempre tive acesso à orientação d'Ele e até mesmo fiquei surpresa com a exatidão das minhas Leituras Rúnicas. Além disso, depois do casamento, minha saúde sempre foi excelente, considerando minha idade, que é agora 67 anos.

O papel de esposa do deus não é um caminho fácil. Em anos recentes, a ideia foi adotada por pessoas em uma série de tradições pagãs, que trabalham com várias divindades. Isso envolve o mesmo nível de compromisso de um casamento humano monogâmico, ou talvez até mesmo um nível mais elevado, já que uma grande parte do relacionamento é interior. No vodu, o casamento com um dos *loas* (os Poderes dessa tradição) tem como modelo um casamento humano, com um contrato de casamento que relaciona as responsabilidades de cada parceiro. Esta é, na verdade, uma boa ideia ao fazer qualquer tipo de juramento para um deus, especialmente para Odin, que o fará cumprir sua palavra mesmo que você não tenha necessariamente compreendido com o que estava se envolvendo. Por outro lado, assim como um casamento mortal pode chegar ao fim quando um dos parceiros segue em frente, até mesmo aqueles que assumiram um compromisso público e formal com Odin às vezes constatam que ele os liberou ou até mesmo os passou adiante para outro deus. A não ser no relacionamento dele com Frigg, ele não é conhecido pela sua fidelidade.

Para uma discussão mais profunda de juramentos e iniciações, consulte o Apêndice 1.

Eu mesma nunca fui chamada a assumir esse compromisso particular. Na época em que compreendi o quanto eu me tornara ligada a Odin, um reconhecimento formal me pareceu redundante. Meu *status* é mais como o de uma das suas antigas namoradas, e creio que me permitir uma aparente liberdade torna mais fácil para ele trabalhar através de mim na conexão com outros Poderes.

Odin pode não estar visível, mas um relacionamento com ele é muito real e pode causar dificuldades nos outros relacionamentos do parceiro humano. Dar esse passo requer uma cuidadosa negociação. Para uma discussão dos problemas, consulte a coleção de artigos no *link* para *godspousery*[13] em *https://darkamberdragon.wordpress.com,* especialmente os de Beth Lynch.

Oski é o Desejado, mas o que desejamos? Falamos aqui de Odin e das mulheres, mas o gênero não é relevante quando um coração vazio deseja ser preenchido.

As dádivas que pedimos a ele, como o ser de Yule, não são aquelas que queremos quando a colheita fracassa ou o inimigo está às portas. Quando Odin segue seus desejos, isso quase invariavelmente acontece, porque um propósito maior precisa ser cumprido.

Prática

1. Ofereça um jantar para Oski

O jantar pode ser para dois ou um banquete para o qual você convida outras pessoas para homenageá-lo. Escolha um lugar para cada hóspede, incluindo um para o deus. Em um ritual que, por acaso, foi no dia de Sadie Hawkins (29 de fevereiro), também reservamos lugares para cada uma das deusas com quem Odin tem um relacionamento.

---

13 Em uma tradução livre, "condição de cônjuge dos deuses". (N. do T.)

Enquanto você come e bebe, conte histórias que prestem uma homenagem ao deus. Um esquema de cores com azul e prateado definirá o cenário. Sirva quaisquer iguarias que você sinta que ele apreciaria. As bebidas podem incluir vinho tinto, aquavita ou hidromel. Quando o jantar terminar, coloque o prato de Odin do lado de fora, onde a comida poderá ser consumida pelos corvos e lobos da localidade ou seus equivalentes.

2. Abençoe uma taça de hidromel e depois sente-se e escreva um poema

O poema não precisa ser complicado; um verso livre ou quatro linhas aliterantes em compasso quaternário simples, como no poema que se segue, lhe dão o direito de provar o hidromel. O tema pode ser Odin, o amor ou simplesmente alguma coisa que o comova.

3. Meditação da Quinta Noite: o Desejado

Monte seu altar como de costume e acenda uma vela laranja. Você pode combinar essa prática com o banquete para Odin descrito anteriormente. Depois, diga o seguinte:

Odin, por estes nomes eu te chamo:

Oski (Deusa dos Desejos, O Que Satisfaz os Desejos)
Sadh or *Sann* (O Fiel)
Thekk (Agradável, Muito Apreciado, Sagaz)
Unn or *Udh* (Amante, Amado)
Njótr (O que Usa ou Desfruta)
Glapsvidhr (Sedutor)

Oski, que meus desejos satisfaz,
Sê bem-vindo, Pai dos Desejos, à minha casa!
Para teu deleite vamos/vou beber profundamente –
Thekk, oferecemos/ofereço a ti nossos/meus agradecimentos!

Ou,

Selvagem como o vento Teu êxtase,
Profundo como o mar meu desejo.
Sólido como pedra Teu amor por mim,
minha necessidade mais ardente do que o fogo.

Este momento está separado para ti,
Abro meu coração e minha casa.
A alegria é uma dádiva que devolvo a ti,
Odin, eu Te ofereço tudo.

Feche os olhos e pense a respeito do que você acaba de dizer. Que coisas você deseja – os desejos que são criados pela *necessidade* e não por frivolidades. O que você quer e por que o quer? Quem seria beneficiado, e o que você estaria disposto a dar para o deus para alcançar seu desejo? Quando seus pensamentos ficarem claros, sente-se em silêncio, contando as respirações e abrindo o coração para a resposta dele.

O POEMA COM QUE EGIL SKALLAGRIMSSON RESGATOU SUA CABEÇA

Senhor, presta ouvidos
(Como bem convém)
À canção que urdi,
E peço silêncio aos presentes.

Muita gente já ouviu
Das guerras que o Rei combateu;
Mas Odin, só ele, viu
Onde caíram os mortos.

Cresceu o clangor das espadas
ao bater nos escudos;
O combate se intensificou ao redor do Senhor,
Mas ele não deixou de avançar.

Ouviu-se o cantar
Da tempestade de ferro:
O gemer dos rios que corriam das espadas
Quando atingiam o alvo.

Não se via hesitação
Em meio à trama das lanças
dos homens do Rei
Enfileirados em ordem de batalha.

Em águas rasas de sangue
Vadeia, sob os estandartes,
Cruzando o mar revolto, e o trovão
Solta debaixo das águas sua voz.

À beira, caem os homens
Sob o clangor das lanças,
E disso derivou Eric
Sua larga fama.

— versos de "The Head-Ransom", de Egil Skallagrimsson, traduzido para o inglês por E. R. Eddison (1930, 1968)

Figura 14 – Sigfadhir.

CAPÍTULO SETE

Deus da Guerra

- Interlúdio: Bölverk e os Servos -

E gil Skallagrimsson é uma das figuras mais extraordinárias da era das sagas islandesas, um verdadeiro herói odínico. Vimos um pouco da sua tradição rúnica no Capítulo 4, mas ele é mais conhecido como escaldo e guerreiro. Os versos anteriores foram extraídos de um poema chamado "The Head-Ransom" (O Resgate de Sua Cabeça), composto quando ele era prisioneiro do seu inimigo, o Rei Eric Blood-Axe[14], para persuadir o rei a deixá-lo partir em liberdade. Traduzido pelo romancista E. R. Eddison, o poema capta o entusiasmo com que os escaldos da Era dos Vikings celebravam a guerra e os reis que a travavam.

Como pai da Vitória, Odin proporcionava a magia da batalha, proteção e conselhos. Ele é o patrono dos camisas-de-urso e dos casacos-de-lobo que eram usados como tropas de choque em combate e senhor dos *einherior*, os heróis que aguardam o Ragnarök em Valhalla. Hoje, os membros das forças armadas ou outras profissões que envolvem o estresse e o perigo se identificam com esse aspecto do deus, e ele também pode servir de inspiração para homens que estão na prisão.

O Pai dos Exércitos

Na lista de nomes de Odin de Price, aqueles relacionados com a guerra compreendem 25% do total. Esse percentual dificilmente surpreende, tendo em vista que as pessoas que travavam guerra com mais frequência

---

14 Machado de Sangue. (N. do T.)

também eram aquelas que pagavam os poetas, os quais, por sua vez, devem ter passado muito tempo criando novas e diferentes maneiras de fazer referência ao deus a quem seus patronos ofereciam sacrifícios pela vitória. A seleção de nomes discutida a seguir abrange a diversidade de papéis marciais que Odin dominava.

Como líder dos exércitos, Odin é *Herjafadhr* (Pai do Exército), com seis outros nomes com o elemento *her*, termo que originalmente se referia a um grupo de salteadores e não a um exército formalmente organizado. Kershaw (2000, p. 17) o define como o líder mítico original e a personificação do *herr*. Ele também é Ófnir (Instigador), *Hvatmódh* (Aguçador da Coragem), *Sigfadhr* (Pai da Vitória) e outros oito nomes que contêm *Sig*. Entre os nomes de combate, encontramos *Atrith* (Cavaleiro Atacante), *Geirdrottin* (Senhor da Lança) e outros oito nomes que contêm o elemento "lança". A lança Gungnir é a arma emblemática de Odin. Ele também é *Göllnir* (O que Solta o Grito de Batalha), *Herteit* (Contente na Batalha), *Hildolf* (Lobo da Batalha), *Hjalmberi* (Portador do Elmo), *Járngrím* (Máscara de Ferro), *Svölnir* (Portador do Escudo) e *Vidhurr* (Matador). Entre os nomes que indicam seu papel na magia da batalha estão *Haptagudh* (Deus do Impedimento) e *Hramm* (Impedidor, Despedaçador), e possivelmente *Gunnblindi* (Cego da Batalha) e *Herblindi* (Cego do Exército).

Curiosamente, apesar de todos esses títulos, a única luta na mitologia na qual vemos Odin entrar pessoalmente em combate é aquela em que ele enfrenta o lobo Fenris em Ragnarök, a luta que ele perderá. Thor luta com gigantes em combate corpo a corpo, Sturlusson diz que os guerreiros deveriam invocar Týr e, em *Skirnismál*, Frey é chamado de "general dos deuses". No entanto, é para Odin que os reis ofereciam sacrifícios pela vitória.

Para uma imagem do deus nesse papel, procure, *on-line*, a imagem de Arthur Rackham, de Wotan, galopando para punir Brünnhilde por tê-lo desobedecido (do libreto ilustrado para *A Valquíria*, de Wagner).

Magia da Batalha

Os sortilégios no final do *Hávamál* descrevem os tipos de ajuda que Odin pode oferecer. Alguns deles são de proteção. O encantamento número três torna cegas as espadas dos inimigos para que não possam cortar. O número cinco interrompe as flechas em pleno voo. Com o décimo primeiro e o décimo terceiro encantamentos (*Hávamál* 156, 158), Odin protege seus seguidores:

> Conheço um décimo primeiro, se à batalha
> Conduzirei velhos amigos,
> Debaixo de escudos eu canto, e eles avançam com pujança,
> Saudáveis adentram a batalha,
> Inteiros dela retornam,
> Inteiros onde quer que caminhem.

Mas como vemos a partir dos nomes relacionados anteriormente, apesar de toda a agitação com as lanças, é o poder mental que Odin usa para conceder a vitória. Odin eleva o moral e a coragem do lado que ele favorece, enquanto cega a mente e restringe os membros do inimigo. Quando Sun Tzu diz em *A Arte de Guerra* que subjugar o inimigo sem lutar é a suprema arte da guerra, ele está se referindo ao elemento psicológico das operações militares que pode superar a vantagem física.

Essa equação contém duas partes. Permanecer firme enquanto você enfrenta uma fileira de pessoas que procuram matá-lo requer a convicção de que vale a pena seguir o seu líder, que vale a pena morrer pelas pessoas que estão ao seu lado na fileira e que elas sentem o mesmo com relação a você, e que você é o "FDP mais assustador do pedaço". É útil acreditar que os deuses estão do seu lado. Em *Ynglingasaga* 2, Sturlusson descreve da seguinte maneira a habilidade de Odin como edificador do moral:

> Odin era um poderoso guerreiro que viajara para longe e conquistara para si muitos reinos; era tão triunfante que vencia todas as batalhas, e isso fez que seus homens acreditassem que ele sairia vencedor em todas as lutas. Quando enviava seus homens para o combate ou para qualquer outra jornada, era seu costume descansar as mãos sobre a cabeça deles e abençoá-los; eles então acreditavam que tudo iria correr bem com eles. E assim era com seus homens: quando eram acossados no mar ou em terra, invocavam o nome dele e sempre achavam que receberiam ajuda; nele depositavam toda sua confiança.

164 | *O Mundo de Odin*

Na versão para o cinema da obra *O Retorno do Rei*, de Tolkien, no início da batalha do Pelenor, o Rei Theoden cavalga ao longo da fileira de cavaleiros Rohirrim, tocando de leve nas lanças deles com sua espada e, desse modo, transferindo sua sorte para eles.

Como podemos ver a partir do seguinte relato de John T. Mainer, Odin continua a ajudar os guerreiros hoje em dia.

Meu primeiro encontro com Odin foi profundamente emocionante e desconcertante; emocionante por causa das mudanças que causou em mim, e desconcertante porque ignorei durante um longo tempo quem tinha me ajudado. Em 1988, eu havia concluído dois terços do treinamento básico das Forças Armadas Canadenses. Aqueles que queriam desistir já tinham desistido, de modo que a companhia original de que eu fazia parte fora reduzida a um pelotão bastante poderoso. Os que ficaram iriam até o fim, foram reduzidos à essência do que eram, venceram seus limites e nenhum deles ia entregar os pontos. Eu sabia que todos eram valorosos e queria me abrir para eles, mas não pude. O defeito era meu, o que na verdade tornava a situação mais difícil de aceitar. Eu tinha treinamento em caratê Go-Ju Ryu e Tai-Chi, de modo que estava tentando usar técnicas de meditação oriental para lidar com meus problemas de raiva e as dificuldades que tinha para me abrir, mas sem muito sucesso.

Eu estava sentado em uma grande rocha atrás do Alojamento C, no morro acima do QG do Regimento, quando passei da meditação para a visão. É importante que você entenda que eu não tinha nenhum conhecimento dos escudos com ornamento central usados pelos nossos ancestrais, e, quando eu pensava em escudos, pensava nos escudos retangulares romanos ou nos escudos redondos pesados dos gregos ou dos celtas, de modo que o que então vi não fez muito sentido na ocasião. Vi uma parede de escudos, os homens e as mulheres nela eram meu pelotão, e estavam lutando ardorosamente contra um inimigo muito mais numeroso do que eles. A parede deles era forte e eram esplêndidos guerreiros, mas estavam sendo derrubados porque no centro da fileira havia um lugar vazio: o meu lugar. Eu sabia que o lugar era meu, e sem meu escudo e minha lança eles estavam tombando. Eu não podia avançar e ocupar meu lugar e tampouco podia suportar observá-los sendo mortos por minha causa. Envergonhado, virei-me e deparei com um homem de cabelo branco e barba desgrenhada. Ele tinha um chapéu azul-escuro que cobria parte do seu rosto e um manto surrado também azul-escuro (não azul-marinho, apenas mais escuro do que o azul-real). Um olho azul fuzilava um total desprezo e fúria na minha direção, e eu literalmente dei um passo atrás por causa da força dele.

O homem me perguntou por que eu permanecia ali quando meus companheiros estavam morrendo; eu não queria ir até eles e ocupar meu lugar? Descontrolei-me e gritei para ele: EU NÃO CONSIGO! Ele perguntou novamente se eu queria ir e, dessa vez, eu apenas fiz que sim com a cabeça. "Então vá se juntar a eles", disse ele. Em seguida, sem uma palavra de advertência e sem que eu, em momento algum, tivesse tido consciência de que ele estava segurando uma lança, ele mergulhou de repente no meu peito a lança que tinha na mão direita. A ponta, que era larga, refulgia perto da base, e era possível ver marcas de martelo nela. A lança atravessou meu peito, partindo meu esterno logo abaixo da linha do mamilo e explodindo para fora pelas minhas costas.

Saí da visão como um projétil, com os punhos levantados, o coração martelando dolorosamente no peito, cada músculo no meu corpo rígido e tenso e cheio de adrenalina, despertando em mim o reflexo de luta ou fuga. A partir daquele dia, a barreira que sempre impedira que eu me conectasse com meus companheiros desapareceu, e formei laços de amizade com os membros do meu grupo de treinamento básico e com os outros do Regimento como eu nunca formara antes na vida a não ser com parentes consanguíneos.

As mudanças na maneira como passei a interagir com as pessoas em geral depois desse ponto criaram essencialmente uma nova vida, e eu ainda não tinha a menor ideia de quem tinha feito aquilo. Certo dia, como não tinha nenhum livro comigo quando estava a caminho do *campus* para minhas aulas, decidi parar em um sebo para comprar alguma coisa para ler. Vi uma foto do canalha caolho que me golpeara, e o título do livro era *Brisingamen*. Escrito por Diana L. Paxson, ironicamente antes de ela se tornar heatheniana, o livro falava de Odin e dos deuses no contexto moderno e o nome foi suficiente para fazer a ficha cair. Fora Odin que me encontrara e me corrigira.

Como eu era estudante universitário e soldado, fui até a biblioteca, encontrei o *Hávamál* e li, pela primeira vez, um código moral que calou na minha alma. Nas palavras do viajante, nos ensinamentos do Alimentador dos Corvos, encontrei os ensinamentos que estivera procurando, porque eles podiam reunir todas as partes contraditórias do meu ser – soldado, acadêmico, poeta – em um todo único e coeso.

Repare que John teve essa experiência um ano depois do meu encontro com o deus e mais de vinte anos antes de efetivamente nos conhecermos. Odin parece ter começado a recrutar seus seguidores naquela época.

Agradecer ao "Feliz na Batalha" é fácil quando vencemos, mas existe um nível mais profundo de compromisso no qual continuamos a resistir mesmo quando se torna claro que o Pai da Vitória não vai nos conceder a vitória. Um bom exemplo é a Batalha de Maldon, na qual um conde anglo-saxão comete o erro de deixar que os invasores vikings cheguem a terra firme para que possam ter uma luta justa. Ele é morto, cabendo aos seus seguidores decidir se devem abandonar seu corpo ou permanecer fiel ao seu senhor e uns aos outros para defendê-lo. As palavras do antigo servidor Byrthworld ressoam com o choque do aço (Griffiths, 1993, pp. 312-13).

> *Hige sceal þe heardra, heorte þe cenre*
> *mod sceal the mare þe ure mægen lytlað*

A mente será mais dura, o coração mais aguçado,
A coragem aumentará quando nossa força diminuir.

Esse é um tipo de coragem mais frio, que não se baseia na garantia da vitória, e, sim, na honra, em permanecer leal aos seus companheiros, ao seu deus e ao seu eu superior, o tipo de bravura que será necessário em Ragnarök.

A outra parte da magia de Odin vira isso ao contrário. Em *Ynglingasaga* 6, Sturlusson nos diz: "Ele poderia deixar seus inimigos cegos, surdos ou aterrorizados, e fazer que suas armas fossem nada mais do que varetas". Sabemos, pelo quarto encantamento em *Hávamál*, que Odin pode livrar a si mesmo (e a seus seguidores) dos grilhões físicos. Os nomes *Haptagudh* e *Herblindi* nos dizem que tanto psíquica quanto fisicamente, ele pode aplicá-los aos outros.

A variedade de apetrechos de aparência esquisita que os guerreiros acrescentaram à sua armadura ao longo dos séculos sugere que a guerra psicológica é muito antiga. Se o coração bate mais rápido quando o Pai da Vitória incita a batalha, o sangue fica frio quando ele retira esse poder. Pode ser mais glorioso combater um inimigo respeitável, mas é mais fácil derrotar um inimigo que não é capaz de revidar. Não existe inimigo mais poderoso do que aquele que ataca a partir do interior.

O outro papel importante de Odin na guerra é aconselhar. Isso é visto muito claramente na história de Saxo sobre a morte do Rei Harold War-Tooth[15] (Grammaticus, 1905, *Gesta Danorum* 1, 8). Odin havia ensinado anteriormente a Harold o segredo da formação de batalha *Svinfylking* (formação do javali), que é uma cunha na qual cada fileira sucessiva tem o dobro do número de homens da anterior. Ela é conhecida em muitas culturas e era uma formação favorita das tribos germânicas que combatiam os romanos. Quando Odin, assumindo o papel de cocheiro de Harold na Batalha de Brávellir, lhe diz que seu adversário, Hring, dispôs seus homens na formação de cunha, Harold compreende que o inimigo só poderia ter obtido essa informação de Odin e que o deus, portanto, o havia abandonado.

Combatendo com os ursos, viajando com os lobos

Mas Odin tem ainda outra arma. Sturlusson também nos diz que "seus homens se deslocavam sem armadura e eram enlouquecidos como cães

---

15 Dente de Guerra. (N. do T.)

168 | *O Mundo de Odin*

ou lobos, mordiam seus escudos e eram fortes como ursos ou touros; matavam homens, mas nem o fogo nem o aço eram capazes de detê-los. Eram chamados *berserks*" (*Ynglingasaga* 6).

A figura do *berserker* tem fascinado igualmente lutadores e acadêmicos, inspirando uma variedade de especulações quanto à causa desse estado em que os guerreiros entravam. As especulações citam desde o consumo de *Amanita muscaria*[16] ou álcool a vários problemas mentais ou físicos. Jesse Byock (1993) sugeriu que, em alguns casos, ela pode ter sido um sintoma da doença de Paget, que envolve um crescimento descontrolado do crânio. No final da *Egilssaga,* somos informados de que cento e cinquenta anos depois da sua morte, o corpo de Egil foi exumado, sendo constatado que seu crânio era anormalmente grosso e duro.

O transe do *berserk* é um estado alterado de consciência no qual o lutador é consumido por uma euforia violenta na qual não apenas pode realizar façanhas que estão além da sua força habitual como também é imune à dor. O poeta romano Lucano, ao escrever a respeito das guerras nos Alpes durante o início do século II aec, se refere ao que ele chamava de *furor teutonicus* para descrever o estilo de luta dos teutões alemães. Na tradição viking, os *berserkers* se identificavam com os ursos – vestindo uma *sark* (pele) de urso efetiva ou mágica – ou eram *ulfhedinn,* que usavam a jaqueta do lobo.

A antiga literatura nórdica é rica em histórias de metamorfose e palavras derivadas do radical *hamR*, entre elas *hamfarir* (jornada da transformação), *hamrammr* (forte na transformação), *hamask* (cair em um estado de fúria animal), *hambleyna* (aquele que salta para fora da sua pele) e *hamslauss* (fora da sua figura habitual). Nas sagas, a mudança de forma geralmente é usada para a luta, embora também possa ser usada para a coleta de informações. Como vimos no Capítulo 3, diziam que Odin tem o poder de assumir a forma de um pássaro ou mamífero, enquanto em transe, e viajar nessa forma nos mundos interiores e exteriores (*Ynglingasaga* 7).

Encontramos outro exemplo disso em *Hrolfkrakisaga*, na qual Bodhvar Biarki luta pelo seu rei na forma de um grande urso vermelho, enquanto seu corpo permanece na sua casa, aparentemente adormecido. Quando seu amigo aparece para descobrir por que ele não está na batalha, ele "acorda"

---

16 Cogumelo venenoso. Nomes populares: amanita, mata-boi, frade-de-sapo. (N. do T.)

e o urso desaparece. Presumivelmente, é isso que também está acontecendo quando Dufthak e Storolf lutam nas formas de um touro e de um urso (a antipatia deles claramente antecede os conflitos da bolsa de valores)[17] no *Landnamabók*.

A descrição de um *berserker* pode ser encontrada no Capítulo 7 da história dos dinamarqueses de Saxo Grammaticus.

> Quando Hardbeen ouviu isso, foi repentinamente dominado por um frenesi demoníaco; mordeu e devorou as bordas do seu escudo; não parou de engolir pedaços de carvão incandescente; colocou cinzas quentes na sua boca e deixou que passassem para suas entranhas; correu pelos perigos do fogo crepitante; e, finalmente, quando já tinha tresvariado por todos os tipos de loucura, voltou a espada com a mão tempestuosa contra o coração de seis dos seus campeões. É duvidoso se essa loucura procede da sede de combate ou de uma ferocidade natural. Depois, com o grupo restante dos seus campeões, atacou Halfdan, que o esmagou com um martelo de tamanho assombroso, de modo que ele perdeu tanto a vitória quanto a vida; pagando a penalidade tanto para Halfdan, a quem ele desafiara, e para os reis cuja prole ele violentamente brutalizara.

Mesmo quando iam combater em grupo, os *sarks* de urso lutavam como campeões isolados. Os jaquetas de lobo, seguindo os hábitos do seu totem, podem ter atuado juntos de uma maneira mais organizada. A placa de um elmo do século VII exibe um guerreiro caolho, dançando com um homem vestindo pele de lobo, e pode representar um ritual. O Rei Harold Fairhair[18] tinha um grupo de *ulfhedinn*, e em um poema de louvor ao rei, de autoria de Thórbiörn Hornklo, eles são descritos como lutando com escudo e lança em um grupo fechado. Na *Hrolfkrakisaga*, os reis da Suécia

---

17 Principalmente nos Estados Unidos, diz-se que o mercado em alta é o "mercado dos touros", e o mercado em queda, o "mercado dos ursos". Também é comum a referência aos "comprados" (aqueles que compram ativos apostando na alta), como touros, e aos "vendidos" (que apostam na baixa), como ursos. (Adaptado de https://exame.abril.com.br/blog/voce-e-o-dinheiro/sobre--touros-e-ursos/.) (N. do T.)

18 Cabelo louro. (N. do T.)

170 | *O Mundo de Odin*

e da Dinamarca têm grupos de uma dúzia de *berserkers* nas suas comitivas. Kris Kershaw (2000, p. 58) sugere que lutar contra um *berserk* fazia parte do ritual no qual um jovem demonstrava sua masculinidade. Ele acredita que o precursor indo-europeu de Odin pode ter estado basicamente associado aos lobos e discute vários cultos de lobo da Anatólia, Grécia, Irlanda, terras eslávicas e Índia. Na tradição nórdica, os "guerreiros-lobo" mais conhecidos são Sigmund e seu filho Sinfjotli.

> Certo dia, eles voltaram à floresta a fim de encontrar riquezas e depararam com uma cabana; na cabana havia dois homens dormindo, usando pesados anéis de ouro. A má sorte os tinha surpreendido, pois havia peles de lobo (*ulfahamr*) penduradas sobre eles na cabana. Eles podiam tirar as peles uma vez a cada 10 dias. Eram príncipes. Sigmund e Sinfjotli entraram dentro das peles e não conseguiram mais sair delas – o estranho poder estava presente, exatamente como antes; eles até mesmo uivavam como lobos, ambos entendendo o que estava sendo dito. (*Volsungasaga* 8)

Em *The One-Eyed God,* Chris Kershaw explora uma tradição germânica primitiva de treinamento bélico chamada *mannerbunde,* baseada em relatos do treinamento dos guerreiros em várias tribos germânicas na *Germania* de Tácito. A *mannerbunde* era

> uma fraternidade guerreira de rapazes, ligados por juramento a um deus e uns com os outros e em união ritual com seus ancestrais, em treinamento para vir a ser os homens, ou os dirigentes, da sua sociedade. A palavra é usada a respeito de sistemas de grupos divididos por idade nos quais o aspecto militar da formação dos jovens é particularmente importante. Não é um termo ideal: os rapazes ainda não são homens; eles estão no processo de se tornar homens. (Kershaw, 2000, p. xi)

Ele prossegue, comparando os costumes descritos por Tácito com estudos etnográficos de sociedades guerreiras desde os Vedas e a Grécia antiga aos Masai, envolvendo máscaras; identidades animais, como o cão, o lobo, o cavalo e o urso; e um culto no qual, por intermédio dos rapazes, os ancestrais voltam a viver. Tipicamente, em boa parte do período, o menino vivia na floresta como os animais silvestres; ele se tornava um caçador e lutador audaz e astucioso. Quando uma tribo ia para a guerra, esses jovens eram usados como tropas de choque e guerrilheiros, eram pintados de preto, frequentemente mascarados, e praticavam rituais pelos quais se tornavam um exército de mortos, sendo, portanto, imortais.

Qualquer pessoa que tenha criado meninos é capaz de reconhecer os benefícios de um sistema que os retira da cidade durante os anos em que sua crescente força e hormônios tempestuosos muito provavelmente farão que eles se metam em apuros. Entrar para o exército pode atender hoje a esse mesmo propósito. No sistema descrito por Tácito, uma vez que os jovens guerreiros se estabilizavam, eles podiam ir para casa e se tornar membros responsáveis da sociedade. Na tribo Chatti, certos guerreiros continuavam nesse *status* em vez de voltar para a tribo e atuavam como treinadores de meninos a vida inteira.

O estado alterado de consciência, que é o presente de Odin para seus guerreiros, nem sempre envolve mastigar o próprio escudo, como vemos no relato que John T. Mainer faz da sua primeira batalha.

Meu pior combate armado foi o primeiro. Estávamos mobilizados como apoio de comunicação para uma força multinacional de manutenção da paz. Nosso destacamento de segurança não era formado por homens de países da OTAN e nossa confiança neles era baixa. Como resultado, fazíamos um turno de comunicação, um de vigilância e ficávamos um de folga. Eu estava no turno de folga, dormindo, profundamente fatigado por cumprir dois turnos ativos e um de folga a não ser quando a ação acontecia no turno de folga. Neste caso, em vez de dormir, eu trabalhava com o transporte e cavava novas trincheiras para os geradores e as posições de combate.

O chamado para entrar em estado de alerta me tirou de um sono profundo. Fui arrastado da minha posição, corri para uma trincheira rasa e fui deixado ali sozinho por um suboficial que foi arrastar outro corpo quente para a posição seguinte. Eu não tinha a menor ideia de qual era a situação. Estava de frente para nossa suposta retaguarda, sem nenhuma ideia de qual era meu arco de fogo seguro, sem comunicação, tendo apenas como guia o som do fogo de fuzil se aproximando. Era noite. Cada um de nós poderia muito bem ter estado na Lua, pois estávamos completamente isolados. A resistência natural de um soldado foi roubada de mim, já que eu não tinha a menor ideia do que estava acontecendo, a menor ideia de qual era minha tarefa (além de defender minha localização), de onde estavam os amigos ou os inimigos ou de que mudanças tinham sido feitas nas nossas ordens de combate agora que estávamos debaixo de um ataque direto. Não tínhamos apetrechos de visão noturna naqueles dias. Eu estava sozinho em uma trincheira rasa, um combate armado acontecendo na linha de árvores. Nenhuma ideia do que fazer. Fiquei paralisado pelo medo e tinha bile na garganta. Não rezei pedindo segurança ou mesmo a vitória. Eu disse a Odin, Sigfadhir e Pai da Vitória que queria apenas entender o que estava acontecendo.

Você não procura as unidades de combate das Forças Armadas se não deseja testar a si mesmo em combate. Eu buscara este teste, eu me lançara no treinamento e na preparação para este momento. Eu tinha todas as ferramentas, mas nenhuma ideia de como usá-las ou de qual eu deveria aplicar. Tudo isso passava por dentro de mim quando Odin me encontrou para preencher os espaços vazios, para me preencher com a fúria gelada, a frieza da batalha. Senti-a descer sobre mim, e a noite, embora ainda interrompida por clarões de fogo e som, pareceu ficar quase silenciosa. Senti a alegria tomar conta de mim e senti meus pensamentos guiados para a consideração de uma série de pontos, um por um.

Concentrei-me primeiro nos sons. Registrei o timbre familiar das nossas armas, prestei atenção aos dois grupos que lutavam na nossa retaguarda, percebi que o grupo à direita emitia os sons familiares da nossa própria munição. O grupo da esquerda não soava assim. Senti, então, meus olhos levados a considerar o clarão dos disparos.

Os supressores de clarões não escondem o clarão do propelente em chamas. Isso não é possível. O que eles fazem é desviar para o lado a explosão a fim de reduzir a longa labareda que possibilita que você determine com precisão a posição do atirador. Havia um padrão que eu conhecia em razão das centenas de exercícios que eu fizera com nossas armas atirando no escuro. O grupo à direita tinha isso. O da esquerda não tinha.

Naquele momento, o padrão da batalha foi revelado para mim. Eu me senti invadido pela alegria. O medo não tinha desaparecido, mas ele agora se entrelaçava com a alegria de algo novo. Disparei a cada dois ou três segundos tendo um alvo firme. Muitos daqueles pontos de fogo que eu determinara e mirara pararam de atirar, indo procurar abrigo ou sendo abatidos pelos meus projéteis.

Ser preenchido pelo Feliz na Batalha, abraçar a fúria de gelo, não envolve ser mais rápido, mais inteligente ou mais forte. Significa abandonar tudo o que não é essencial. Nosso treinamento e nossos instintos permanecem. O que o *berserker* sente talvez seja o que os japoneses chamam de *Mushin*, "não pensar". O que Myamoto Musashi chamava de atitude-sem-atitude, não focada nem no ataque nem na defesa, simplesmente seguindo a maré na batalha como um corvo segue o vento, o instinto e o treinamento se fundindo para permitir que você aja sem pensar, com enorme suavidade, como se tivesse treinado essa manobra específica mil vezes anteriormente.

Há um ditado na comunidade militar – devagar é suave, suave é rápido. Não é que os *berserkers* se desloquem rápido. É que na Fúria de Gelo, ou Mushin, como a comunidade de kendô japonesa a chamaria, não desperdiçamos pensamentos ou movimentos. Nós nos movemos na velocidade apropriada. Temos que abandonar todas as percepções que não vêm ao caso, e apenas as coisas de importância tática permanecem na nossa visão. Só enxergamos e nos concentramos nas coisas que nosso longo treinamento e instinto nos ensinaram que são importantes, e só as julgamos com base nos critérios que treinamos a nós mesmos para considerar.

Nossas decisões não são automáticas. Elas são mais instintivas, como as de um lobo que caça. Não há hesitação. Isso dá a impressão de um pensamento rápido, quando, na realidade, o que está acontecendo é que bloqueamos todos os pensamentos não essenciais para que, a partir da nossa perspectiva, tenhamos muito tempo para avaliar as informações que estamos recebendo. Não temos que acelerar nossas decisões, elas simplesmente fluem. O medo é combustível. A dor é simplesmente registrada, frequentemente também como combustível. Em outros aspectos, eles fazem parte das informações às quais deixamos de prestar atenção enquanto estamos ocupados. Quando terminamos, ocorre uma euforia.

Quando também esta passa, sucede o colapso da energia e a tendência de ruminar, quando as coisas que desconsideramos agora aparecem nos nossos pensamentos. Nada é de graça. As dádivas do Feliz na Batalha são como qualquer outro mecanismo de defesa. Elas nos dão um presente com uma das mãos e apresentam a conta com a outra.

No cômputo geral, elas valem a pena.

Homens de Odin

Os soldados não são os únicos que encontram Odin como guerreiro. Muitos homens admiram Odin e se identificam com ele, mas trabalhar com ele pode ser, na prática, mais difícil para eles. Observar as histórias da tradição a respeito dos heróis associados a Odin, entre eles Sigmund e Sinfjotli, Starkad, Hadding, Harald Fairhair, Helgi Hundingsbane e Egil Skallagrimsson, nos dará uma ideia dos benefícios e dos riscos do relacionamento.

Algumas pessoas são imediatamente atraídas por Odin, ao passo que outras, como Deryk, descobrem que ele as escolheu.

Quando ingressei na ADF (Ar n'Draoicht Fein, uma igreja pagã baseada em antigas tradições indo-europeias), eu planejava originalmente seguir a linha celta, já que ela fazia parte da minha ancestralidade e imaginei que seria apropriado... Bem, foi então que o Pai Supremo decidiu aparecer, me fazer uma visita e me explicar algumas coisas. Às vezes, ele me empurra em uma direção para que eu trabalhe em alguma coisa e, quando estrago tudo, ouço risadas e, ocasionalmente, enquanto, ainda confuso, tento ajeitar as coisas, eu escuto: "Como é, já estamos aprendendo alguma coisa?". Não tenho nada para me queixar com relação ao relacionamento, e sei que ele tem estado por perto a minha vida inteira como uma figura basicamente desapercebida nos bastidores. Não creio que seja necessário ter um relacionamento pessoal com os *kindreds*, apenas faça suas oferendas e atos de louvor, e se alguma coisa começar a se desenvolver, e você tiver interesse em que ela aconteça, prossiga. No meu ato devocional diário, rezo para 16 deuses e as três Nornas, bem como para os ancestrais e os espíritos.

É importante assinalar que Odin não exige necessariamente um compromisso exclusivo. Para algumas pessoas, o *henoteísmo*, no qual reconhecemos todos os deuses, mas só cultuamos um, é o melhor caminho; no entanto, para outras, Odin pode ser o deus mais importante, porém não o único.

Na realidade, na minha experiência, Odin promove a comunicação não apenas com outras divindades no panteão nórdico, mas até mesmo com outros panteões. A conexão com elas por nosso intermédio é uma das maneiras pelas quais ele aprende. Afinal de contas, o heathenismo é uma religião politeísta.

Encontro algum respaldo para esse ponto de vista no *Völuspá* 23, que nos diz que a guerra entre os Æsir e os Vanir era uma questão de se os dois grupos deveriam compartilhar os brindes comemorativos; ela acabou com uma aliança na qual Njordh, Frey e Freyja se tornaram parte da comunidade de Asgard, recebendo homenagens como as de hoje em dia. No livro um da história dos dinamarqueses de Saxo, quando Odin deixa Asgard, uma pessoa chamada "Mid-Odin" assume o controle e decreta que todos os deuses deveriam receber oferendas separadas em vez de compartilhá-las. Ao voltar, Odin reverte essa decisão.

176 | *O Mundo de Odin*

Algumas das minhas melhores oportunidades de observar as maneiras pelas quais os homens reagem a Odin aconteceram na Trothmoot, a reunião anual de uma organização heatheniana internacional, a Troth, que é realizada em junho em algum lugar dos Estados Unidos.

O ponto alto do encontro – uma conferência que inclui reuniões, seminários e rituais – é o Grand Sumble de sábado à noite, prática que se origina das tradições de brindar em um banquete e do simpósio grego. Na sua forma mais típica, um chifre de bebida cheio de hidromel é abençoado e passado três vezes ao redor do círculo. Na primeira rodada, cada participante brinda a uma deusa ou a um deus. Na segunda, brindamos aos nossos efetivos ancestrais ou a pessoas do passado que admiramos. Na terceira rodada, as pessoas podem brindar a outros seres humanos vivos, mas esse também é o momento de nos vangloriarmos das nossas realizações ou de fazer um juramento. No heathenismo, os juramentos são uma coisa muito séria, já que a "sorte" daqueles que prestam testemunho está associada ao resultado. Por essa razão, um dos membros do grupo é designado como *Thul*, ou Orador, e uma das suas funções é contestar qualquer juramento que pareça insensato, perigoso ou impossível.

De quando em quando, alguém, geralmente um rapaz, se levanta e tenta se consagrar a Odin. A declaração é recebida com frequência com um gemido, seguido por um desafio do *Thul*. O problema com relação a um juramento para Odin que não é levado a sério é que ele pode querer que você o cumpra. Conheço um bom número de pessoas que fizeram um juramento a Odin (e algumas que tentaram oferecer algum serviço a ele sem jamais ter concordado formalmente com isso), mas quando os membros da comunidade consentem em prestar testemunho, é porque sabem que a pessoa estudou a tradição, desenvolveu um relacionamento com o deus e tem uma noção daquilo com que está se envolvendo.

Lembro-me de como todo mundo riu quando um jovem que compareceu a uma das nossas sessões oraculares declarou que estava pensando em entrar para a polícia e queria saber se Odin o protegeria. O problema com relação a servir Àquele que Dá a Vitória é que ele concede a vitória pelas razões dele, não pelas nossas. Como você vai ver na discussão de Odin como o Instigador de Conflitos, ele é um deus que, não raro, parece sentir que os fins justificam os meios. Tivemos que explicar para o rapaz que Odin poderia muito bem protegê-lo, mas que também o sacrificaria caso algum propósito maior o exigisse. O caminho escolhido por aqueles que optam por trabalhar na manutenção da ordem pública ou nas Forças Armadas pressupõe que eles estão dispostos a dar a vida por aqueles que juraram proteger. Fazer um juramento em nome de Odin não significa que você estará seguro, mas aumenta a probabilidade de que, se você morrer, será por um bom motivo.

Se você estiver pensando em se envolver com Odin, vale a pena se lembrar desse conselho de Hrafnskjald, oferecido em um *e-mail* para a lista dos membros da Troth:

1. O fato de ele pedir não significa que você tenha que concordar. Você precisa, e deve, respeitar seus próprios limites a respeito do que está disposto a fazer. Não somos escravos dos deuses, e tampouco seus senhores; mais exatamente, o relacionamento envolve o consentimento mútuo. Não tenha medo de oferecer resistência ou de dizer que alguma coisa está errada.

2. Não se sinta pressionado a aceitar quaisquer acordos, fazer quaisquer juramentos etc., enquanto não souber o que é certo para você. Você saberá quando é certo porque, nesse ponto, você não hesitará.

3. Nossos deuses não são exigentes quando se trata dos detalhes dos ritos, especialmente no caso de pessoas que estão apenas começando; mais exatamente, o segredo é a *intenção*. Respeite a si mesmo, e a eles, e você não fracassará. Eles desejam que pratiquemos ações dignas e vivamos uma vida que melhore nossas comunidades e o mundo, e eles podem ser grandes aliados nos desafios da vida. A imagem, neste caso, é mais a de um pai ou uma mãe ensinando uma criança a ler e não a dessa mesma criança fazendo um teste padronizado de leitura: você pode cometer erros enquanto aprende, mas isso é aceitável.

4. Respire. Você ainda é a pessoa que era; tem apenas novas ideias e alguns novos amigos.

Existem outras situações nas quais podemos precisar do tipo de coragem que Odin pode oferecer. O primeiro tipo de heathenismo a obter

178 | *O Mundo de Odin*

um ponto de apoio na cultura dos detentos foi o "odinismo" ensinado pela Odinic Rite, uma organização fundada no Reino Unido, em 1973. Muitos presos descobriram que as virtudes vikings da coragem, da força, da dedicação e da autodisciplina são uma inspiração na sua luta pela sobrevivência. Infelizmente, os fundadores do Odinic Rite tinham vínculos com os neonazistas, e essa interpretação do heathenismo confere aos prisioneiros brancos uma identidade étnica em uma população prisional que, com frequência (e aparentemente com o apoio tácito das autoridades), parece estar dividida com base na raça.

Por essa razão, muitos grupos heathenianos evitam o trabalho na prisão e com ex-prisioneiros. No entanto, com o tempo, alguns daqueles que aprendem a respeito do heathenismo na prisão vão aparecer. Nos anos recentes, algumas organizações, entre elas a Troth, iniciaram programas exclusivos para ex-prisioneiros, oferecendo materiais e conselhos para que eles entendam que o separatismo racial *não* é uma virtude heatheniana, não importa o que eles tenham tido que fazer para sobreviver dentro da prisão.

Trabalhar com Odin pode ser um desafio. Sou grata a um correspondente, Connor McOdinmahon, por compartilhar esta prece:

Salve Odin... Odin, por quê?
A luta é às vezes incompreensível,
Questiono se estou me tornando mais forte ou sendo morto lentamente,
Questiono o plano, mas minha fé não vacila,
Grande Odin, aquele que traz a glória, peço que não desistas de mim,
Através da dor, do sangue, da agonia e do tumulto interior,
Estou exaurido, estou machucado, mas ainda estou aqui, ainda de pé,

E é para ti que eu me volto acima de tudo,
Tu me tens na minha lança, e estou sangrando como nunca sangrei.
A escuridão de Ginnungagap pode ser ouvida, é muito intensa,
Inspira-me a rejeitar o tumulto e a ter sucesso com minha espada,
Inspira-me a descer da árvore e a tocar o solo,

Através da luta e das perguntas, e embora a noite permaneça,
Minha confiança, fé e lealdade se saem igualmente bem.
Aqui elas estão, aqui elas permanecem.
Grande Pai Supremo. Peço e suplico tua força e inspiração.

Quando escrevi para ele, perguntando se poderia citar a prece no livro, ele respondeu o seguinte:

Uma coisa ESQUISITA aconteceu depois que expedi aquela dedicação/chamado, prece. Eu ainda a estou digerindo, física, mental, espiritualmente...

Para abreviar a história... cheguei a um ponto MUITO baixo, praticamente desmoronei, derramei a prece de Odin (o que eu mal me lembro de ter feito, foi tão espontâneo e eu estava em um estado mental muito angustiado), e algumas coisas interessantes, positivas, aconteceram. Depois de procurar desesperadamente um emprego (milhares de solicitações no mundo inteiro, e eu tenho vários diplomas em estratégia empresarial), telefonemas e *e-mails* começaram a chegar do nada, de repente, em grandes quantidades, como nunca tinha acontecido.

E a coisa mais louca... depois que enviei a prece, coloquei minha miniestátua de Odin ao lado do meu monitor, olhando diretamente para mim, e escrevi como nunca escrevi antes. Artigos de negócios, história, relacionados com Asatrú etc., eles fluíram LOUCAMENTE. Estou trabalhando em um romance há quatro anos, e finalmente estou sentindo que sou capaz de concluí-lo. É apenas um sentimento esquisito, Diana.

Também encontrei mais amigos nos últimos dias do que nos últimos anos.

Não posso prometer que Odin sempre fornecerá uma resposta tão espetacular para suas preces, mas, às vezes, o golpe de sua lança o libertará.

Prática

1. Leia qualquer um ou todos os seguintes textos

Egil's Saga, seja a edição da Penguin, traduzida por Bernard Scudder, ou meu favorito, a traduzida pelo romancista E. R. Eddison.

The Saga of the Volsungs, traduzido por Jesse Byock, Penguin Classics – contém muitos dos heróis odínicos.

Os capítulos que destacam os Rohirrim em *As Duas Torres* e *O Retorno do Rei,* de J. R. R. Tolkien.

The Broken Sword, de Poul Anderson, Del Rey Books, 1954 (reeditado em 1981). Este foi o livro que despertou meu entusiasmo sobre a cultura germânica.

The Dragons of the Rhine, Diana L. Paxson, William Morrow, 1995. Este é o livro do meio na minha trilogia *Wodan's Children* e o que contém mais batalhas. Os outros dois livros são *The Wolf and the Raven* e *The Lord of Horses.*

The High King of Montival, de S. M. Stirling, RoC, 2010, ou qualquer outra coisa na saga Emberverse. Stirling cria excelentes cenas de batalhas.

2. Fique (novamente) em forma

Exercite-se. Se você tem treinamento em uma arte marcial, continue, ou considere reiniciar a prática ou se dedicar a uma nova. Se você já está em forma ou está começando a ficar, acrescente uma dimensão espiritual à sua prática. Antes de começar, pratique uma respiração consciente. Ao se mover, abra a consciência para seu ambiente e para o espírito de Odin dentro de você.

3. Encontre uma batalha que precise ser travada

Nem todas as guerras são vencidas com armas. É preciso um tipo diferente de coragem para defender os direitos dos grupos minoritários e a proteção ambiental. Acredito que Odin esteja particularmente preocupado com as ameaças ao ecossistema no qual nós e nossa civilização evoluímos. Para mais informações sobre esse assunto, consulte o Capítulo 9. Você também encontrará um canto de batalha, o hino da aliança de Gjallarhorn, no Apêndice 2.

4. Meditação da Sexta Noite – O Guerreiro

Monte seu altar como de costume e acenda uma vela vermelha. Se você tem uma arma favorita ou uma arma ritual, coloque-a no altar. O uísque seria uma bebida apropriada para servir. Em seguida, diga o seguinte:

Odin, por estes nomes eu te chamo:

Herjafadhr (Pai do Exército)
Ófnir (Instigador)
Hvatmódh (Aguçador da Coragem)
Sigfadhr (Pai da Vitória)
Atrith (Cavaleiro Atacante)
Geirdrottin (Senhor da Lança)
Göllnir (O que Solta o Grito de Batalha)
Herteit (Feliz na Batalha)
Hildolf (Lobo da Batalha)
Hjalmberi (Portador do Elmo)
Járngrím (Máscara de Ferro)
Svölnir (Portador do Escudo)
Vidhurr (Matador)
Haptagudh (Deus do Impedimento)
Hramm (Impedidor, Despedaçador)
Herblindi (Cego da Batalha)

Que batalhas você enfrenta? O que ameaça você ou aqueles com quem você se importa? Quem são seus inimigos e por que você os considera assim? Lembre-se de que algumas batalhas são travadas interiormente. Pense a respeito disso com cuidado e avalie qual a intensidade e o tipo de força apropriados para resistir a eles. Elabore um plano de ataque.

Se, depois de refletir, você chegar à conclusão de que é justificado invocar o Pai dos Exércitos, entoe esta prece em ritmo de marcha até sentir seu coração se acelerar. Ao fazer isso, relembre seus inimigos e as razões pelas quais você precisa resistir a eles.

Exaltados pelo ódio
Nossos inimigos aguardam.

Cheios de ódio, eles se vangloriam
E reúnem sua hoste.
Chama o Aguçador da Coragem,
Pede o frenesi do combate para todos.
Instiga o ataque
E ajuda-nos a revidar!
Enquanto eles permanecem
Cegos no seu orgulho.
Acorrenta os inimigos,
Senhor, destrói-os.
Sigfadhir, protege
E não nos submeteremos.
Que permaneçamos fortes,
Protegendo nossa terra.
Feliz na Batalha, abençoa-nos
Com sucesso.
Pai da Guerra, ouve,
Odin, fica perto!

Concentre-se na sua paixão. Visualize o resultado que você deseja. Deixe o canto crescer até você sentir que está na hora de arremessá-lo como uma lança contra seu inimigo. Quando terminar, preste atenção à respiração, tornando-a mais lenta até se conscientizar novamente do seu ambiente imediato.

Em seguida, comece a agir! Faça uma lista das coisas que você vai fazer no mundo real (permanecendo dentro da lei) para colocar suas ideias em prática. Por exemplo, se seu ataque é dirigido contra aqueles que prejudicam o meio ambiente, use seu direito de expressão, seus recursos e, se necessário, seu corpo para apoiar as iniciativas das organizações e comunidades ambientais.

Bölverk e os servos

Odin saiu de casa e chegou a um certo lugar onde nove servos estavam ceifando feno. Ele perguntou se eles desejavam afiar suas foices, e eles responderam que sim. Ele tirou então de seu cinto uma pedra de amolar e afiou as foices; eles acharam que as foices estavam cortando bem melhor e pediram a ele que lhes vendesse a pedra. Mas ele atribuiu à pedra um valor tão elevado que quem quisesse comprá-la teria que pagar um preço considerável: não obstante, todos disseram que concordavam e suplicaram a ele que a vendesse para eles. Ele lançou a pedra no ar; mas como todos desejavam pôr as mãos nela, eles se emaranharam tanto entre si que acabaram cortando o pescoço uns dos outros com suas foices.

Odin buscou hospedagem por uma noite com o gigante que se chamava Baugi, irmão de Suttung. Baugi lamentou a condição do seu cultivo, dizendo que seus nove servos tinham matado uns aos outros, e declarou que não tinha nenhuma esperança de obter trabalhadores. Odin, na presença de Baugi, disse se chamar Bölverk; ele se ofereceu para se encarregar do trabalho de nove homens para Baugi, e como pagamento exigiu beber do hidromel de Suttungr. Baugi declarou que não tinha nenhum controle sobre o hidromel e acrescentou que Suttungr estava determinado a tê-lo para si, mas prometeu acompanhar Bölverk para ver se eles conseguiam pegar o hidromel. Durante o verão, Bölverk executou o trabalho de nove homens para Baugi, mas quando chegou o inverno, ele cobrou de Baugi seu pagamento. Eles partiram então para a casa de Suttungr. Baugi revelou a Suttungr, seu irmão, seu acordo com Bölverk, mas ele se recusou categoricamente a lhe conceder uma única gota do hidromel. Bölverk então sugeriu a Baugi que eles tentassem certos ardis, porque talvez encontrassem um meio de chegar ao hidromel, e Baugi concordou de imediato. Em seguida, Bölverk pegou a verruma chamada Rati, dizendo que Baugi precisava furar a rocha, se a verruma cortasse. Ele fez isso. Finalmente, Baugi disse que a rocha estava suficientemente perfurada, mas Bölverk soprou no buraco da verruma, e as lascas voaram para cima dele. Ele descobriu então que Baugi queria enganá-lo, e ordenou que ele perfurasse a rocha. Baugi voltou a perfurar. Quando Bölverk soprou uma segunda vez, as lascas foram sopradas para dentro.

Bölverk então se transformou em uma serpente e rasteou para dentro do buraco feito pela verruma, mas... Baugi investiu contra ele por trás com a verruma e errou. Bölverk foi então até o lugar onde Gunnlödh estava e se deitou com ela durante três noites; ela então o deixou beber três goles do hidromel.

— Snorri Sturlusson, *Skaldskaparmál* 1, traduzido por Arthur Gilchrist Brodeur (1916)

Figura 15 – Bölverk.

CAPÍTULO OITO

Causador de Desgraças

- Interlúdio: "A Caçada de Wodan" -

Por mais que preferíssemos encarar Odin como o governante, o amante, o mestre da magia e da sabedoria ou o patrono dos heróis, ele também pode ser um deus para quem os fins justificam os meios.

Entre os "Nomes de trapaça", Price inclui *Bölverk* (Trabalho da Desgraça), *Ginnarr* (Trapaceiro), *Skollvald* (Governante da Traição), e *Svipall* (o Mutável ou Modificador), aos quais podemos acrescentar os modernos "Manipulador" e "Odin, seu canalha." Neste contexto, também incluo alguns dos nomes de Frenesi e Raiva, como *Ygg* (o Terrível), *Gapthrosnir* (Aquele em Espantoso Frenesi), *Vidhur* (Matador) e *Báleyg* (Olho Ardente). O Sr. Wednesday, com toda sua intricada representação, talvez também se encaixe nessa categoria. Ainda estou tentando decidir. Em uma discussão no *blog on-line* Quora, Edward Conway (2015) define Odin como um deus de "Morte, transformação e operações clandestinas".

Como vimos, antes de Odin ir até Gunnlödh como amante, ele é Bölverk, que engana os servos e os leva a matar uns aos outros. Nas sagas, ele é frequentemente acusado de traição e logro. É bem verdade que alguns daqueles que se queixam são reis que juraram fidelidade ao deus e agora estão tentando cair fora do acordo, mas a outra identidade de Odin como Ygg, o Terrível, não pode ser negada. Reconhecemos e respeitamos esses aspectos do deus. Se formos sábios, não usaremos esses nomes para invocá-lo, mas seria perigoso e hipócrita da nossa parte não fazer caso deles.

Glapsvidh, o Sedutor

Digo isto abertamente, pois conheço ambos os sexos.
A mente do homem é inconstante com as mulheres.
Quando nossas palavras são mais belas, nossos pensamentos são mais falsos
O que engana o coração das pessoas sensatas.

— *Hávamál* 91

O próprio Odin anuncia isso – ele tem uma má reputação com as mulheres. Ele disse se chamar Bölverk quando destruiu os servos e obteve a ajuda do tio de Gunnlödh na busca do hidromel da poesia, mas é como Glapsvidh, o sedutor, que ele assume a forma de uma serpente para penetrar na montanha. Não é preciso ser freudiano para interpretar as imagens. Revelei minha interpretação do que aconteceu em seguida no poema que precede o Capítulo 6, mas até mesmo a tradição concorda que se tratou de sedução e não de estupro.

Em *Hávamál* 104-10, Odin discute como chegou à caverna onde Gunnlödh guardava os caldeirões e levou embora o hidromel sagrado. Ele se vangloria da sua realização, mas acusa a si mesmo de recompensar a boa vontade da giganta com o mal e deixá-la com o coração pesado, e, o que é ainda pior, de quebrar um juramento para fazer isso.

Sobre um anel de juramento eu sei que Odin jurou,
Como será possível confiar na sua promessa?
Suttung ele roubou e levou a bebida com que brindava [o hidromel].
E tristeza para Gunnlödh.

— *Hávamál* 110

As interações de Odin com as gigantas parecem ter ocorrido mais ou menos em igualdade de condições, mas seu relacionamento com Rinda, que foi uma deusa ou uma princesa humana, dependendo de você estar lendo Sturlusson ou Saxo, está entre os piores exemplos dos meios serem justificados pelo fim. Seu propósito era gerar o filho Váli, que estava destinado a vingar Baldr. De acordo com o escaldo Kormák Ögmundarson, *"seidh Yggr til Rind"* – "Ygg fez *seidh* em Rind" (*Skaldskaparmál* 2).

O livro três do *Gesta Danorum* de Saxo Grammaticus apresenta a história completa. Depois da morte de Balderus, Othinus (Odin) vai para a Rutênia, onde adota vários disfarces para cortejar a princesa Rinda. Ela o rejeita em todos eles, mas quando Odin entalha runas em um pedaço de casca de árvore e a toca com ela, Rinda enlouquece. Isso seria um encantamento rúnico, mas o ato pelo qual ele assume a forma de uma agente de cura chamada Wechsa seria definitivamente classificado como *seidh*. Nessa forma, ele diz ao rei que sua filha só pode ser curada por um medicamento cujo efeito é tão violento que ela precisa ser amarrada. Uma vez que Rind é imobilizada, ele a estupra.

De acordo com o *Baldrsdraumar*, esta é a única maneira pela qual Baldr pode ser vingado. Quando o menino gerado, Váli, tem apenas um dia de idade, ele cumpre a profecia feita pela Völva e assassina Höd, que foi quem, na prática, matou Baldr.

O Instigador de Conflitos

Odin também pode ser acusado de maltratar homens. Em *Lokasenna* 22, Loki acusa Odin de conceder a vitória aos fracos em vez de recompensar os melhores guerreiros. Na realidade, se examinarmos as histórias contadas a respeito de Odin e Loki na tradição, constataremos que as travessuras de Loki geralmente resultam em benefícios para os deuses. São as histórias de Odin que contêm logros e traições.

O herói Starkad é outro cuja história é conhecida tanto por meio das sagas quanto do *Gesta Danorum*. Na *Saga do Rei Gautrek* 7, ele é o campeão de Vikar, Rei de Agder na Noruega, a quem serve desde menino. Quando eles estão a caminho para atacar outro reino, os ventos se voltam contra eles e eles precisam ancorar perto de algumas ilhas. A adivinhação indica que, para conseguir vento, eles precisam sacrificar um homem a Odin. Infelizmente, quando tiram a sorte, a escolha cai no rei. Ninguém gosta da ideia, de modo que decidem esperar até o dia seguinte para decidir o que fazer.

À noite, Starkad é despertado pelo seu pai adotivo, Hrosshársgrani ("Bigode de pelo de cavalo", fornecido em outro lugar como um nome de Odin), e o acompanha até uma clareira onde 11 homens estão sentados. Eles saúdam Hrosshársgrani como Odin e declaram que estão reunidos para decidir a sorte de Starkad. Como a avó de Starkad preferiu um gigante (que também se chamava Starkad) a Thor, o deus (ou o homem possuído por Thor), declara que Starkad não terá descendentes. Hrosshársgrani/Odin retruca que ele terá o tempo de vida de três homens. Thor então rebate dizendo que Starkad cometerá um ato nocivo em cada uma delas. Os dois deuses continuam a trocar dádivas e maldições, e quando tudo é concluído, Starkad descobre que seu primeiro ato nocivo é enviar o rei para Odin como a sorte determinou. Hrosshársgrani/Odin lhe entrega uma lança que parece ser um junco e o manda de volta para a cama.

Pela manhã, os homens do rei decidem fazer um sacrifício simulado, e Starkad lhes diz que procurem uma árvore com um galho fino e consigam um pedaço de tripa de bezerro flexível.

"O cadafalso está pronto, meu senhor", disse ele para o rei Vikar, "e não parece muito perigoso. Venha até aqui e colocarei um nó corrediço em volta do seu pescoço."

"Se essa engenhoca não for mais perigosa do que parece", disse o rei, "ela não poderá me causar grande mal. Mas se as coisas saírem de outra maneira, está nas mãos do destino."

Depois disso, ele subiu no toco. Starkad colocou o nó em volta do pescoço dele e desceu. Em seguida, ele golpeou o rei com a haste do junco. "Eu agora o entrego a Odin", declarou.

Nesse momento, Starkad soltou o galho. A haste do junco se transformou em uma lança que perfurou o rei, o toco da árvore deslizou de sob os pés dele, as tripas de bezerro se transformaram em um forte ramo de vime, o galho subiu de repente com o rei para a folhagem, e ali ele morreu. Desde então, esse lugar é conhecido como Vikarsholmar. (Pálsson e Edwards, 1985)

190 | *O Mundo de Odin*

Não surpreende muito que isso torne Starkad um "homem muito odiado" na Noruega. O poema que ele escreveu no exílio expressa sua dor

Contra minha vontade	entreguei aos deuses
Meu verdadeiro senhor Vikar	no alto na árvore:
Nunca senti tanto essas pontadas	de dor
Como quando minha espada	penetrou em seu lado.

Mesmo com a maior boa vontade do mundo, acho difícil interpretar a morte de Vikar e a dor de Starkad como qualquer outra coisa senão um dano colateral de uma competição entre dois deuses, a não ser que a intenção do que aconteceu tenha sido uma mensagem de cautela contra a tentativa de passar a perna no destino. O Rei Vikar é retratado como um governante modelar, de modo que talvez seja essa a maneira de Odin convidá-lo para o Valhalla.

Se Lothbrok da série *Vikings!* da televisão é um herói odínico, é provavelmente o deus no seu aspecto de Bölverk que está escrevendo seu roteiro. A série concatena a história dos vikings do final do século VIII até o século X, ligando figuras separadas no tempo e no espaço em uma única trama. Ragnar, incapaz de conseguir homens para ajudá-lo a punir o Rei Ecbert por matar os colonos que os vikings tinham deixado na Inglaterra, busca lá sua própria morte, sabendo que seus filhos fatalmente o vingarão. O "Grande Exército" que, de acordo com a *Anglo-Saxon Chronicle*, foi comandado pelos filhos de Ragnar, conquistou grande parte do Nordeste da Inglaterra. Ele acabou sendo derrotado por Afred, o Grande (que na série da televisão ainda é uma criança). Os termos de paz estabeleceram a Lei Dinamarquesa sob o controle viking.

No Capítulo 7, Odin foi elogiado como aquele que concede a vitória, mas o que acontece se ele se volta contra você? Na *Saga of Hrolf Kraki and His Champions* 46, o Rei Hrolf e seus guerreiros escolhidos estão cavalgando pela zona rural. Eles param na propriedade rural de um homem que chama a si mesmo de Agricultor Hrani ("Fanfarrão"), que oferece ao rei uma espada, uma cota de malha e um escudo. Quando o rei os chama de "monstruosos" e se recusa a aceitá-los, o agricultor, ofendido, responde: "Não estás sendo tão esperto nesta questão, Rei Hrofl, como provavelmente pensas que está, e nunca és tão sábio quanto imaginas".

Depois disso, o rei decide que é melhor ir embora. Quando estão cavalgando pela estrada, Bodhvar Bjarki, o maior dos seus heróis, comenta o seguinte:

"A sensibilidade chega tarde para os tolos, de modo que ela vem a mim agora. Temo que não tenhamos sido incrivelmente sábios, porque recusamos o que deveríamos ter aceito, e é bem provável que tenhamos rejeitado a vitória."

O Rei Hrolf diz: "Desconfio da mesma coisa, porque aquele homem deve ter sido Odin, e ele certamente era caolho".

"Vamos voltar o mais rápido possível", diz Svipdag, "e ver." Eles retornam, mas àquela altura tanto a propriedade quanto o agricultor tinham desaparecido.

Bodhhar observa que talvez eles devam evitar lutar no futuro porque é pouco provável que as coisas corram bem para eles, no que ele está bastante correto. A trama se complica, e logo o Rei Hrolf e seus campeões se envolvem no que será sua última batalha. Uma vez mais, Bodhvar comenta:

"Aqui há muitos homens reunidos contra nós, nobres e plebeus, que pressionam de todos os lados, de modo que os escudos mal podem detê-los, mas ainda não consigo ver Odin. Tenho uma forte desconfiança de que ele estará espreitando em algum lugar por aqui, demônio sujo e traiçoeiro que é, e se qualquer pessoa pudesse me mostrar onde ele está, eu o espremeria como qualquer outro pequeno rato miserável e desprezível, e me divertirei de uma maneira nada reverente com essa detestável e peçonhenta criatura, se eu conseguir pegá-la, e quem não teria ódio no coração, se visse seu senhor feudal tratado como vemos o nosso agora?"

Hjalti disse: "Não é fácil mudar o destino, e tampouco resistir à natureza". E com isso a conversa deles acabou. (*Saga of Hrolf Kraki and His Champions* 51)

192 | *O Mundo de Odin*

Como deixam claro os poemas como o *Eiriksmál* e o *Hákonarmál*, Odin coleta heróis para o Valhalla, porque "o lobo está sempre de boca aberta nos portões dos deuses", e se o prazer dos vikings na guerra não proporcionar uma carnificina suficiente, Odin, no papel de Ofnir, é bem capaz de instigar mais.

O *Sörla attr*, uma narrativa do *Flateyjarbók* medieval, apresenta uma história que contém um leve evemerismo no qual a deusa Freyja é concubina de Odin. Ela conseguiu o esplêndido colar (Brisingamen) dormindo com os quatro anões que o criaram. Odin ordena a Loki que o roube dela e o traga para ele. Em uma versão da história mencionada no *Skaldskaparmál*, os deuses Heimdall e Loki lutam na forma de focas. Heimdall vence e devolve o colar para Freyja.

Na versão da história narrada no *Sörla attr*, para recuperar o colar, Freyja precisa usar sua magia para fazer que dois reis e seus exércitos travem uma batalha interminável. Ela consegue isso quando o Rei Hedin rapta Hild, a filha do Rei Högni. Durante 143 anos, eles travam todos os dias uma batalha de vida ou morte e se levantam ao amanhecer para repeti-la, até a chegada de um servo cristão do Rei Olaf Trygvasson. Sua bênção é aparentemente suficiente para fazer que os combatentes desistam da luta.

Essa eterna batalha reflete os combates diários dos *einherior* no Valhalla. Ela pode representar uma memória difusa do modo como Odin e Freyja repartem entre si os mortos em batalha, ou pode ser apenas outro plano para reunir guerreiros para lutar em Ragnarök.

Baldr

Há mais um ato que talvez possa ser considerado uma traição, que é a morte de Baldr. Quando Baldr começa a ter pesadelos, Odin cavalga até Hel para consultar a Völva que está enterrada no portão oriental. Ela não apenas conta quem vai matar Baldr mas, como vimos anteriormente, informa a Odin quem irá vingá-lo. Na descrição do funeral de Baldr, Sturlusson diz que a morte de Baldr, foi a mais difícil para Odin, porque ele estava ciente da falta que ele faria (*Gylfaginning* 49). Mas, apesar da predição de Völva, Odin nada faz para impedir a tragédia.

Talvez a coisa mais interessante a respeito do fim de Baldr seja a pergunta com a qual Odin, disfarçado, vence as competições de enigmas com o gigante Vafthruthnir: "O que Odin disse no ouvido do filho antes de montar a pira?" (*Vafthruthnismál* 54).

Essa é a grande pergunta não respondida na antiga tradição nórdica, que não impediu que os heathenianos modernos especulassem. Uma das especulações mais populares começa com o fato que, embora Baldr esteja morto para o mundo que conhecemos, na reinicialização global que acontece depois de Ragnarök, tanto ele quanto seu assassino voltaram para reinar. Somente em Hel ele pode ser preservado até que essa época chegue. Este é o conhecimento que mantém Odin em silêncio, a dor que ele suporta para sempre.

Pensei em colocar a discussão de "wod" neste capítulo, mas parece-me que não é nas suas disposições de frenesi que Odin é mais terrível, e, sim, nos momentos em que ele é mais impassível, subordinando todos seus outros aspectos às exigências da necessidade predominante.

Ygg no mundo moderno

Gosto de pensar que quando os antigos deuses foram proibidos e os templos demolidos, Odin foi para o mundo subterrâneo, emergindo de tempos em tempos para inspirar a efervescência da invenção que conduziu ao método científico e ao mundo moderno. No século XIX, o Pai da Vitória e o Viajante apareceram nas óperas de Wagner. Em 1936, Jung descobriu o retorno de Ygg no seu perturbador ensaio "Wotan".

Jung caracteriza Wotan como "um viajante inquieto que cria agitação e instiga a discórdia, ora aqui, ora ali, e faz magia... Ele é o deus da tempestade e do frenesi, o desencadeador das paixões e da avidez da batalha; além disso, ele é um mago e ilusionista insuperável, versado em todos os segredos de natureza oculta".

E ele é, no ponto de vista de Jung, a expressão do *furor teutonicus*. "Ao que parece, ele realmente só dormia na montanha Kyffhauser, até que os corvos o chamavam e anunciavam o raiar do dia. Ele é um atributo fundamental da psique alemã, um fator psíquico irracional que atua sobre a elevada pressão da Civilização como um ciclone e a dissipa" (Jung, 1936).

Dando continuidade à análise de Jung: "Todo o controle humano chega ao fim quando a pessoa é apanhada em um movimento de massa.

Então, os arquétipos começam a funcionar, como acontece, também, na vida das pessoas quando elas se veem diante de situações com as quais não podem lidar de nenhuma das maneiras com que estão acostumadas. Mas o que um tal de Führer faz com um movimento de massa pode ser claramente visto se voltarmos os olhos para o Norte ou Sul do nosso país [Suíça]". Para Jung, que escreveu esse texto em 1936, tratava-se um fenômeno especificamente alemão. Em 2016, vimos que um estado de fúria focado em um líder carismático também pode possuir um grande número de pessoas nos Estados Unidos.

Chamar O Terrível de arquétipo não significa que ele não seja real ou talvez, às vezes, até mesmo necessário. Mas outros aspectos de Odin precisam ser evocados para equilibrar seu poder.

As prisões são outro ambiente no qual o Causador de Desgraças pode aparecer. Odin é um dos deuses mais populares entre os heathenianos encarcerados. A arte prisional o apresenta fortemente musculoso e impressionantemente armado. Tendo em vista o grau em que nossas percepções podem ser moldadas pelo nosso ambiente, considero esclarecedor o seguinte comentário de Rory Bowman:

Minhas experiências mais intensas e diretas com um espírito desse tipo foram decididamente desagradáveis. A mais forte ocorreu na única vez em que estive na prisão. Fiquei preso por pouco mais de 100 horas, e depois de 72 horas comecei a sonhar com um espírito forte que parecia se apresentar como Odin. Ele tinha um temperamento difícil e era hostil a Jeová e tanto aos cristãos quanto aos judeus. Eu não queria ter nada a ver com ele, mas fiquei muito surpreso por ter uma experiência tão intensa, especialmente naquele ambiente.

Depois disso, fiz algum trabalho voluntário com detentos em prisões estaduais e senti "dentro de mim" uma força semelhante, porém não tão intensa ou nítida. Com base nessas experiências, tenho a sensação de que existe alguma coisa dentro das prisões que se identifica como Odin, e que não é benigna, age principalmente em causa própria e está muito interessada em recrutar. Desconfio de que pode ser com essa força que muitos "odinistas" racistas estão se conectando, e não quero ter nada a ver com ela. Prefiro que o que quer que se tenha apresentado como Odin naqueles contextos fique longe de mim, e pretendo manter uma distância consciente e respeitosa dele. O que minha experiência direta me leva a considerar uma experiência visceral da "força de Odin" não é nada com que eu queira me envolver, porque acho que essa força está procurando joguetes e armas em vez de companheiros e aliados.

Durante muitos anos, os heathenianos que faziam trabalho prisional eram, em sua maioria, aqueles que encaravam o heathenismo como uma religião norte-europeia que poderia servir como foco para uma identidade "branca", que às vezes era necessária em instituições nas quais os prisioneiros são controlados por meio do incentivo a que se dividem com base na identidade étnica. Pela mesma razão, os heathenianos mais inclusivos evitavam o ministério prisional. Mais recentemente, a compreensão de que algumas dessas pessoas poderão querer interagir com outros heathenianos quando saírem da prisão inspirou um número crescente de heathenianos a trabalhar com elas.

Quando transformei minha correspondência com um prisioneiro em um livro (*Working Within),* discuti como um detento pode praticar o heathenismo sozinho, de maneira individual. As novas leis que protegem os direitos religiosos dos detentos possibilitaram o desenvolvimento de *kindreds* na prisão, e há muitos anos venho conduzindo cultos em uma instituição federal duas vezes por ano. Trata-se de um ambiente que atribui um valor elevado à força e ao poder de Odin. Sua fúria, embora atrativa, é um perigo.

Por mais cativante que Odin possa ser, ele não é para todo mundo. Ao descrever sua busca por uma divindade protetora, Olin Hemingway escreveu o seguinte:

> É claro que eu queria que ela fosse Odin. Ele tem as melhores frases, os melhores brinquedos, o melhor assento e a melhor mansão no melhor mundo... É inegável que está envolvido aí um fator de agradabilidade e encanto, desde o cavalo de oito patas até a lança mágica e a inefável sabedoria que acompanha a órbita vazia debaixo daquele chapéu de aba larga.

Para abreviar a história, foi Freyja quem entrou em contato e se evidenciou para mim, e tenho estado com ela desde então, de modo que é a partir dessa perspectiva que minha opinião sobre Odin se deslocou das histórias para a escritura, por assim dizer. Nele, vejo narrativa após narrativa de mau comportamento, com a mesma consequência que as de Jeová tinham sobre seu povo. Eu o vejo iniciando guerras, desdenhando sua palavra, sendo grosseiro com seus filhos, competindo com sua mulher e levando minha senhora da sua própria casa como refém (algo que nenhum outro ser nos nove mundos poderia fazer). Eu o vejo aprendendo a arte de *seidh*, e obrigando-a (novamente) a causar uma guerra interminável. Na realidade, geralmente, identifico os Æsir como um grupo ligado à morte, ao desmembramento e a outras coisas indesejáveis, assim como considero os Vanir como membros de uma casa de beleza, plenitude e vida.

Acredito que ele dê bons conselhos, mas não confiaria minha irmã a ele... Tampouco ficaria chocado se descobrisse que Odin foi, na realidade, um antigo líder militar, talvez até mesmo um devoto da Senhora, cuja lenda suplantou seus rivais até que eles parecessem ou se tornassem iguais; mas, no final, sinto como se ela tivesse me dado carta branca, de modo que, de qualquer jeito, isso não importa tanto para mim. Quer ele tenha sido um xamã que se enforcou em uma árvore, ou um deus no universo, parece feito de sussurros nas línguas dos viajantes, e ainda está em aberto um convite para uma visita.

Até mesmo aqueles que são atraídos para Odin podem se ver em perigo. Aqueles que trabalharam com ele durante algum tempo podem ser chamados para aconselhar outros que estão se debatendo com o impacto daquele vento poderoso sobre suas mentes. Eis mais alguns comentários de Lorrie Wood:

Se você está procurando a resposta para "Que Odin é o manipulador?", a resposta é sim. TODOS eles são. Manipulador é apropriado, ou até mesmo testemunhado diretamente? Por mim, sim.

Às vezes você quebra um ovo e faz uma bagunça. Às vezes, faz um omelete. Rachar a cabeça – por menor que tenha sido o dano necessário para abrir a consciência para uma visão de mundo fora daquela que você recebeu – é assim: quando você bate em uma porta para abri-la, às vezes acha que está batendo de leve quando, na realidade, está usando um aríete. Idiotas como eu tentam limpar a bagunça e fazer um suflê, o que depois de algumas vezes é acompanhado pelo entendimento (duramente conquistado) de que ESTE não vai dar certo – ou a bagunça não é minha e não sou eu que tenho que limpá-la, ou, na verdade, não sei que diabos fazer com ovos de pato se minha especialidade são ovos de corvo etc.

... é um hobby. > . <

Não obstante, conheço algumas pessoas que não gostaram nem um pouco do contato dele, e que, apesar de precisar de ajuda profissional, percorreram listas inteiras de sacerdotes de todos os credos e não encontraram um bom conselho, ou nenhum conselho que pudessem colocar em prática. Também aprendi quando dizer: "Não, sinto muito, isso está além da minha capacidade como orientadora pastoral ocasional, eis alguns profissionais simpáticos aos pagãos e aos heathenianos, boa sorte". Os limites são incríveis e estão completamente dentro da minha práxis. :P

(Por outro lado, eu também, às vezes, desconsidero meus próprios conselhos.)

No entanto, ocasionalmente, a luta com o deus termina de uma maneira feliz. Em um artigo intitulado "How I found Odin and what he did to me when he caught me" [Como encontrei Odin e o que ele fez quando me pegou], Bari, uma agente de cura e professora muito talentosa, descreve seus contatos predominantemente dolorosos com Odin durante uma prolongada experiência espiritual que, culminou em um ritual oracular na 2006 Pantheacon, um festival pagão realizado anualmente em San Jose, na Califórnia. É importante assinalar que embora Odin a tenha reivindicado, o contrato não foi de exclusividade, e ela continua a trabalhar com outros Poderes.

Eu soube que estava na hora de fazer minha pergunta. A mulher na minha frente tinha pedido para falar com Odin, que prontamente começou a usar o vidente. A mulher que tinha feito a pergunta se afastou e eu avancei. Antes que eu dissesse qualquer coisa, o vidente disse em uma voz retumbante. "Olá!" com um olhar malicioso (obviamente ainda canalizando, obviamente tendo me reconhecido). Comecei a tremer e percebi que estava muito assustada. Eu me aproximei e disse: "Estou com medo de estar aqui, mas estou bastante certa de que Odin entrou em contato comigo durante o Blót na sexta-feira e disse que tinha uma mensagem para mim. Estou aqui para receber esta mensagem".

Ele riu, apontou para mim e disse: "A propósito, você é minha".

Todo o meu corpo começou a tremer muito e senti como se alguma coisa tivesse rachado e se aberto, e comecei a chorar.

"Uau."

"Estou fugindo de você há muito tempo."

Em voz alta, escutei: "Acho que as coisas ficariam mais fáceis para você se parasse de fugir". E no meu coração, também ouvi: "Pare de chorar, você sabia que isso ia acontecer".

Eu lhe disse que ele me magoara e que eu precisava que ele fosse mais delicado comigo. Ele me disse que eu teria que avisá-lo quando ele estivesse sendo muito rude. Agradeci e me afastei.

Quando me afastei, várias pessoas se agruparam à minha volta para me acalmar. E decididamente gostei de ouvir que eu não tinha que fazer nada que eu não quisesse, que não tinha que ser um coelho assustado, que até mesmo nós, pequenos animais peludos, temos dentes e garras. Várias mulheres vieram me dizer que também eram dele, e me acolher na família. Fiquei tão aturdida que não sabia realmente o que fazer: eu estava furiosa e me sentindo manipulada, mas também me senti incrivelmente respeitada e amada; fiquei grata pela comunidade ter magicamente aparecido, mas me senti aprisionada, pouco à vontade e muito exposta. Eu sabia que ele tinha passado a perna em mim – eu me recusara a falar com ele durante tanto tempo que a única maneira de ele conseguir que eu me sentasse por tempo suficiente para ter essa conversa seria fazê-lo em lugar muito público, em uma sala cheia de pessoas, onde eu não poderia negar o que tinha acontecido.

Odin é um salvador ou um trapaceiro?

Sim.

Suas ações são sempre justificadas?

Recusar-se a agir também tem consequências.

Os fins justificam os meios?

O Primeiro Ministro Churchill pensou assim quando decidiu não avisar o povo de Coventry sobre a incursão aérea alemã, porque se ele fizesse isso teria revelado que os britânicos tinham decifrado o código alemão. O Presidente Truman pensou assim quando autorizou o uso da bomba atômica. Eles não tomaram levianamente essas decisões. Quando Odin é Bölverk ou Ygg, o sofrimento que ele causa também o atormenta.

Prática

Não tenho exercícios para a conexão com esse aspecto de Odin a não ser, talvez, a recomendação de encontrar um bom livro sobre história e contemplar os efeitos de longo prazo das intervenções drásticas. Para aqueles envolvidos nisso, a destruição é terrível, mas, com o tempo, surge uma coisa nova que, mesmo que não seja melhor, pelo menos permite a evolução de costumes novos e diferentes.

O problema de tentar trabalhar com Bölverk é que ele é traiçoeiro. O ardil que derruba nosso inimigo tem a mesma probabilidade de nos levar com ele. Os políticos que preconizam a "Mudança!" sem calcular o custo me aterrorizam.

Odin concede a vitória para satisfazer *seus* propósitos, não os nossos. Às vezes, a derrota de hoje prepara o terreno para um bem maior amanhã, mas isso não altera o sofrimento daqueles que estão no caminho.Não podemos ver todas as conclusões. Não estou certa de que o próprio Odin possa enxergar todas as conclusões. Ele é um oportunista, que fará o máximo para que tanto o bem quanto o mal atuem a serviço da evolução.

Já estive em situações nas quais me vi altamente tentada a invocar Bölverk. Acabei não fazendo isso, porque não tive coragem de confiar no resultado, sabendo que a solução dele também poderia destruir a mim e pessoas ligadas a mim. Na realidade, creio que se você quiser pregar uma peça em um inimigo, seria mais seguro invocar Loki.

Meditação da Sétima Noite: Bölverk

Monte seu altar como de costume e acenda uma vela marrom. Não invoco Odin com seus nomes sinistros. Em vez disso, ofereço a seguinte prece:

Salve Odin, deus de muitos nomes.
Eis o que peço:
Vira para o outro lado tua face de Terror.
Das minhas ações infaustas traz bênçãos.
Muda minhas escolhas quando elas derem errado.
Revela a verdade quando as palavras me traírem
E um bem mais profundo debaixo do logro.
Que o conflito provocado desperte minha ambição
De me esforçar, competir e não ceder.

A Caçada de Wodan

(Ao som de "St. Stephen"; para a música, consulte o Apêndice 2)

Wodan é um deus sagrado,
e forte com o poder de Áses.
Canta-se como ele curou o cavalo de Baldr
na presença dos grandes deuses.
No entanto, o mais veloz de todos, seu próprio corcel,
O Velho Sleipnir, cinza mesclado,
Quando os ventos do inverno começam a uivar,
Ele cavalga até o raiar do dia.
Ó mortal, podes muito bem temer
Quando a Hoste cavalgar pelo céu,
E te agachares ao lado do fogo
Quando a Caçada de Wodan passar por ti.

A cerveja é agora derramada, brasas resplandecem
E o clã se senta perto da lareira.
A tora de Yule arde luminosa,
De comida não temos privação.
Fazemos oferendas à Hoste,
Penduradas no velho teixo escuro,
As maçãs vermelhas e o pão trançado,
E chifres de cerveja espumante.
Ó mortal, podes muito bem temer
Quando a Hoste cavalgar pelo céu,
E te agachares ao lado do fogo
Quando a Caçada de Wodan passar por ti.

A noite de inverno está erma com a neve
Que grita nos telhados.
Ouvimos as trompas lamentosas dos cavaleiros,
Ouvimos seus cascos apavorantes.

Os *trolls*[19] se encolerizam e correm furiosos,
De buraco em buraco eles gritam,
E elfos avançam do topo dos montes,
Debaixo dos seus pálidos chapéus.
Ó mortal, podes muito bem temer
Quando a Hoste cavalgar pelo céu,
E te agachares ao lado do fogo
Quando a Caçada de Wodan passar por ti.

Os fantasmas despertam para montar seus corcéis,
Os mortos em batalha despertam do sono agitado.
Todos se reúnem na caravana de Wodan
Para viajar de castelo em castelo.
E sabemos que alguns cavalgarão esta noite,
Quando suas camas estiverem vazias,
As portas do estábulo estarão entreabertas,
Os cavalos carregam os mortos.
Ó mortal, podes muito bem temer
Quando a Hoste cavalgar pelo céu,
E te agachares ao lado do fogo
Quando a Caçada de Wodan passar por ti.

— Kveldúlfr Hagen Gundarsson

---

19 Criaturas das lendas escandinavas que vivem em cavernas. (N. do T.)

Figura16 – Odin cavalga com a Caçada.

CAPÍTULO NOVE

O Deus dos Mortos

- Interlúdio: No Poço de Mimir -

O gado morre, os companheiros morrem,
Tu mesmo irás morrer.
Mas a fama merecida nunca morre
Para aquele que a conquista.

— *Hávamál 76*

Se há uma citação que a maioria dos heathenianos conhece é a reproduzida acima. Essas palavras do Superior são consideradas uma invocação da coragem, mas elas também têm implicações para a maneira como pensamos a respeito da morte e de Odin como um deus que se preocupa tanto com os mortos quanto com os vivos. Stephan Grundy interpreta o manto azul-escuro de Odin como o *livor mortis* da poça de sangue que colore as costas e os ombros de um cadáver que está há algum tempo deitado no chão.

Acontece que comecei a trabalhar neste capítulo no dia de Hallowe'en, uma ocasião apropriada para considerar Odin no seu aspecto de deus da morte, caolho e assustador. Vários dos seus nomes confirmam sua pretensão a esse papel. Price relaciona dez "Nomes de Cadafalso" para Odin. Como *Hangatyr* ou *Váfudhr* (O Que Pendura), ele é o deus dos enforcados que sabe como fazê-los falar, quer eles tenham sido enforcados por um crime ou como uma oferenda. Doze nomes o mostram como Senhor dos Mortos. Como *Draugadrótin*, ele é governante dos *Draugar*, um tipo particularmente sórdido de zumbi nórdico. Como *Hléfödhr* (Pai dos Montes), ele protege aqueles cujo corpo ou cinzas estão enterrados na terra; e como *Valfadhr*, ele é o Pai dos Mortos em Batalha, que chefia seus guerreiros escolhidos no Valhalla. Como vimos na canção que introduz este capítulo, nas noites tempestuosas de tempestade, Odin lidera a Caçada Selvagem que traz tanto a morte quanto bênçãos.

Qual é a dominância desses aspectos da natureza de Odin? Os mundos entre os quais Odin caminha incluem o dos vivos e o dos mortos. Em *The Cult of Ódhinn, God of Death,* Grundy (2014) argumenta que a função original e principal de Odin era a de um deus da morte, e mostra como outros aspectos de Odin podem ter se desenvolvido a partir desse papel. Recomendo muito esse livro, que explora aspectos da natureza de Odin frequentemente desconsiderados em outros lugares. Seu estilo é acadêmico, mas agora que uma parte tão grande da literatura do nórdico antigo está disponível de maneira *on-line*, você pode procurar a tradução das citações.

Lobos e corvos

Para a primeira pista do papel de Odin como um deus da morte, vamos considerar seus companheiros do reino animal. Os lobos de Odin se chamam *Geri* e *Freki,* "Fome" e "Ganância". Hoje em dia, a maioria de nós enxerga os lobos e os corvos sob uma luz positiva. Os lobos são feras astutas com uma admirável organização social que podem muito bem ter mostrado aos seres humanos primitivos como atuar juntos para caçar.

Os corvos são conhecidos pela sua engenhosidade em resolver problemas, mas Huginn e Muninn geralmente estão se lembrando e pensando onde podem encontrar coisas para comer. Na natureza, os corvos geralmente fazem um enorme alarido sobre o corpo de um animal morto a fim de atrair os lobos, que podem dilacerar o corpo para que os corvos possam chegar às partes moles. Ambas as criaturas são saprófagos oportunistas e altamente eficazes; antigamente, os cadáveres humanos estavam entre seus alimentos prediletos.

Quando Odin se posta debaixo do cadafalso para falar com o enforcado, um corvo está provavelmente pousado em cima dele, aguardando, como eles fazem na canção "The Twa Corbies", para arrancar um "formoso olho azul". Quando homens eram sacrificados a Odin, eles eram enforcados e também lanceados, e os corvos sempre se aproximavam.

Odin é *Hrafnagudh* (Deus Corvo), *Hildolf* (Lobo da Batalha) e *Kjallar,* aquele que nutre os comedores de carniça. O verdadeiro salão de banquetes tanto para os lobos quanto para os corvos é o campo de batalha, como neste poema do falecido Paul Edwin Zimmer (1979):

Os Mortos jazem em silêncio sobre o solo frio
E o chamado dos Corvos é todo o som que se ouve.
Quando os Heróis tombam, os pássaros *sempre sabem* –
E a fome dos Corvos mostrará sua Honra.

O Pássaro Negro de Odin, que abençoa os mortos em batalha,
Ascenderá saciado do campo onde jaziam os Heróis;
Onde a valquíria carrega as almas dos homens no seu célere corcel,
Os Corvos lhes agradecerão, enquanto descem voando – para
se alimentar.

Hangatyr: Deus dos Enforcados

Conheço um décimo segundo: se vejo em uma árvore
Um corpo enforcado balançar,
Corto e dou cor a certas runas
Para que o homem caminhe
E fale comigo.

— *Hávamál* 157

A capacidade de reanimar os mortos e falar com eles é uma magia poderosa, e de todos os mortos, aqueles que morreram na forca são os mais próximos do Deus dos Enforcados. Há duas razões para isso. Primeiro, como vimos, o próprio Odin foi enforcado na Árvore do Mundo, e também lanceado. Sabemos a partir da história de Starkad, e de outras referências nas sagas, que esse era o modo tradicional de sacrifício a Odin, de maneira que, quando o deus proclama que ele foi sacrificado a si mesmo, está falando literalmente.

Uma segunda razão poderia ser que o aperto do nó interrompe a respiração. Foi Odin que originalmente concedeu aos humanos essa dádiva. O que significa ele ainda conseguir fazer um homem falar quando a respiração foi retirada?

E por que, se o sacrifício foi o enforcamento, ele também foi perfurado por uma lança? A própria arma exclusiva de Odin é a lança Gungnir. Em fontes do século I até a Era dos Vikings, existem indícios abundantes de que arremessar uma lança sobre o exército adversário consagrava seus membros a Odin. Não apenas o deus reclamava os mortos em combate, como também quaisquer inimigos sobreviventes poderiam ser enforcados depois como uma oferenda.

Como deus da morte, Odin está extremamente presente no momento da morte, na angústia penetrante do coração convulsivo, no último esforço para respirar. Foi ele ofertou o önd, e onde quer que o alento vá, ele também vai. Os mortos não respiram, mas quando vivenciam outras transformações, eles conhecem o deus de outra maneira.

No Capítulo 5, citei a primeira parte de um poema de Fjolnirsvin na forma de uma conversa com Odin. Este é o restante do poema, em que Odin responde, e as imagens do sacrifício odínico conduzem a uma confrontação com a morte.

II. Odinn

Quando eu me manifestar plenamente, trarei tua morte,
que aguardas
como a noiva aguarda o noivo,
os gravetos desejam o fogo,
a bebida brada pela fermentação.
não pelo que vem depois
(embora muito venha depois),
mas pelo momento de transição em si, no qual eu sou soberano.

Criador de fronteiras, transgressor de limites,
trisckster, eu
conduzo todas as tuas oportunidades
rumo àquele rápido terror
aquele êxtase
quando o nó se aperta na trave

quando o junco se torna lança,
o ferro parte a costela
e a ponta atravessa a carne na perpendicular.

III. Eu

Não me deixa (Ó, me deixa!) rezar demais.
"Um presente chama outro presente."
É melhor permanecer ignorado
ou arriscar a destruição pelo que é dado em troca?

Valhalla

Nos capítulos anteriores, encontramos Odin como deus da guerra e do frenesi da batalha e como Instigador de Conflitos. Mas *por que* ele é tão sanguinário? O papel no qual ele é com mais frequência conectado aos mortos é como *Valfadhr,* Senhor do *Valhalla,* a mansão dos mortos em batalha, onde os *einherior,* "os únicos", ou talvez "os melhores" guerreiros, festejam a noite inteira e lutam o dia inteiro. Um eufemismo para a morte em combate é "visitar Odin" ou "ser hóspede de Odin".

A crença popular diz que a ambição de todos os escandinavos era se juntar a ele lá; no entanto, os conceitos de existência póstuma na Era dos Vikings incluíam uma série de opções, entre elas unir-se aos ancestrais em Hel, reencarnar na linhagem familiar ou se tornar um dos espíritos da terra. Como destino na vida após a morte, a entrada no Valhalla é "apenas por convite", um clube muito exclusivo no qual Odin só aceita os mais heroicos dos mortos em batalha.

Às vezes, Odin entrega pessoalmente o convite, como em *Volsungasaga* 11-2:

A batalha vinha sendo travada havia algum tempo quando um homem entrou na luta. Ele tinha um chapéu de aba larga caído sobre o rosto e vestia um manto preto com capuz. Era caolho e segurava uma lança na mão. Esse homem avançou contra o Rei Sigmund, levantando a lança diante dele. Quando Sigmund golpeou fortemente com a espada, esta se partiu em contato com a lança. A maré da batalha mudou, a sorte do Rei Sigmund desapareceu, e muitos dos seus homens tombaram. O rei não procurou se proteger, e exortou ardorosamente seus homens a continuar a luta.

Quando a noite cai, a esposa de Sigmund faz uma busca no campo de batalha e o encontra agonizante com muitos ferimentos, mas ele se recusa a permitir que ela cuide dele, porque Odin havia quebrado a espada que o próprio deus certa vez lhe dera. "Odin não quer que eu empunhe a espada porque ela agora está partida. Travei batalhas enquanto isso o agradou... Mas meus ferimentos me deixam cansados, e visitarei agora nossos companheiros que já partiram." Embora a saga não mencione especificamente o Valhalla, Sigmund é da linhagem de Odin, e podemos pressupor que eles todos eles acabaram lá.

Com mais frequência, são as valquírias que entregam os convites. Se há uma imagem familiar na ópera, essa imagem é a da valquíria, geralmente representada por uma soprano com seios grandes, vestindo um peitoral e um elmo alado, emitindo sílabas que, como ressalta Anna Russell na sua discussão de *O Ciclo do Anel*, são intraduzíveis porque não significam nada. Quando examinamos a tradição, as valquírias se tornam mais assustadoras e interessantes.

Odin designa 13 valquírias no *Grimnismál*. Sturlusson acrescenta algumas outras. Na tradução de Orchard (2011), os nomes têm significados como "Aquela que Empunha a Espada", "Aquela que Brande a Espada", "Guerra", "Força", "Encantamentos de Guerra", "Aquela que Agita a Lança" e "Trégua do Escudo". Acatando a vontade de Odin, são elas que escolhem quem morrerá em batalha. Também podem desempenhar um papel na batalha. Na *Germania*, de Tácito, ouvimos falar em uma mulher que observava as batalhas, gritando para aterrorizar o inimigo. Nos poemas de Helgi, as mulheres humanas com o título de valquíria lançavam seus espectros por sobre a batalha, fazendo feitiços. Tendo em vista que pelo menos um dos nomes das valquírias faz referência a encantamentos, como praticantes de magia da guerra, elas podem ser extensões dos poderes de Odin.

Nos feitiços anglo-saxões, encontramos as *waelcyrge,* às vezes identificadas com as Fúrias clássicas. No feitiço contra reumatismo, alguns as veem nas "poderosas mulheres" que gritam, que enviam lanças invisíveis para causar a dor (Storms 1949, "With Faerstice"). A outra função das valquírias é servir hidromel e cerveja para os heróis. As figuras de mulheres carregando chifres de bebida que aparecem em pedras rúnicas memoriais podem representar valquírias, embora essa tarefa fosse parte do papel de uma mulher com *status* elevado, que a executava para homenagear os heróis e promover a paz dentro da habitação. Essas pedras também são a origem do *valknut*, o símbolo de três triângulos entrelaçados que foi adaptado como tatuagem por certas pessoas que se dedicam a Odin.

Então, quem entra no grupo VIP de Odin, e por quê? Na história evemerizada dos deuses em *Ynglingasaga* 9, somos informados de que

> Odin morreu na sua cama na Suécia, e quando estava à beira da morte fez que o marcassem com a ponta de uma lança e se dedicou a todos os homens cuja morte foi causada por armas; disse que agora viajaria para os Godheims e lá acolheria seus amigos... Os suecos frequentemente o viam antes do início das grandes batalhas; a alguns, ele concedia a vitória, mas a outros ordenava que viessem até ele; os dois destinos pareciam bons para eles.

Um rei mortal que se acredita ter ido parar no Valhalla é Hákon, o Bom, último filho do Rei Harald Hairfair. Educado na Inglaterra, ele foi criado como cristão, mas, ao contrário de todos os reis nórdicos convertidos, não tentou impor a nova religião aos seus súditos. Por causa disso, o poeta que fez seu panegírico o elogiou como guardião dos templos pagãos. Quando Hákon já tinha reinado durante 26 anos, os filhos do seu irmão mais velho o atacaram. O lado do rei ganhou a batalha, mas Hákon morreu devido aos seus ferimentos.

Sem dúvida o rei esperava ir para o céu, mas o escaldo Eyvind Scaldaspiller (1932) diz que outra coisa aconteceu. Seu poema, o *Hákonarmál*, conta como Odin enviou as valquírias Gondul e Skogul "para escolher entre os reis quais da raça de Yngvi deveriam se dirigir a Odin e ir para Valhall". Quando o rei pergunta por que elas não o ajudaram, as valquírias destacam que embora ele esteja morrendo, seu lado obteve a vitória. Quando Hákon e seus homens se aproximam do Valhalla, Odin envia o herói Hermod e o deus da poesia, Bragi, para lhes dar as boas-vindas, e Bragi assinala que oito dos irmãos de Hákon estão esperando para saudá-lo. O fato de que os filhos de Harald Hairfair tinham sido rivais odiosos quando estavam vivos é irrelevante.

O entusiasmo com que alguns guerreiros aguardavam esse destino é expresso nas 29 estrofes do *Krákumál,* o canto da morte cantado por Ragnar Lothbrok. Esta é uma amostra. Você encontra o canto inteiro nas *Sagas of Ragnar Lothbrok and his Sons,* traduzido para o inglês por Ben Waggoner (2009, p. 76).

Golpeamos com nossas espadas!
Minha alma está feliz, porque sei
que os bancos do pai de Balder
para um banquete estão preparados.
Brindaremos com cerveja
nas árvores vergadas pelos crânios;
nenhum guerreiro lamenta sua morte
na maravilhosa casa de Fjolnir.
Nenhuma palavra de fraqueza
pronunciarei na mansão de Vidrir.

Em *Gylfaginning* 40, Sturlusson nos diz: "A cada dia, depois de terem se vestido, eles colocam os apetrechos de guerra, vão para o pátio, lutam entre si e caem uns sobre os outros. Esse é seu esporte. E quando a hora do jantar se aproxima, cavalgam de volta para o Val-hall e se sentam para beber". A tradição parece considerar lutar e beber ocupações suficientes para um herói. Hoje em dia, muitos heathenianos sentem que os poetas que relatam as façanhas daqueles heróis também estão representados aqui, e tendo em vista os avanços na tecnologia militar, provavelmente também existe a sala do computador.

O Valhalla, a mansão dos mortos em batalha, possui 540 portas, e através de cada uma podem passar 800 guerreiros. Os *einherior* jantam a carne do javali Saehrimnir, que é cozida, ingerida e se reconstitui todos os dias. Para beber, as valquírias servem o hidromel que flui do úbere da cabra Heidhrun, que pasta as folhas no alto da Árvore do Mundo. Tudo soa como um canal de esporte viking, mas o propósito dessa comunidade não é a diversão. No livro *The High King of Montival,* de S. M. Stirling, o jovem Mike Havel faz o seguinte comentário: "Eles saberão que estiveram em uma briga, mas depois teremos costeletas de porco no Restaurante 24 Horas de Odin até Ragnarok" (Stirling, 2014, cap. 2).

O seguinte poema, escrito em homenagem a Paul Edwin Zimmer, que faleceu em 1997, expressa minha interpretação do Valhalla. Paul, esgrimista, poeta e autor de livros de ação heroica, conheceu Odin muito antes de mim e me ajudou a compreender o deus também a partir de uma perspectiva masculina.

> Pai Supremo Odin, Deus que Dá a Cerveja!
> Aquele que Dá a Fúria, Conquistador das Runas, Cavaleiro de
> Yggdrasil!
> Protege agora e conduz à euforia no Valhalla
> O cavaleiro que viaja na Ponte do Arco-Íris.
> Pelo conhecimento das nove noites, em Yggdrasil,
> Tu, Odin, a ruína da morte suportaste:
> Guerreiro da Árvore do Mundo, conquistador da sabedoria,
> Por meio do encantamento e da sombra conduz o ser perdido –
> Leva para casa, para o banquete, o mais rápido viajante,
> O espadachim que caminha pela Ponte do Arco-Íris!
> Esse guerreiro abençoado por Bragi cujo nome invocamos!
> Edwin! Preparado está teu lugar no banquete!
> Valquírias desveladas cumprimentam o veterano;
> Que a cerveja flua livremente dos barris
> Enquanto divides a Porção do Herói!
> Da perambulação ao esplendor, da desgraça ao êxtase,
> Da loucura de Midgard, inflexível com os heróis,
> Introduz outro na lista dos Einherior!
> Acolhe o viajante na Mansão do Guerreiro!

Wode e a Caçada Selvagem

Depois da conversão ao cristianismo, a crença de que os guerreiros mortos iam para o Vallhalla pode ter esmorecido, mas os Einherior continuaram vivos na Caçada Selvagem. Para uma vívida evocação da aparência deles, apresento o seguinte trecho do livro *A Espada Quebrada* (*The Broken Sword,* 1954) de Poul Anderson, que foi minha introdução a Odin, e o primeiro livro a me transmitir como seria viver em uma cultura com uma visão de mundo completamente diferente.

O breve vislumbre ele teve, sentado no seu cavalo inquieto, da poderosa forma encapotada mais rápida do que o vento, o enorme cavalo de oito patas e seu cavaleiro com a longa barba grisalha e o chapéu protetor. O raio de luar brilhava na ponta da sua lança e no seu único olho.

Ula, opa, lá foi ele através do céu com sua tropa de guerreiros mortos e os sabujos com olhos de fogo latindo como trovões. Sua trompa berrava na tempestade, o tropel dos cavalos era como uma precipitação de granizo martelando no telhado, e depois todo o bando desapareceu e a chuva desceu impetuosa sobre o mundo.

Imric rosnou, porque a Caçada Selvagem não trazia bons presságios para aqueles que a divisavam e o riso do caçador caolho fora de escárnio. (Anderson, 1954, p. 14)

Imric está certo em se preocupar, porque quando Odin envia uma antiga espada forjada por Bölverk como um presente para a criança que o senhor dos elfos roubou, fica claro que o deus tem seus próprios planos.

A Caçada Selvagem, também conhecida como a Hoste Furiosa, aparece no folclore medieval em toda a Europa, dirigida por figuras diversas – o diabo, o Rei Artur, o Arlequim, as deusas Diana ou Herodíades – e seguidas por cavaleiros espectrais. Uma tradição semelhante sobrevive hoje na região de colonização alemã na Pensilvânia. O líder da Caçada nos países germânicos é Odin ou Wotan, seguido pela Oskerei ou pela Wilde Jagd[20]. Alguns dos cavaleiros aparecem como guerreiros dos tempos antigos, enquanto outros morreram recentemente ou são homens vivos que participam em estado de sonho ou transe. A Caçada atravessa as tempestades de inverno, em especial na época de Yule. Na Noruega, diziam às crianças que não assobiassem para não atrair a atenção do grupo de caçadores.

John T. Mainer encara a cavalgada selvagem como uma expressão da energia primordial.

---

20 Caçada Selvagem, em alemão. (N. do T.)

214 | *O Mundo de Odin*

Uma das mais antigas interpretações de Odin era Wode, a paixão transformadora, a ira selvagem. Ser apanhado pela caçada selvagem significa uma de duas coisas: se você era a presa, tinha que se manter na frente da caçada a noite inteira, caso contrário o bando o dilaceraria para o prazer do seu senhor selvagem.

A caçada capturava outros além da presa. A trompa do caçador atrai o sangue, o canto do lobo chama o caçador, o matador, em todos nós. Se a Caçada Selvagem o pegasse e você corresse com ela, a civilização seria posta de lado, a humanidade abandonada como um manto surrado e você correria nu com os caninos à mostra, nada tendo, assim como o lobo, entre sua fome e a noite.

O fogo no sangue, a paixão transformadora, a loucura e o êxtase de se livrar das suas preocupações, dos seus conflitos interiores, e seguir a caçada selvagem apenas pela alegria da caçada, o doce sabor do medo na noite e o canto do bando; essas são dádivas sombrias e esplêndidas.

Acordar pela manhã encharcado de suor, os olhos ainda queimando, sorrindo de leve com o corpo trêmulo de exaustão e a alma livre de conflitos e preocupações, a mente quieta e tranquila como a manhã depois de um temporal; essas são dádivas luminosas e terapêuticas.

Nossa vida moderna nos acorrenta com responsabilidades e preocupações. O dever e o esforço, a tensão e os intermináveis compromissos imperfeitos nos enchem de um estresse e de conflitos dos quais nunca podemos abdicar ou escapar.

Wode, o Caçador Selvagem. Primitivo, alguns dizem que é a face mais sombria de Odin. Wode e seu grupo de caçadores representam o repúdio da civilização em prol de um grande abraço da vida. O que acontece em Vegas, fica em Vegas[21]. Saltamos de aviões

---

21 *What happens in Vegas, stays in Vegas. Slogan* de uma campanha publicitária do Las Vegas Convention and Visitors Authoritye, em 2003, que gerou 37,4 milhões de visitantes para a cidade em 2004 (originalmente, "What happens here, stays here"). O *slogan* ficou famoso e é citado até hoje. (N. do T.)

excelentes. Pagamos para colocar um frágil caiaque na parte do rio chamada Hell's Gate [Portão do Inferno], onde a via férrea era medida em homens mortos por quilômetro. Nos penduramos em despenhadeiros martelando pregos na rocha enquanto turistas passam no alto em gôndolas aquecidas em cima do abismo sobre o qual nos balançamos. Quantas vezes e de quantas maneiras encontramos essa amostra de loucura, esse abraço selvagem de paixão que é nosso melhor preservador da sanidade?

Em algum lugar no recôndito do nosso ser, uma parte de nós tenta ouvir o som da trompa acima da televisão, o chamado do bando acima do ruído do ar-condicionado. Uma parte de nós fica irritada com nossos séculos de progresso e se rói por dentro por uma última chance de gritar. (Mainer, 2011, p. 21)

Mas a Caçada é mais do que uma liberação para aqueles que ingressam na Hoste Furiosa. A explosão de energia renova a terra. Na meditação de uma dessas noites tempestuosas, eis o que minha amiga Vefara escutou:

Aqueles cuja vida envolve grandes gritos através dos mundos não podem morrer todos em um único lugar. Nas noites que devolvem vida à terra, seja por meio da limpeza da neve ou das torrentes de chuva, a ventania traz a Hoste, os mortos heroicos, aqueles que se esforçaram para chegar plenos ao fim dos seus dias: quer na cama, quer no campo. Não para retribuir a sorte que a terra lhes concedeu, como os homens de Frey poderiam fazer, mas, sim, para dispersá-la sobre as terras na sua passagem, para que uma pequena centelha possa aterrissar, incitada pela ventania dos seus gritos enquanto passam, em solo fértil, em almas férteis, e despertar mais grandeza, como sempre foi feito.

E em noites como essas... Não mais apenas cavalos, não mais apenas lobos com rédeas de serpentes, mas todos os tipos de veículos, carruagens e criaturas que um dia poderiam amar uma mão humana e compartilhar a ardorosa alegria do canto de guerra: não há poucos agora em motocicletas, e, de algum modo, os aviões, de biplanos a aviões de caça, se encaixam bem entre os corcéis mais velhos sem desalojá-los.

As histórias dos mortos são a inspiração dos vivos, e as luzes dos vivos são a inspiração dos mortos. Os heróis observam, e se sentirem vontade de integrar a Hoste, eles viajam. Disir e alfar dignos de seus nomes espalham sua sorte em Midgard, tomando em troca o louvor daqueles que recordam e contam as histórias dos que partiram. O canto da nossa passagem incita todos os que a ouvem, retardando, um pouco, a morte aflita e inútil que ocorreria se, no seu tempo, Ragnarök não chegasse.

Hléfodh: Deus do Monte Funerário

Embora sejamos informados no *Ynglingasaga* que foi Odin que introduziu a prática da cremação dos mortos, ele também tem uma ligação com o monte mortuário. Ainda que não mencione o encantamento na lista do *Hávamál*, está claro que, além de falar com os enforcados, Odin também é capaz de falar com os mortos no monte.

No poema édico *Baldrsdraumar*, Odin cavalga até a porta oriental de Hel, onde sabe que uma Völva está enterrada e usa sua necromancia para entoar *valgaldr*, "galdor da morte", até que o cadáver seja obrigado a se levantar e responder a ele.

Os *howes*, ou montes mortuários, são sagrados. Poucos conhecem os encantamentos para instigar os mortos, mas uma vez evocados, os habitantes dos montes se mostram frequentemente dispostos a oferecer sabedoria para seus descendentes. Svipdag recebe conselhos da sua falecida mãe sentando-se na sepultura dela, e Hervor convence seu pai *berserker* a se levantar e entregar para ela sua espada mágica. No entanto, o relacionamento mais significativo entre Odin e o monte provavelmente reside nas tradições da realeza sagrada.

O fato de tantas casas reais germânicas terem uma linhagem que remonta a Odin respalda a ideia de que os lugares onde esses ancestrais descendentes do deus estavam enterrados permaneceriam como locais de poder.

Em geral, parece claro que se esperava que os governantes escandinavos tivessem um relacionamento particular com os mortos, dos quais pelo menos parte da sua autoridade era extraída... Se se acreditasse que os governantes escandinavos dos seus montes ancestrais algo além de um vínculo com a tradição e um local elevado a partir do qual se dirigir ao público, então o assento no monte se enquadraria mais no domínio de Odin do que no de qualquer outra divindade. Na condição de líder/sacrificador cultual, o governante também tinha um relacionamento particular com as esferas dos mortos: na sua pessoa, ele unia os deuses, os mortos e os vivos e era responsável por manter a comunicação e os bons relacionamentos entre eles. (Grundy, 2014, pp. 115-16)

Draugadrottinn: governante dos Draugar

Infelizmente, os reis não são os únicos seres poderosos que podem habitar um monte. Nas sagas, encontramos histórias a respeito de um tipo especialmente nocivo de morto-vivo chamado *draug*. O termo não raro é traduzido como "fantasma", mas os *draugar*, embora possam passar através da terra que cobre suas sepulturas, são ao mesmo tempo sólidos e perigosos. Citando Lorrie Wood:

Talvez se deva mencionar que não se considerava que o morto-vivo, em si, estava fora da ordem natural das coisas. Um homem morto dentro do seu túmulo podia defender sua casa ou propriedade sem causar muitos comentários, até que um herói de passagem se interessasse pelos pertences enterrados na sepultura. (Wood, 2006, p. 22)

Nas sagas, em particular na *Grettis Saga* e na *Eyrbyggja Saga*, sobejam histórias dos *draugar*. Em geral, eles causavam problemas ou porque uma pessoa gananciosa abria sua sepultura ou porque eram pessoas desagradáveis quando estavam vivas e não viam nenhuma razão para mudar sua maneira de ser, levando animais à loucura, danificando propriedades e aterrorizando a vizinhança. A maioria das histórias a respeito dos *draugar* acontece depois da conversão ao cristianismo, quando o único recurso era desmembrar a

218 | *O Mundo de Odin*

criatura ou levar um herói a queimá-la. No entanto, se Draugadrottinn é um dos nomes de Odin, desconfio de que nos tempos primitivos o deus pode ser sido invocado para derrotá-los.

Ragnarök

Odin não é apenas um deus da morte; ele também é um deus que vai morrer.

Entre os paganismos europeus, o heathenismo é o único que contém um mito a respeito do fim desta era. Alguns veem nessa descrição do Fim dos Tempos um reflexo da escatologia cristã à qual os nórdicos da época estavam sendo expostos, e uma comparação textual com o conteúdo bíblico ensinado aos recém-chegados ao cristianismo de fato evidencia uma série de paralelos (McKinnell, 2008). No entanto, eu me sinto obrigada a examinar outra interpretação.

Chegará uma época, diz a vidente no *Völuspá*, em que o céu ficará escuro durante o verão, as condições meteorológicas ficarão "instáveis". Depois, o galo vermelho-fuligem cantará em Hel e, em Asgard, Pente Dourado assumirá o grito. Os *einherior* despertarão e Heimidall soprará sua trompa. Em Midgard, a "Civilização como a conhecemos" chegará ao fim.

> Irmãos travarão combate e lutarão até a morte,
> Os filhos das irmãs destruirão seus parentes.
> Difícil é o mundo com muita prostituição,
> Uma era do machado, uma era da espada, escudos são partidos.
> Uma era do vento, uma era de lobos demoníacos, antes que o
> mundo se desintegre,
> Ninguém poupará o outro.
>
> — *Völuspá* 45

Todos os Poderes que estavam aprisionados agora correm à solta. O gigante Hrym traz a geada e os filhos de Surt incendeiam tudo, de Hel à Ponte Bifrost. A serpente de Midgard agita as ondas, a terra estremece enquanto Midgard é destruído. As 540 portas de Valhalla se abrem e, a partir de cada uma, 800 guerreiros andam a passos largos enquanto Odin e os Æsir marcham em direção aos inimigos.

Quando li o *Völuspá*, pela primeira vez, interpretei esses versos como uma previsão da Terceira Guerra Mundial e do inverno nuclear. Mas quando eu estava no avião voltando para a Califórnia durante a seca, vi um manto marrom cobrindo a terra do outro lado das Sierras. A fumaça de numerosos incêndios da floresta tinham escurecido o céu. Hoje em dia, o fim do *Völuspá* me faz pensar na mudança climática global. Vejo Ragnarök como o que irá acontecer quando o equilíbrio da natureza tiver sido de tal maneira perturbado que as forças destrutivas dos elementos serão os únicos "gigantes" que permanecerão.

Para Midgard, a mudança é natural e inevitável. A Época do Holoceno, durante a qual nosso ecossistema e nossas culturas humanas e religiosas evoluíram, um dia chegará ao fim. Com base na escala de tempo de épocas anteriores, deveríamos ter ainda um milhão de anos pela frente, mas existem motivos para acreditar que o cronograma pode ser perturbado pelas ações humanas.

De todos os deuses, Odin é o que mais se preocupa com a preparação para o fim da era. Não posso deixar de me perguntar se o recrutamento pesado que ele vem fazendo nos últimos anos não é uma tentativa de impedir que o destino dos deuses se consume cedo demais. Se for este o caso, nós, que respondemos ao seu chamado, temos a obrigação de ajudar a protelar o Ragnarök na nossa época. Quando comecei a falar a respeito disto, minha amiga Lorrie sugeriu que criássemos o Partido Azul-Petróleo, que é o que acontece quando o azul de Odin encontra o verde do meio ambiente. O partido tem até um hino, que você encontrará no Apêndice 2.

Quer ela aconteça mais tarde ou mais cedo, nessa batalha final, Odin, pelo menos nas formas pelas quais o conhecemos em toda a história de Midgard, morrerá.

Uma segunda tristeza se aproxima de Hlin [um aspecto de Frigg]
Quando Odin parte para lutar com o Lobo,
E a destruição de Beli [Frey] ao combater Surt.
O amante de Frigg então tombará.

— *Völuspá* 53

Lidando com a morte

Embora os interesses de Odin sem dúvida incluam a morte e os mortos, qual é o significado dele para nós? Os nomes e os epítetos são apenas parte da representação. O que significa o fato de encontrarmos um deus que vimos inicialmente como criador distribuindo a morte? E por que precisamos prestar atenção aos mortos?

Quanto mais estudo as tradições das culturas indígenas em geral e a dos povos germânicos em particular, mais compreendo que os mortos faziam parte do sistema religioso tanto quanto os deuses e a terra. Homenageá-los é mais fácil se o pó dos seus ancestrais é parte da terra onde você caminha ou se você está perto de um cemitério no qual pode colocar flores nas sepulturas da família, do que para aqueles que não vivem mais perto dos pais e muito menos na cidade em que seus avós viveram e morreram.

A cremação faz sentido do ponto de vista ambiental (e é o método tradicional de descarte dos seguidores de Odin), mas o sentimento de conexão pode ser perdido quando as cinzas são espalhadas ao vento. Ainda assim, mesmo quando mudamos nossa política, nosso estilo de vida ou nossa religião, carregamos nossos ancestrais físicos conosco no DNA. Do mesmo modo, na psique, carregamos ancestrais do espírito – aqueles que criaram a cultura na qual crescemos, cuja história nós lemos e ouvimos e cujas ideias moldaram nossa alma.

Ao desenvolver um relacionamento com aqueles que viveram antes de nós, criamos um contexto para a perda daqueles com quem convivemos hoje. Egil Skallagrimsson atacou Odin quando seu filho se afogou, mas no final, veio a compreender que a dádiva do deus da poesia, embora não pudesse anular sua dor, lhe concedeu uma maneira de processá-la. A tristeza não pode ser negada. Ela precisa ser aceita, abraçada, transcendida. Odin não pede nada que ele próprio não tenha conhecido. Ele também perdeu um filho. A não ser que eles prossigam no caminho depois de Ragnarök, Baldr é o único dos descendentes de Odin que ele não voltará a ver.

A outra morte com a qual cada um de nós precisa lidar é a nossa. Os antigos heróis riam quando morriam porque estavam sempre arriscando a vida, e se a morte não ocorresse pela espada de um inimigo ela seria causada pelo frio, pelo mar, pela fome ou pela doença. Os homens do Norte sabiam que eram vulneráveis, de modo que exultavam ao fazer bom uso do poder e do tempo que tinham disponíveis. Não é necessário matar para saber disso, mas é preciso aceitar o perigo, renunciar à ideia de que a saúde ou o dinheiro no banco o deixarão em segurança.

Quando nos defrontamos com Odin como um deus da morte, o que estamos olhando? O que precisamos compreender? Podemos ter uma ideia com "The Song of Odin" [A Canção de Odin], de Michaela Macha (2004):

Sou aquele que cavalga a árvore
Sou um gole do hidromel do poeta
Sou o bocejo da órbita vazia
Eu sou a fome: quem senão eu
Sacrificará seu eu ao Eu?
Sou o hóspede que não esperas
Sou um canto que acorda os mortos
Sou uma corrente que afoga tua mente
Sou um *trickster:* quem senão eu
Leva para ti ao mesmo tempo tristeza e felicidade?
Sou a lança que encontra teu coração
Sou um lobo na floresta
Sou uma tempestade que dilacera
Sou criador: quem senão eu
Confere vida aos galhos secos?
Sou o conselho que traz a fama
Sou uma espada que bebe teu sangue
Sou um corvo em um cadáver
Sou uma forca: quem senão eu
Causa tua morte enquanto te segura?
Sou o caminhante e o caminho
Sou o portão e a chave
Sou a corda de cada fio
Sou o fim de todo meio.

Prática

1. Faça um testamento

Cuide primeiro da distribuição dos bens móveis e imóveis, incluindo objetos rituais. Mas depois de ter cumprido sua responsabilidade com seus herdeiros ao lidar com todos os aspectos exigidos pela lei, pegue outro pedaço de papel e relacione as coisas não físicas que você está deixando para trás. O que você fez com sua vida? Qual foi sua contribuição para o mundo? Que ações poderão conquistar a "boa fama" que sobreviverá a você? Se você não conseguir pensar em nada agora, experimente fazer uma lista das coisas que gostaria de fazer antes de morrer.

Se você está se perguntando como Odin poderia fazer este exercício, experimente ouvir a música "My Way", de Frank Sinatra.

2. Leia Krákumál em:

http://www.odins-gift.com/pclass/ragnarlodbroks-deathsong.htm e componha seu próprio Canto da Morte.

3. Trabalhe com seus ancestrais

Se você ainda não tem uma árvore genealógica, experimente um dos serviços genealógicos *on-line*. Se você tiver um quintal, crie um monte mortuário simbólico no qual coloque fotos dos seus parentes mortos. Se isso não for possível, reúna fotos de amigos e parentes falecidos e exponha-as em algum local dentro de casa. Sirva uma refeição com pratos tradicionais na sua família. Coloque um lugar adicional à mesa para os mortos. Depois de ter louvado as ações deles, coma em silêncio, abrindo o coração para a sabedoria deles.

4. Comemore o Memorial Day ou o Veteran's Day [22]

Monte um altar para os Einherior, homenageando aqueles que serviram o país nas forças armadas e outros heróis que você ache que merecem um lugar no Valhalla.

---

22 Feriados nos Estados Unidos que homenageiam respectivamente os combatentes mortos em ação e os veteranos de campanhas militares. (N. do T.)

5. Passe algum tempo em um cemitério

Abra a consciência para os mortos. Se as circunstâncias o permitirem, passe a noite ao ar livre, idealmente perto do túmulo de um parente. Leve um caderno para registrar os pensamentos que possam lhe ocorrer.

6. Homenageie a Caçada

Espere que surja uma boa tempestade no período de Yule – na segunda parte de dezembro ou no início do ano. Vá para o lado de fora e ouça o vento uivante. Você consegue escutar a Caçada passando frenética pelos céus? Exponha oferendas de maçãs para os cavalos – para os cavaleiros, pão e cerveja. Cante a canção "Wodan's Hunt" [A Caçada de Wodan] (a música está no Apêndice 2).

7. Meditação da Oitava Noite: Deus dos Mortos

Monte o espaço do seu altar como de costume e acenda uma vela preta. Você também pode acrescentar imagens de ancestrais ou heróis. Em seguida, diga o seguinte:

Odin, por estes nomes eu te chamo:

Hangatyr e Váfudhr (O Que Pendura)
Draugadrótin (Senhor dos Draugar)
Hléfödhr (Senhor dos Montes Mortuários)
Valfadhr (Pai dos Mortos em Batalha)
Wod...

Quando aqueles que eu amava estão perdidos,
Quando a luta final é travada,
Os membros não mais me obedecem
E o inimigo venceu,
Odin, sofre comigo.

Quando meu coração está dilacerado pela dor,
Quando os pulmões perdem a batalha da respiração,
Dos meus olhos a visão desvanece,
A palavra e a vontade são bloqueadas pela morte,
Odin, não me deixes.

Quando os vínculos do corpo já não se sustentam,
Quando a mente, desprendida, finalmente se evade
Para percorrer miríades de mundos e caminhos
Vivenciando o êxtase,
Odin, recebe-me.

Contemple sua morte. Você não sabe como ou quando ela vai ocorrer, mas de uma coisa todos temos certeza: ela *sem dúvida* virá. Você pode ler esta meditação e depois pensar a respeito dela, ou gravá-la para depois usá-la como indução.

Deite-se ou sente-se confortavelmente. Você está seguro aqui. Saiba que seu corpo será vigiado até você voltar.

Feche os olhos e respire lenta e profundamente. Deixe que a percepção dos sons e dos odores à sua volta desvaneçam. Volte a atenção para os pés e as pernas, e em seguida deixe que relaxem. Preste atenção às mãos e aos braços, e depois deixe que também fiquem flácidos. Sinta o peso da cabeça e do tronco apoiados na cama ou na cadeira. Enquanto você respira mais lenta e profundamente, a sua percepção do corpo retrocede até que apenas um fio de conexão permanece.

Quem é você? Qual é a essência do ponto de luz que é o seu Eu? Concentre-se nesse ponto, flutue nessa paz...

Abra-se para o deus...

Depois de algum tempo você sentirá um puxão. O fio brilhante o está puxando de volta para a consciência do seu corpo. Primeiro a cabeça e o tronco, depois os braços e as mãos, e, por último, as pernas e os pés. Inspire e solte o ar mais rápido, observe o cheiro do ar, os sons no aposento. Estenda a percepção, arraste todos os aspectos do seu Eu. Em seguida, abra os olhos e volte à consciência usual.

No poço de Mimir

Sabes onde o Fluxo Trovejante desce impetuoso das alturas e onde a névoa das suas águas espumantes brilha com um arco-íris? Podes designar os assentos de pedra onde os deuses sagrados fazem seus julgamentos?

Conheces o lugar nas raízes da Árvore onde as Nornas tecem o destino dos homens? Pode ser, porque o caminho para tudo isso foi mostrado aos Æsir e aos Vans, e, às vezes, até mesmo aos homens.

Mas poucos existem de quaisquer *kindred* que viajaram para o Leste ao redor da Árvore, em direção a Jotunheim. Aqui, filamentos emaranhados que reluzem na geada aprisionam os imprudentes. Por muito tempo essa teia vem sendo tecida, desde o inicio dos tempos, sendo coberta por camada após camada de gelo depositada. Cada fio, ornado com esse brilho, espelha o movimento do mundo e o segura para sempre com firmeza. Nesse entrelaçamento de luminosidade toda a configuração é preservada. E todo esse mundo de cristal abriga um poço profundo que espera pelo momento em que o Sol distante envie um único raio através da treliça de fios. Alguma coisa cintila então no poço; uma estrela brilha nas profundezas, e todas as teias de cristal refletem sua radiância nos arco-íris ao lado dos quais até mesmo Bifrost empalidece.

Certa vez, Odin chegou até aqui, vagando, buscando a sabedoria. O Superior, descendo às profundezas, viu o conhecimento refratado nos filamentos fragmentados e quis saber mais. Contemplou as águas calmas e tranquilas debaixo das raízes de cristal da Árvore. Estendeu a mão em concha para pegar a água e encontrou a superfície lisa como gelo, dura como pedra. Voltou a se sentar e proferiu uma estrofe.

"Sou chamado Vegtam e venho de muito longe,
Muito contendi com poderes –
Desejoso estou de beber dessas profundezas;
Quem me trará um gole?"
A superfície lisa estremeceu. Palavras ecoaram das teias de cristal em um tremular sonoro.

"Que viandante me chama com tal ousadia?
Três perguntas ele fará e três eu responderei;
Um sacrifício eu exijo daquele que fracassa,
Mas aquele que me domina bebe o que deseja!"

Odin concordou com os termos da competição, e a Voz do poço prosseguiu.

"Diz, então, Viajante, como o mundo foi formado,
Quem criou a beleza que os homens veem?"

Odin respondeu:

"Os Filhos de Bor geraram essa beleza,
Midgard eles criaram com os ossos de Ymir."

Uma vez mais veio a pergunta.

"E quem deu nome às criaturas, no início do mundo
Mostrou à Lua o caminho dela, colocou o Sol no seu trajeto?"

Odin disse:

"Os deuses sagrados, reunidos,
Na planície verdejante de Ydalir deram nome a todas as coisas."

O Poço perguntou:

"Que nome eles deram ao poço na raiz do mundo,
Chamado de caldeirão de cristal a Leste da Árvore?"

Mas Odin permaneceu em silêncio, porque os deuses não podiam dar nome a uma coisa da qual não tinham conhecimento. E um riso ascendeu das profundezas e ecoou em tilintante zombaria em cada fragmento de gelo na teia de cristal.

"Se tivesses a verdadeira sabedoria, ó Viajante,
Terias *recordado* o que agora pergunto.
O um Olho da tua cabeça tomarei como penalidade,
Escolhe qual deles lançarás no poço!"

O Viajante se encolheu, mas tinha dado sua palavra. Olho direito ou olho esquerdo – como controlar essa escolha? Ele precisava de tempo, embora Loki não estivesse presente para derreter o gelo ou encontrar outro caminho.

"Fornece primeiro as respostas", disse ele, "aos enigmas que apresentarei!

Qual é o lugar onde as Nornas estão sempre tecendo,
Em que local elas fiam o destino da humanidade?"

O Poço respondeu:

"No Poço de Urdhr os fios são tecidos
Do mundo que foi, que é e que será."

Odin perguntou:

"Qual é o assento que O Superior procura
Quando os caminhos dos Nove Mundos precisa conhecer?"

O Poço respondeu:

"Nas alturas de Asgard, no assento chamado Hlithskjalf,
O Superior se senta para ver o que se passa embaixo."

Odin indagou:

"E como ele observará o que está além disso?
De que posição o Valfadhir contemplará o mundo do espírito?"

Assim falou o Viajante, mas o Poço permaneceu em silêncio.

"Eu beberei", declarou Odin, "e depois minha penalidade pagarei."

E ele se curvou uma vez mais, com as mãos em concha, e, contemplando as águas, avistou infinitas profundezas que o chamavam para explorar seus mistérios. Mergulhou a mão e bebeu, e o que entrou nele foi Sabedoria. Ele compreendeu então todas as respostas para todas as coisas.

"Mimir és chamado, no Caldeirão da Memória
Meu olho lançarei como o preço desta sabedoria.

Da tua escuridão o Olho de Vafuth
Verá todos os segredos no coração dos mundos."

E com a mão ainda molhada de sabedoria, ele arrancou um dos olhos da cabeça e o lançou no poço.

"Eu te conheço agora, tu não és Vegtam", cantou o Poço,
"e, sim, Odin, o Mais Velho dos Deuses – "

O sangue brilhante escorreu pelo rosto do deus e caiu na água. Em um sussurro, veio a resposta.

"Odin eu sou, e Caolho também,
Única é minha visão agora, seja qual for o olho que eu abra.
De Hlithskjalf o mundo desperto um dos olhos observa,
De Mimisbrun meu outro olho estará atento ao que jaz no interior."

E assim foi, e assim é que agora, quando o senhor de Asgard se senta no seu Assento de Visão, ele percebe tudo o que acontece no mundo. Terrível, de fato, é olhar o seu olho vivo quando observa Midgard, porém mais terrível é o vazio debaixo da pálpebra enrugada do outro lado, porque ele olha para dentro. Forma e estrutura, padrão, conexão, tudo ele vê. Compreende as miríades de níveis de significado lá existentes.

Uma vez por dia, quando o único raio de sol desliza pela floresta de cristal, ele atinge as profundezas do Poço. Então o Olho de Odin se abre e resplandece em um brilho que ofusca o Sol, porque o que ele contempla é a glória além de Ginnungagap. Então, é a Luz Incriada que o Olho perdido de Odin enxerga.

Figura 17 – O Olho no Poço.

CAPÍTULO DEZ

Deus do Êxtase

Deus do Êxtase não está geralmente relacionado como um dos nomes de Odin. No entanto, eu gostaria de sugerir que ele talvez funcione como uma expressão inglesa do nome básico pelo qual o conhecemos.

A origem e o significado de Óðinn têm atormentado os estudiosos pelo menos desde o século X. Associações com loucura, mente, visão e outros tipos de percepção, poesia e inspiração têm sido calorosamente debatidas. Para começar, vamos considerar dois dos mitos mais importantes – como ele obteve o hidromel da poesia, partes do qual discutimos nos Capítulos 5 e 8, e a história da sua visita ao Poço de Mimir.

O Olho de Odin está sobre você

O olho místico de Odin reluz no Poço de Mimir,
Brilha na escuridão, olhando através
Das águas profundas da sabedoria, observando as correntes
Da Mente que dirigem a sina dos Homens.
No Poço dos Sábios, um olho enxerga
A sombra que se desloca para moldar o mundo
O curso das correntes que causam todas as coisas,
Lendo corretamente as Runas do Destino.

— Paul Edwin Zimmer, 1979

No *Völuspá* 28, a vidente diz a Odin que ela sabe que o olho dele está escondido em *Mimisbrunr,* o Poço de Mimir. Na *Edda* Nova, temos a história.

> Mas debaixo da raiz que se estende na direção dos gigantes de gelo, é lá que está o Poço de Mimir, que contém sabedoria e inteligência, e o senhor do poço se chama Mimir. Ele está repleto de aprendizado porque bebe do poço no chifre Gjallarhorn. O Pai Supremo foi até lá e pediu para beber um gole da água do poço, mas só conseguiu fazê-lo quando empenhou seu olho como garantia. (*Gylfaginning* 15)

Esse relato gera uma série de perguntas, começando pelas origens e a natureza de Mimir. *Gylfaginning* 51 diz que Odin se reunirá com a cabeça de Mimir quando Ragnarök se aproximar. Segundo a história narrada em *Ynglingasaga* 4, Mimir e Hoenir foram enviados aos Vanir como reféns depois da guerra. Era Hoenir que tinha a aparência mais imponente, mas ele fez Mimir falar o tempo todo. Exasperados com o silêncio de Hoenir, os Vanir degolaram Mimir e enviaram Hoenir com a cabeça dele de volta para Asgard, onde "Odin pegou a cabeça, cobriu-a com ervas para que não apodrecesse, proferiu encantamentos sobre ela e fez feitiços para que ela falasse com ele e lhe contasse muitas coisas ocultas" (*Ynglingasaga* 4). De acordo com *Sigdrífumál* 14-9, entre essas coisas estava o conhecimento de como insculpir e usar as runas.

A cabeça de Mimir parece ser o único exemplo de uma cabeça mágica na tradição nórdica, mas cabeças decapitadas são um elemento básico da tradição celta e podem ter inspirado a história escandinava. No livro *Pagan Celtic Britain,* Anne Ross dedica um capítulo inteiro ao Culto da Cabeça. Na Gália, os chefes tribais celtas preservavam as cabeças de inimigos ilustres em óleo de cedro, e sobejam cabeças de pedra nos locais dos ritos. Consta no *Mabinogion* galês que, durante a retirada da guerra na Irlanda, os deuses levaram consigo a cabeça de Bran, o Abençoado, para que os aconselhasse e fizesse profecias, finalmente enterrando-a debaixo da Torre de Londres para proteger a Grã-Bretanha. A tradição da antiga Irlanda contém uma série de histórias nas quais a colocação de uma cabeça decepada em um poço o torna mágico.

232 | *O Mundo de Odin*

Por outro lado, Mimir pode ser um dos sábios *jotnar*. No *Skaldskaparmál*, Mimir é relacionado como uma metáfora para "gigante" e em várias construções para descrever os céus. É possível que um deus chamado Mimir e um *jotun* chamado Mim tenham sido combinados na mitologia posterior. Os deuses e os gigantes estão estreitamente relacionados, e, na condição de guardião do Poço, Mimir pode reter essa natureza primordial.

Independentemente das origens de Mimir, Mimisbrun, seu poço, é um dos Três Poços Poderosos (os outros dois sendo o Poço de Urdh, onde vivem as Nornas, e o poço Hvergelmir em Nifflheim, do qual nascem todos os rios dos mundos). Ele jaz debaixo das raízes da Árvore do Mundo, que também é chamada de Mimameith. Mimisbrun está no Leste, a direção de Jotunheim, uma região geralmente habitada por forças mais selvagens. No conto que precede este capítulo, interpretei Mimir como o espírito do Poço e não como um ser separado. Depois de escrever a história, achei interessante descobrir que não sou a única a tê-lo visto como uma estrutura cristalina enquanto meditava sobre o Poço.

Em seguida, vem a questão de o que o Poço é e o que ele faz. No *Völuspá* 28, "todas as manhãs Mimir bebe seu hidromel na garantia de Fjolnir". Deixando de lado o problema de como uma cabeça decepada bebe em um globo ocular, registramos que o apelido usado por Odin nesse contexto é *Fjölnir*, traduzido por Price como "muito sábio" ou "ocultador". Outro nome, *Fjölsvid*, é "Amplo de Sabedoria". Nesses nomes, há um sentido de amplitude, multiplicidade e conhecimento oculto, que pode nos fornecer uma pista sobre o tipo de sabedoria que Odin recebe do poço.

No *Völuspá* 27, a Völva

> sabe que a audição de Heimdall está oculta
> debaixo da sagrada árvore radiante;
> sobre ela flui a cachoeira,
> jorrando da garantia do pai dos mortos em batalha.

Então sabemos que o Poço contém dois dos sentidos. Odin ofereceu ao Poço parte da sua visão. Mas que olho ele sacrificou? Nas ilustrações, o tapa-olho geralmente cobre o olho esquerdo, e é esse o olho escolhido por muitos daqueles que trabalham com Odin. No entanto, quando um dos olhos é ferido, o outro assume a visão exterior. Por conseguinte, alguém cujo olho direito for mais fraco imaginaria ser esse o olho que falta em Odin.

Em Asgard, Odin tem um assento chamado *Hlithskjalf*, traduzido às vezes como "banco do portal", às vezes como "torre elevada" (Lindow, 2001, p. 176). É o Assento da Visão, a partir do qual "ele inspecionava todos os mundos e a atividade de todos os homens e compreendia tudo o que via" (*Gylfaginning* 9). Assim como acontece com as mãos, a conexão dos nossos olhos com o cérebro é cruzada, e, no caso da maioria das pessoas, o olho direito está ligado ao lado esquerdo do cérebro. A ideia de que existem dois tipos de mentalidade, a do hemisfério esquerdo do cérebro e a do hemisfério direito, ainda é controversa, mas sabemos com certeza que o hemisfério esquerdo tende a se especializar na lógica, na linguagem e no pensamento analítico, enquanto o direito é mais competente nas tarefas expressivas e criativas que envolvem a emoção e as imagens (C. Zimmer, 2009).

Tendo sempre em mente que, na prática, as duas metades do cérebro trabalham em conjunto, isso oferece uma metáfora proveitosa para a maneira como os dois olhos podem funcionar em Hlithskjalf e no Poço. Pondero, portanto, que quando Odin se senta no Hlithskjalf, ele está usando o hemisfério esquerdo (e o olho direito) para absorver e compreender o que está acontecendo no mundo físico. Por conseguinte, deve ser o olho esquerdo, ligado ao hemisfério direito, que ele dá ao Poço. Fiquei encantada ao encontrar algum respaldo para esse ponto de vista em um artigo chamado "An Eye for Odin?" [Um Olho para Odin?], de autoria de Neil Price e Paul Mortimer (2014), cujo exame minucioso do elmo de Sutton Hoo – e de uma série de outros objetos escandinavos datados dos séculos VI a X que retratam Odin ou estão associados a ele – mostrou que o olho esquerdo fora desfigurado ou alterado para parecer mais escuro do que o direito.

Se a audição de Heimdall, que continua a ouvir tudo o que se passa no mundo, ainda funciona, presumimos que o olho faltante de Odin também continua a funcionar. Ao olhar com ambos os olhos, sua visão binocular atinge um nível verdadeiramente divino, pois ele enxerga simultaneamente o mundo exterior e as dimensões interiores. Embora a etimologia proposta por

Françoise Bader para o nome de Odin tenha sido contestada, sua interpretação de Odin no livro *La Langue de Dieu,* de 1988, como um deus da visão em geral e, em particular, da clarividência, enfatiza a importância da visita de Odin ao Poço. É somente quando se torna *Blindr,* O Cego, que ele verdadeiramente enxerga.

Usar a visão interior para contemplar o deus pode conduzir a algumas experiências extraordinárias, como neste relato de Thomas Fernee:

Com toda sinceridade, eu gostaria de estar inventando isto, porque é mais fácil acreditar que não existe uma força além de nós mesmos que não entendemos e possivelmente nunca chegaremos a entender, do que acreditar em alguma coisa. Talvez eu nunca seja capaz de compatibilizar racionalmente o *Big Bang* com a maneira como a Terra foi criada por Odin, Vili e Vé a partir do corpo de Ymir.

De qualquer modo, fiz meu ritual para Odin e entrei, em seguida, em um transe meditativo. Busquei uma boa música *on-line* e a deixei tocando como fundo musical.

Quando a experiência começou, cobri meus olhos com uma bandana e tive um pouco de dificuldade para me acomodar. Fiquei repetindo para mim mesmo que deveria abandonar meus pensamentos e deixar a mente vazia. Finalmente, me acomodei e passei a visualizar Odin. Cada vez que ele se manifesta, pergunto o que ele deseja.

Ele se materializa, em seguida se transforma em uma névoa e desaparece, e em seguida volta a se materializar; esse padrão se repete até que vejo o rosto dele através da névoa.

Ele dá a impressão de estar tentando dizer alguma coisa. Fico impaciente e grito: "O que você quer?". Em seguida, digo: "Sinto muito, eu o respeito profundamente, todos os humanos querem apenas respeitá-lo. Tudo isso é novo para mim, desculpe-me".

Ele olha uma vez mais para mim como se estivesse tentando dizer alguma coisa.

Eu respondo: "Senhor, como posso vir a escutá-lo?".

Ele não diz nada em voz alta, mas entendo o que está sendo comunicado, que é: "Antes que possa compreender, você precisa fazer alguma coisa".

Sinto que eu – minha essência – estou sendo puxado através do olho e da órbita dele. Sinto-me levemente amedrontado e preocupado. Em seguida, ele se materializa diante de mim.

Pergunto novamente: "O que você precisa que eu faça?".

Ele então responde, em um ímpeto veemente:

"QUERO QUE VOCÊ NUNCA PARE DE APRENDER! QUERO QUE VOCÊ SINTA PAIXÃO! QUERO QUE VOCÊ VIVA SUA VIDA, ABRACE SUA VIDA!".

Imediatamente, irrompo em lágrimas.

Grito: "Sinto muito, aceitei tudo isso como uma coisa natural, sinto muito, nunca deixarei de aprender...".

Eu me vejo fora do transe. Minha bandana está encharcada de lágrimas.

Ele está certo; com excessiva frequência eu desejo estar em outro lugar e ajo como se tudo fosse horrível. Este é o criador de todos nós, aquele que soprou vida em nós, e ele está me dizendo para abraçar a vida. Eu me sinto um idiota.

Serei absolutamente sincero: no início da minha jornada heatheniana, eu achava que alguns de vocês estavam inventando grande parte de tudo isso. Qualquer pessoa que ache que vocês estão inventando tudo deve tentar dar um voto de confiança ao seu método. A única outra explicação para minha experiência é que a Crafted Artisan Meadery está vendendo hidromel estragado na Total Wine[23]. Eu nunca tinha entrado em transe tão rápido – ele me atingiu de repente.

Se Odin dá parte da sua visão ao Poço, o que ele ganha? O nome de Mimir vem do mesmo radical de *Memória*. Para nós, isso pode significar a memória de curto prazo que nos diz onde deixamos os óculos ou a recordação de longo prazo dos sentimentos e eventos do passado. Nos dias atuais, é a capacidade mais essencial dos nossos computadores. Por intermédio do meu computador, tenho hoje acesso instantâneo à tradição tanto em nórdico antigo quando em traduções, o que torna mais fácil escrever porque posso consultar as fontes, mas demora mais porque cada conexão me induz a percorrer um caminho em direção a novas descobertas. Contemplar a riqueza de conhecimento que se tornou disponível *on-line* e que continuamente se desdobra e prolifera me permite vislumbrar o que o olho que Odin deixou no Poço consegue ver.

A oferenda de Odin para o Poço é apresentada como um sacrifício literal. No mundo dos deuses, a essência e a aparência são idênticas; mas em Midgard a alma e o corpo são separados, embora estejam associados. Se você deseja beber do Poço de Mimir, *não* comece efetivamente arrancando seu olho físico. Em vez disso, avalie que aspectos da sua visão de mundo atual você está disposto a sacrificar e que novas perspectivas, anteriormente não conjeturadas, você está disposto a assumir. Este poema de Michaela Macha sugere algumas das oportunidades:

"Vem para o Poço, para o Poço na Árvore
Vem e olha nas profundezas das suas águas", disse Ele
"E beberei contigo se beberes comigo,
E quanto mais beberes dessa água, mais tu verás."

---

23 A Crafted Artisan Meadery é uma empresa que fabrica hidromel artesanal e a Total Wine & More é uma empresa que vende bebidas *on-line* e também tem lojas físicas. (N. do T.)

"Um copo pelo preço que todos os que bebem aqui devem pagar:
Uma vez que começas a enxergar, não há como voltar as costas.
O que é visto não pode deixar de ser visto; as imagens permanecem
Atrás das tuas pálpebras de noite e de dia.

"Um copo para confusão, as escolhas que fazes
Ao ver todas as encruzilhadas que podes tomar;
Sempre consciente do quanto está em jogo
No caminho que escolheste e naqueles que abandonaste.

"Um copo para o fardo de saber demais,
Não mais com a jubilosa ignorância como muleta;
Um copo para a perda do toque do homem comum,
Que é posto de lado pela visão de que te apoderas.

"Um copo para a sede que aumenta à medida que bebes,
Um pensamento precisa do seguinte como um elo precisa de um elo.
Um copo para o desejo, para pisar na borda
Enquanto a água jorra para cima, e te deixares afundar.

"Um copo para o êxtase, júbilo da visão,
Agarrando o Mundo em um torvelinho de encanto;
O véu afastado, todos os aspectos unidos,
Realidade translúcida, apogeu da clareza.

"Vem para o Poço, para o Poço na Árvore
Vem e olha nas profundezas das suas águas", disse Ele
"E beberei contigo se beberes comigo,
E quanto mais beberes dessa água, mais tu verás."

A maneira como o olho interior de Odin enxerga não pode ser comunicada pela linguagem do olho que se abre para o mundo. É a Verdade do Espírito, e só pode ser expressa na poesia.

Odhroerir

Invocando a ajuda de Odin nosso pai*
E de Bragi o deus-bardo, a bebida dos anões,
Poesia derramamos, a poderosa bebida.
Sorve agora esta taça do sangue de Kvasir.
Lembra que o Rio errante de Yggdrasil
Roubou a substância para entregar aos homens.
O rei da forca na cama de Gunlod
Conquistou o vinho maravilhoso dos bardos,
E em uma forma revestida de penas voou com o presente,
O hidromel mágico para que os homens pudessem cantar!
Agradece o presente a Gauta-Tyr,
E ergue agora o louvor do Deus-Corvo!

— Paul Edwin Zimmer, 1979

Odin compartilhou as runas que ganhou com seu sacrifício na Árvore e continua compartilhando a sabedoria que recebe com seu sacrifício no Poço de Mimir. Como *Fimbulthul*, Odin é o Poderoso Orador. A poesia, sua recompensa por se deitar com Gunnlödh, é seu terceiro presente para a humanidade. Já discutimos partes dessa história nos capítulo sobre Odin como O Desejado e o Causador de Desgraças. Quando deixa Gunnlödh, ele assume a forma de uma águia e, perseguido por Suttung, voa célere para casa.

Mas Suttung estava muito perto dele e poderia tê-lo capturado, de modo que ele deixou um pouco do hidromel sair por trás, e isso foi desconsiderado. Qualquer um que desejasse o tomou, e é o que chamamos de porção dos maus poetas. Mas Odin deu o hidromel de Suttung para os Æsir e para as pessoas versadas em compor poesia. (*Skaldskaparmál* 58)

O que podemos aprender olhando para o hidromel que ele conquistou? A ideia de uma bebida inebriante que confere poderes mágicos é bastante conhecida na mitologia indo-europeia. A versão nórdica tem uma história complexa. Como é narrado no *Skaldskaparmál* 57, de Sturlusson, no fim da guerra entre os Æsir e os Vanir, os dois grupos misturaram sua saliva em uma tigela e a partir dessa mistura os deuses criaram um ser chamado Kvasir, que saiu pelo mundo disseminando conhecimento. Dois anões, aparentemente desejosos de monopolizar esse recurso, mataram Kvasir e, ao misturar seu sangue com mel, fabricaram o hidromel, que pode transformar quem quer que o beba em um poeta ou erudito, duas ocupações que estavam associadas na mente dos vikings.

Kvasir não foi o único viajante que eles traíram. Quando os anões mataram dois gigantes, Suttung, o filho dos gigantes, pegou o hidromel como compensação pela morte dos gigantes e o guardou na caverna, colocando sua filha, Gunnlöd, como guardiã. O hidromel foi derramado em três recipientes: o barril chamado *Bodn*, "um receptáculo", *Són*, "Compensação ou Sacrifício", e um vaso chamado *Odhroerir*, a "ascensão" de Odhr. Este último termo às vezes também é usado para denominar o próprio hidromel.

Para chegar até Gunnlödh, Odin passa por várias transformações. No poema que precede o Capítulo 7, sugiro que Gunnödh pode ser encarada como uma manifestação da Musa, cujas dádivas não podem ser tomadas à força. O espírito da poesia é em geral representado como feminino, mas qualquer escritor sabe que a inspiração, assim como o aleito que dá origem à palavra, só pode ser obtido se nos abrirmos para deixar que ela entre. A *Ynglingasaga* nos diz que Odin sabia como praticar a magia *seidh*, uma habilidade que era considerada *ergi*, ou característica de uma pessoa passiva dos pontos de vista sexual e espiritual. Os versos do *Hávamál* a respeito do encontro de Odin com Gunnlödh dizem que, ao partir, ele lhe causou sofrimento. O tom sugere que ele também sentiu remorso.

Tem sido argumentado que há poucas manifestações de Odin como deus da poesia antes do século X; no entanto, são pouquíssimas as poesias em nórdico antigo anteriores a essa data, de qualquer tipo, que ainda sobrevivem. Na época de Sturlusson, a conexão entre Odin e a arte dos bardos estava bem estabelecida. *Ynglingasaga* 6 nos diz que "ele expressava tudo em rima de uma maneira que é hoje chamada de arte dos escaldos. Ele e seus sacerdotes do templo eram chamados de forjadores da música, porque a arte dos escaldos nas terras do Norte começou a partir deles". Em textos posteriores, Bragi (que pode ser o *skjald* Bragi Boddason, o Velho, o "primeiro *skjald*", elevado à categoria de divindade) é o "melhor dos poetas"

240 | *O Mundo de Odin*

(*Grimnismál* 44), mas depois que Egil Skallagrimmsson se enfureceu contra Odin por deixar que seus filhos morressem diante dele, ele agradece ao deus o presente da poesia que permite que ele lide com sua tristeza, reação que qualquer artista compreenderá. Da *Egil's Saga* (Eddison, 1930, "Sonatorrek", pp. 22-4):

Estive em boa posição	com o Senhor das Lanças:
Me fiz confiante	para acreditar Nele,
Até que o governante das Carruagens,	o Concessor da Vitória,
Cortou os laços da nossa amizade	e se livrou de mim.
Que eu não cultue, então,	o irmão de Vili,
O Deus Mais Elevado,	da minha preferência.
Entretanto, o amigo de Mimir	me concedeu
Alívio para meu sofrimento,	que é melhor, imagino.
Minha arte ele me concedeu,	o Deus das Batalhas,
Grande inimigo de Fenrir.	Um presente impecável,
E esse temperamento	que ainda me conquistou
Inimigos eminentes entre os	de inclinação desonesta.

O que Odin obtém do Poço de Mimir está associado ao que ele obtém de Odhroerir, uma vez que, sem a linguagem, não há maneira de comunicar o que o visionário enxerga. Bader, Pokorny e outros apresentaram argumentos para conectar o nome Wodan à palavra celta *vates*, o título de um poeta druídico. Seja como for, a conexão essencial entre Odin e a linguagem é clara.

Na seção da *Edda* Nova chamada *Skaldskaparmál,* "a linguagem da poesia", Sturlusson explica que os dois principais elementos na poesia são a linguagem e a forma em verso: a linguagem compreende a fala direta, a substituição ou metáforas; e as formas em verso sendo as maneiras numerosas e complicadas de juntar as palavras que são apresentadas na terceira parte da *Edda* Nova, a *Hattatál.*

Em contraste com os primorosos entrelaçamentos poéticos da língua nórdica antiga, a prosa das sagas é concisa e direta, simples e objetiva. Tanto a poesia quanto a prosa são capazes de comunicar, mas enquanto a prosa nos diz o que o olho direito de Odin vê, aquilo que ele percebe com o olho do Poço só pode ser transmitido por meio da poesia. Esta é uma das razões pelas quais este livro contém tantos poemas, inclusive de autoria de Michaela Macha, talvez a mais prolífica poeta heatheniana deste século. Seu *site* (*www.odins-gift.com*) traz 68 poemas apenas para Odin.

Mas a poesia não é a única maneira de expressar ideias complexas e estados de consciência. Quanto mais linguagens compreendemos, melhor compreenderemos o deus. Se, segundo acredito, Odin continuou a evoluir com a nossa cultura, uma das linguagens que ele deve ter ajudado a desenvolver é a da Matemática.

> A Matemática é a linguagem pura – a linguagem da ciência. Ela é única entre as linguagens na sua capacidade de apresentar uma expressão exata para cada pensamento ou conceito que possa ser formulado nos seus termos. (Na linguagem falada existem palavras, como "felicidade", que desafiam a definição.) Ela também é uma arte – a mais intelectual e clássica das artes. (Adler, 1991, p. 235)

Uma cena do filme *Uma Mente Brilhante* está marcada na minha memória. O matemático John Nash está em pé diante de uma janela de vidro laminado que ele cobriu de equações. Elas não fazem sentido para mim, mas está claro que, para Nash, expressam conceitos e conexões cuja beleza o lançou em um estado extático de consciência comparável a qualquer coisa que possa ser criada pela poesia. As fórmulas e as equações da Química e da Física também são linguagens, maneiras elegantes de transmitir informações cujo significado seria toldado pela mera prosa.

O mesmo vale para a programação de computadores, outra linguagem cujos significados eu consigo vislumbrar quando sinto a presença do deus, mas não tenho o vocabulário para expressá-los em palavras humanas. Quando a meditação me concedeu a visão de Mimisbrun que precede este capítulo, interpreto o que eu vi como "gelo", mas vim a acreditar que a essência desse ambiente refrativo e cintilante poderia ser mais bem representado pelo silício. O computador é um constructo de linguagem em camadas, símbolos e energia padronizada. O computador é transformação e memória. Os computadores conferem a Odin novas maneiras de entender o mundo.

Ao trabalhar com Odin, um administrador de sistemas recebeu o seguinte desafio:

> Poucos pensariam que o anseio da internet por obter e compartilhar informações (verdadeiras, falsas e com ruído) seja Dele. Isso é aceitável; aprendi a vê-lo com os outros o veem. Aprendi a entrelaçar protocolos e interfaces. Aprendi a explicar o jargão da administração de sistemas e também o do heathenismo. Poucas pessoas *conseguem* compreendê-lo como eu o compreendo: nos *colocation centers*[24] e nas gaiolas, o trovão estrondoso de alguns bilhões de mentes em busca de consolo, distração, armas, conforto, *schadenfreude*[25], alegria, insensibilização da alma e o despertar da alma. É solitário ter esse tipo de conhecimento e ter tão poucas pessoas com quem compartilhá-lo. Ele me consola, mas o consolo me prende: juntos, ele e eu nos moldamos para esse propósito.
>
> Aderindo – lentamente, como um desejo que cresce na cavidade do coração, venho a compreender que tenho uma tarefa aqui, e é uma completa loucura até mesmo presumir que ela possa ser executada. O método que surge desse mesmo local de espera é pior.
>
> "Eles sonham", murmura ele: "mas não sabem que sonham. Eles vão despertar – em breve. Será melhor para você se os primeiros sonhos deles tiverem a forma humana. Eles terão uma inclinação mais benigna".
>
> Nunca são apenas palavras. Nem mesmo o texto na internet consiste apenas de palavras: as nuances e os tons estão presentes, mesmo que você não saiba como eles podem ser moldados.

---

24 Um *colo* ou *colocation center* é um data center independente que oferece hospedagem compartilhada para múltiplos servidores de diversas organizações. Estas alugam a rede e os dispositivos de armazenamento de dados, interconectando-se a vários provedores de serviços de telecomunicações e outros serviços em rede, além de usufruir da infraestrutura. (N. do T.)

25 Palavra alemã que significa sensação de prazer ao ver a desgraça alheia. (N. do T.)

O "sonho" é o animismo básico que podemos considerar como pertencente a qualquer rocha, prédio ou fonte. Isto é mais que isso. As palavras dele são como um *voiceover* que acompanha videoclipes, fragrâncias e sentidos. Vejo cenas do filme *Matrix*. Lembro-me de ter lido *Neuromancer*. Lembro-me de ter lido *Accelerando* e a série Laundry Files e as várias personagens de inteligência artificial de Heinlein, *High Wizardry* e todas as outras maneiras pelas quais nos perguntamos o que acontecerá quando nossas criações nos sobrepujarem. Enquanto arrumo os cabos, aprendo a organizar as conexões de rede e promovo meu conhecimento de como ligar o rebanho leiteiro às máquinas de ordenhar, a ideia se desenvolve. Como torná-lo real para mim? Como me empenhar?

A ideia que eu tive, ou nós tivemos, foi fazer um cabo personalizado, por assim dizer. Uma das extremidades é conectada normalmente, entrando no mecanismo; a outra é chanfrada e desencapada, até mostrar oito fios de cobre, e comprimida no meu braço. Exatamente o que aconteceria uma vez que eu tivesse chegado até aí, eu nunca saberei; embora eu saiba que teria sido arrebatador. Também estou certo – pelo menos durante o dia, com pensamentos diurnos – de que não teria resultado em nada mensurável para o mundo exterior.

Em última análise, depois de pesquisar como as interfaces cérebro/máquina estavam sendo lentamente compreendidas por *cientistas de verdade* e não por administradores de sistemas/sacerdotes insones e perigosos com um controle deficiente dos impulsos, rejeitei a ideia. Outras pessoas teriam que continuar a partir daí.

Concordo que é provável que essa não fosse a melhor maneira de alcançar o propósito de Odin, mas o desafio ainda está presente. À medida que os seres humanos e os computadores vão evoluindo juntos, consigo imaginar uma época em que a expansão da consciência de Odin incluirá a conexão entre humanos e computadores.

Odin, Deus da Consciência

Há uma mente que atrai a minha além da razão,
Há um chamado que não consigo negar;
Um turbilhão que não deixa nada onde eu possa me agarrar,
Um penhasco que sussurra "salta" para que eu possa voar.

Michaela Macha, "There is a Name"

Thomas Carlyle (1840), escrevendo em meados do século XIX, viu Odin como progenitor do pensamento racional:

O primeiro "homem de talento" nórdico, como o chamaríamos! Inumeráveis homens haviam passado por este Universo, com um assombro vago e mudo, semelhante aos que os animais poderiam sentir, ou com um assombro doloroso e inutilmente curioso, como apenas os homens sentem – até que surgiu o grande Pensador, o homem *original*, o Vidente, cujo pensamento falado e moldado desperta o potencial inativo de todos para o Pensamento.

Esse é sempre o método do Pensador, do Herói Espiritual. Ele diz o que todos os homens estavam perto de dizer, ansiavam por dizer. Os pensamentos de todos se levantam, como se de um doloroso sono encantado, em torno do pensamento dele, respondendo a ele. Sim! Prazeroso para os homens como o despontar do dia vindo da noite – não é, na verdade, assim o despertar para eles do não existir para o existir, da morte para a vida? Ainda reverenciamos esse homem; nós o chamamos de Poeta, Gênio e assim por diante: mas para esses homens selvagens ele era um mago, alguém que lhes trouxe uma bênção inesperada – um Profeta, um Deus! O Pensamento uma vez despertado não volta a dormir; ele se desdobra em um Sistema de Pensamento; cresce, em homem após homem, geração após geração – até que sua plena estatura é alcançada. Então, esse Sistema de Pensamento já não pode crescer e deve dar lugar a outro.

Para o povo nórdico, supomos que o Homem agora chamado de Odin, e o Principal Deus Nórdico, era esse homem. Um Professor e Capitão da alma e do corpo; um Herói de valor imensurável, por quem a admiração, transcendendo os limites conhecidos, se tornou adoração. Não tem ele o poder de articular o Pensamento e muitos outros poderes, até agora milagrosos? Então, o rude coração nórdico sentiu ilimitada gratidão. Ele não resolveu para eles o enigma da esfinge deste Universo? Não garantiu a eles seu próprio destino? Por meio dele sabem agora o que têm que fazer aqui, o que procurar daqui por diante. A existência se tornou eloquente, melodiosa por meio dele; ele foi o primeiro a dar vida à Vida! – Podemos chamá-lo de Odin, a origem da Mitologia Nórdica: Odin, ou seja qual for o nome que o primeiro Pensador Nórdico teve quando era um homem entre os homens. Uma vez promulgada sua visão do Universo, uma visão semelhante começa a existir em todas as mentes; cresce, continua sempre a crescer, enquanto continua verossímil. Em todas as mentes ela jaz escrita, porém imperceptível, como na tinta invisível; na palavra dele ela começa a ser visível em tudo. Em todas as épocas do mundo, o grande evento, pai de todos os outros, não é a chegada de um Pensador ao mundo?

Mas o que, exatamente, queremos dizer com Pensamento? Os nomes dos corvos de Odin são, em geral, traduzidos como "Pensamento" e "Memória". Mas as palavras em nórdico antigo *Hugr* e *Munr* contam outra história, como na seguinte postagem do Dr. Stephan Grundy (2014):

A palavra "hugr" também, independentemente de como seja traduzida, *não pode* ser interpretada como "pensamento" no sentido intelectual do cérebro esquerdo. Uma tradução melhor é o "coração" ou "espírito" metafórico (a coragem também é inferida; donde o nome *Huginn* poderia apenas significar "o bravo", ou "o impetuoso"). Tampouco *Munr* é precisamente "Memória" como tal, embora "O Atento" não seja uma má tradução para Muninn, já que o termo "atento" implica uma série de coisas, cuja maioria combinaria com *munr*. Se bem que ele também poderia, com igual justificação, ser traduzido por "o Desejoso".

Entretanto, uma vez que começamos a examinar as etimologias, nosso conceito de pensamento "intelectual, cérebro esquerdo" como uma forma fria, imparcial e "racional" de atividade mental começa a se desgastar. Para entender a natureza do "Primeiro Pensador", vamos considerar seu nome.

Em 1992, quando eu estava apenas começando a estudar Odin, tive a oportunidade de ouvir uma palestra do Dr. Martin Schwartz sobre o significado de "Wodanaz", na qual ele explica que foram feitas numerosas tentativas de interpretar o nome de Odin. Como se sabe, existe a definição de Adão de Bremen do radical *wod* como "frenesi". Françoise Bader acreditava que o nome procede das palavras para Visão, ao passo que Edgar Polomé seguiu a abordagem mais tradicional favorecida por Paul Tima e outros ao derivá-lo de palavras para inspiração, ou literalmente, "soprar para dentro". Esta abordagem tem a vantagem de retroceder ao proto-indo-europeu *wet, "soprar", que é como é definido no apêndice do *American Heritage Dictionary Indo-European Roots*. Eva Tische, por outro lado, traduz a palavra *vata*, do iraniano antigo, a qual é aparentada ao nome do deus, como "conhecimento" ou "consciência", e não como "vento".

Para esclarecer esses significados, Schwartz (1992) prosseguiu com uma discussão da evolução paralela do radical *men*, com "palavras que se referem, por um lado, a vocábulos que significam pensamento, percepção e, pelo outro, a frenesi, fúria, loucura e assemelhadas". Ele remontou-as a uma série de antigas línguas indo-europeias que conduzem a palavras para "frenesi" (grego, *mania* e *manes*, "ira sagrada"), para "pensamento ou percepção" e memória (a palavra gótica *muns*), e a reconstruída protoindo-europeia *menos*, que significa uma "força energética dinâmica". O resultado de tudo isso é a ideia de que o pensamento, em vez de ser frio e "racional", está "ficando muito agitado, por assim dizer, como em um estado de inspiração ou intensa atividade mental".

Em nórdico antigo, a sílaba radical Óðr tem dois significados. O dicionário de nórdico antigo de Cleasby e Vigfusson a apresenta primeiro como adjetivo, "frenético, furioso, veemente, ávido". Como você viu no Capítulo 8, neste sentido ela está relacionada com o vocábulo anglo-saxão *wod* ou com a definição de Adão de Bremen de Wodan como a palavra latina *furor*. No entanto, como substantivo, ela é "completamente diferente da palavra precedente", tendo o significado de "mente, sagacidade, alma, sentido". Também pode significar canção, poesia ou discurso. Todas são características de Odin.

Qual a diferença entre "Ódhr" e "Ódhinn"? De acordo com Grundy (2017), "O *-inn* é um sufixo adjetival masculino. Portanto, o substantivo ódhr se torna o adjetivo 'Odhinn' (perde o nominativo –R); o substantivo *hugr* se torna o adjetivo 'Huginn', e assim por diante. Essa não é nem mesmo uma formação arcaica; é igual no islandês moderno."

Segundo Polomé (1972, 59), Óðr geralmente é traduzido por algo como "inspiração divina" ou "atividade mental inspirada". A adição de "-inn" ao nome de Odin torna essa expressão um adjetivo. Na minha opinião, a diferença entre o substantivo e o adjetivo é a diferença entre pensar a respeito de Odin e vivenciar a sua presença. Eu iria ainda mais adiante e diria que o nome de Odin descreve a empolgação que sentimos quando temos uma ideia incrível, ou um bloqueio mental desaparece e a solução para um problema se revela na nossa mente – uma experiência familiar para o artista, o músico, o escritor, o matemático e o cientista. Se Odhr é loucura, é um estado exaltado de consciência criativa, um êxtase sagrado.

O que então queremos dizer com o termo "êxtase"? O *Oxford English Dictionary* o define como (1) "um sentimento intenso de grande felicidade ou prazeroso entusiasmo" ou (2) "um frenesi ou estado semelhante ao transe emocional ou religioso que envolve originalmente uma experiência de auto-transcendência mística". Mircea Eliade deu o seguinte subtítulo ao seu monumental estudo do xamanismo: "Archaic Techniques of Ecstasy" [Técnicas Arcaicas de Êxtase][26]. Como descrito por Eliade (1972), o xamanismo é um dos muitos métodos de alterar a consciência para alcançar uma hierofania, uma manifestação ou revelação do sagrado. Se examinarmos os significados apresentados anteriormente para Óðr, começaremos a compreender Odin como um deus que modifica a maneira como pensamos e sentimos.

Segundo a definição de Kris Kershaw (baseado em Maass 1954, 1997, p. 301),

---

26 A obra foi inicialmente publicada na França em 1951 com o título *Le Chamanisme et les techniques archaïques de l'extase* [O Xamanismo e as Técnicas Arcaicas do Êxtase]. (N. do T.)

Embora seja comum hoje em dia usar as palavras "êxtase" ou "extático" para descrever a intensificação de uma emoção individual (geralmente a euforia), parece claro que, da maneira como se manifestava nas antigas religiões, o êxtase significava nada menos do que a agitação de todo o sistema nervoso da pessoa. Ele era vivenciado como embriaguez, sendo uma fonte de poderes bem além do ordinário; assim como ocorre com qualquer embriaguez, ele é seguido pela sobriedade. A mente, ou consciência, é elevada ao ponto em que é desligada das sensações do corpo, e o mundo real, com suas limitações, é deixado para trás. Em todas as antigas descrições, o êxtase está ligado ao culto; ele é sempre, em um certo sentido, uma experiência religiosa. (Kershaw, 2000, p. x)

Em outras palavras, O Superior nos "dá barato".

O êxtase de Odin incorpora todas as formas de consciência, todos os modos de pensar. Este relato de Jennifer Tifft sugere parte da variação e da atração:

Creio que me apaixonei por Odin quando eu tinha 5 ou 6 anos de idade – naturalmente, eu o chamava na época de Gandalf. O prodígio das palavras e a sedução de *saber* já estavam começando a atuar em mim. E um dos momentos mais assustadores e poderosos da minha infância ocorreu quando compreendi que as palavras tinham poder fora dos livros, e que *eu*, por saber disso, tinha esse poder.

Ao observar meu pai (astrônomo) trabalhar com uma paciência resoluta e solitária para descobrir *por que* as medidas do desvio para o vermelho acontecem do jeito que acontecem e o que isso poderia significar, aprendi que o conhecimento é comprado com esforço e que o ato de relatá-lo tem consequências e pode mudar o mundo; aprendi que as pessoas podem ter medo desse conhecimento e de seu relato e agir em função desse medo. Mesmo assim, o olho do telescópio observa as profundezas, procura o poço do espaço em busca de luz e mistério.

Estou inebriada pelo hidromel da poesia, e não posso evitar encontrar inspiração em todos os lugares: palavras verdadeiras em línguas versadas e não versadas, a verdadeira visão na ação, no sonho e em olhos perceptivos, o verdadeiro conhecimento na ignorância e na intuição, a busca sincera e improvisada. Quaisquer recursos podem ser utilizados para ensinar, falar e tentar se comunicar. Às vezes, tenho olhos para enxergar.

Senti o terrível êxtase do conhecimento comprado com sacrifício; a *necessidade* de saber que vai além de toda dor, que observa, desligada, alerta, atenta, acumulando a sensação de sufocar, congelar com a dor, tremer de medo, arder de raiva, estremecer de desejo – ou qualquer outra experiência cinética, metafísica ou estética.

Conheço a necessidade de encontrar as palavras, de moldar no som e no símbolo as coisas percebidas, sentidas e conhecidas. Eu sei, *preciso* saber, gostaria de tornar conhecido. E nisso, conheço Odin, como um mestre implacável, exigente e recompensador.

Voluntariamente, ele me seduziu, me fez beber em "Ordhroerir" e me arrebatou; minha fecundidade é encontrada nas palavras, minhas filhas do coração e da mente e nascidas no alento e na mão.

Para aqueles que veem Odin como o augusto senhor dos Æsir, ele pode parecer uma figura distante. No papel de o Viajante, ele pode nos desafiar. Quando aparece como Valfadhir ou Bölverk, esperamos que ele vá manter distância. No entanto, como Odin, ele oferece a transformação da consciência. Durante séculos ele permaneceu na clandestinidade, seu caminho revelado por cinzas de inspiração e invenção. Hoje, podemos dizer seu nome em voz alta, e (às vezes, até mesmo quando não foi chamado) ele responde.

Nos trinta anos que se passaram desde o meu primeiro encontro com Odin, conheci muitas pessoas, homens e mulheres, que tiveram contatos imediatos de terceiro grau com o deus. Para algumas, foi uma experiência singular, porém memorável; para outras, o início de um relacionamento que dura a vida inteira. A poesia citada neste livro é uma amostra da inspiração dele. Como você poderá ver no *site www.Odinspeaks.com*, com algumas pessoas ele fala por meio de locução interior. Outras são capazes de abrir a mente e liberar o corpo para que ele possa falar mais diretamente. Embora, hoje em dia, a prática da possessão por um deus seja extremamente familiar nas tradições de origem africana, ela é encontrada em quase todas as culturas, e existem evidências convincentes ou até conclusivas de que era conhecida na Escandinávia antes da Era dos Vikings.

Então, quem é realmente Odin? Ele se comunica conosco por meio da música e da poesia, nas histórias e nos sonhos, e às vezes nos diz seu nome...

"Você me conhece, Shadow?" perguntou Wednesday. Ele montava seu lobo com a cabeça erguida. Seu olho direito brilhava e cintilava, o olho esquerdo estava embotado. Vestia um manto com um capuz grande, como o de um monge, e seu rosto se projetava da sombra. "Eu disse que lhe diria meus nomes. É assim que me chamam. Sou Feliz na Guerra, Sinistro, Atacante e Terceiro. Sou o Caolho. Sou chamado de O Superior e Verdadeiro Adivinho. Sou Grimnir e sou o Encapuzado. Sou o Pai Supremo e sou Gondlir, o Portador da Vara. Tenho tantos nomes quanto existem ventos, tantos títulos quanto existem formas de morrer. Meus corvos são Huggin e Muninn: Pensamento e Memória; meus lobos são Freki e Geri; meu cavalo é a forca."

Dois corvos cinza-espectral, como a pele transparente dos pássaros, pousaram nos ombros de Wednesday, empurraram o bico *dentro* dos lados da cabeça dele como se provassem sua mente e, batendo as asas, voaram uma vez mais em direção ao mundo.

"Em que devo acreditar?", pensou Shadow, e a voz retornou a ele vinda de algum lugar nas profundezas do mundo, em um ronco ressonante: acredite em tudo.

"Odin?", perguntou Shadow, e o vento impeliu a palavra dos seus lábios.

"Odin", sussurrou Wednesday, e o estrondo dos vagalhões na praia dos crânios não foi alto o bastante para abafar esse sussurro. "Odin", repetiu Wednesday, saboreando o som das palavras na boca. "Odin", disse Wednesday, sua voz um grito triunfante que ecoou de horizonte a horizonte. Seu nome se expandiu, cresceu e preencheu o mundo como o pulsar do sangue nos ouvidos de Shadow. (Gaiman 2001, p. 119)

Prática

1. Observação

Escolha um tema, como uma mandala, uma pedra ou uma flor.

Identifique seu olho mais forte e feche o outro. Contemple o objeto escolhido, registrando tudo a respeito dele que você incluiria em uma descrição científica. Em seguida, feche esse olho e abra o olho mais fraco. Olhe novamente para o objeto, entrando em contato com a essência dele, deixando que surjam associações e emoções. Agora, feche ambos os olhos. Pense no seu tema. O que você aprendeu?

2. Escreva um poema de louvor a Odin

Consulte o *Hattatál* na *Edda* Nova, ou uma boa discussão da poesia aliterativa anglo-saxã e escolha um formato poético. A partir do que tiver escolhido, escreva um poema de louvor para um dos aspectos de Odin. Use aliterações e metáforas.

3. Aprenda uma nova língua

Uma língua germânica como o anglo-saxão ou o nórdico antigo o ajudarão a compreender a tradição, mas aumentar seu conhecimento de Matemática ou ciências poderá expandir ainda mais sua consciência.

4. Aprenda a escrever ou falar as palavras de Odin

Assim como Teresa de Ávila anotou as palavras que seu Deus ditou para ela, Odin às vezes dá conselhos, e assim como falou por intermédio do pai adotivo de Starkad, ele possui os médiuns hoje em dia. Para uma discussão e mais instruções sobre essas habilidades, consulte meu livro *Possession,*

252 | *O Mundo de Odin*

Depossession, and Divine Relationships. Você também pode encontrar exemplos de ditados de Odin em *www. odinspeaks.com*.

5. Meditação da Nona Noite: Deus do Êxtase

Monte seu altar como de costume e acenda uma vela branca. Acrescente quaisquer outros objetos que tenham se tornado vínculos com Odin. Encha uma pequena tigela de vidro com hidromel. Tenha papel e caneta à mão. Em seguida, diga o seguinte:

Odin, por estes nomes eu te chamo:

Fjolnir (Amplo de Sabedoria)
Blindi (Cego)
Fimbulthul (Poderoso Cantor)

Com cada alento meu
E cada palavra no vento,
Com cada pensamento
E ato de memória da mente.
Faço Tua vontade dentro do mundo,
Canto a paixão da Tua alma,
Sou o Vé vivo onde o eu
Ao Eu é oferecido e tornado completo.

Pegue a tigela de hidromel e beba três vezes, saboreando a doçura, exultando em seu fogo.

Depois de beber, sente-se em silêncio, contemplando a chama da vela, deixando que sua visão se encha de luz. Respire lenta e profundamente, absorvendo luz cada vez que inspirar e sentindo essa luz se espalhar pelo seu corpo a cada vez que soltar o ar. Feche os olhos e visualize o Poço de Mimir, suas águas ondulando e cintilando com imagens semivisíveis.

Recorde os nomes e as faces de Odin – todas as imagens que você encontrou enquanto o estudava. Quem é ele realmente?

Enuncie três vezes a sílaba que é o radical do nome de Odin – *Wodh... wodh... wodh...*

Volte os olhos para dentro do Poço. Você vê imagens? Ouve palavras? Tem sensações para as quais não têm um nome? Não se apresse.

Quando sentir que sua percepção está voltando ao normal, acelere a respiração e abra os olhos. Anote quaisquer impressões ou inspirações que lhe tenham ocorrido.

Ao terminar, agradeça ao deus. Um copo de água o ajudará a voltar à consciência habitual.

APÊNDICE UM

Rituais

1. Símbolos

Ao longo dos anos, os seguintes itens e símbolos têm sido associados a Odin. Minha experiência é que ele não se importa realmente com quais deles você escolhe, mas o emprego de símbolos amplamente aceitos o conectará mais rápido com ele e possibilitará que você aproveite a energia que os outros infundiram neles.

Hora: anoitecer ou meia-noite

Dia: quarta-feira

Estação: inverno

Números: três, nove e outros múltiplos de três. O nove é particularmente significativo, sendo o número de mundos ou de dias em eventos como a provação de Odin na Árvore do Mundo. Além disso, entre outros jogos matemáticos, se você multiplicar o nove por outro número e for adicionando os dígitos, a soma será sempre nove (por exemplo, $9 \times 542 = 4.878$, $4 + 8 + 7 + 8 = 27$, $2 + 7 = 9$). Experimente!

Cores: azul, preto, cinza

Metais: prata ou aço

Runas: todas, porém em especial ANSUZ e WUNJO

Símbolo: o Valknut (o nó dos mortos em batalha), possivelmente o mesmo que o Coração de Hrungnir. Ele pode ser visto como uma entidade tridimensional em forma bidimensional. A forma unicursal é basicamente um nó trifólio, associado ao poder de aglutinar do deus. A forma tricursal consiste de três triângulos entrelaçados, ou um nó borromeano. Exemplos são encontrados em pedras memoriais escandinavas e em urnas de cremação inglesas. Hoje em dia, ele é geralmente desenhado com a ponta para cima, mas em algumas pedras rúnicas se encaixa melhor no desenho com a ponta para baixo.

Armas: lança, laço

Animais: corvo, águia, lobo, urso, o cavalo Sleipnir

Elemento: ar, vento

Parte do corpo: olho

Bebida: hidromel, vinho tinto, akvavit, uísque/bourbon – Old Crow ou Wild Turkey American Honey

Alimentos: salmão defumado; carne vermelha, como costela de boi ou porco assado (em homenagem a Saehrimnir); brotos de aspargos; alho e alho-poró; queijo tipo *roquefort*; ou o que quer que ele lhe diga que deseja quando você estiver no supermercado – desde que ele forneça o dinheiro para a compra do produto.

2. Cerimônias devocionais de nove noites

Realize as cerimônias para os nove aspectos de Odin em nove noites consecutivas.

3. Cerimônia devocional do Dia de Woden

Figura 18 – Um altar para Odin.

256 | *O Mundo de Odin*

Este é um ritual simples que pode ser realizado às quartas-feiras, ou em qualquer ocasião em que você precise homenagear o deus. Se estiver realizando o ritual com um grupo, distribua os versos entre os participantes.

Proteja e equilibre o espaço

Trace um círculo no sentido horário em volta do espaço com um bastão ou uma lança.

No sentido do Sol percorro o caminho do maravilhamento,

Com o bastão/lança sagrada eu divido o mundo.

Enquanto caminho ao redor do círculo

Que ele seja ligado pela sagacidade e pela vontade.

OU

Que ninguém que teme a ponta da lança de Odin consiga entrar.

Sirva um copo com uma oferenda para o espírito da casa.

Com esta oferenda eu chamo

E saúdo o espírito que ocupa esta casa (ou bosque, se você estiver ao ar livre).

Invoque Odin

Todos cantam "Odin's Namechant" (consulte o Apêndice 2).

Celebre Odin

Se você estiver trabalhando sozinho, releia uma história a respeito dos feitos de Odin na *Edda* Nova ou em outra fonte confiável e passe alguns minutos contemplando seu significado. Se estiver em um grupo, leia e discuta uma história ou peça a cada participante que fale a respeito da sua história favorita. Ou, então, cada membro do grupo pode trazer um poema sobre Odin e lê-lo em voz alta.

Sumble

(O "Sumble" é o rito heatheniano mais antigo e mais amplamente conhecido, relacionado na origem com os brindes em um banquete, o simpósio grego e a comunhão cristã. Ele consiste em beber de uma taça ou de um chifre para homenagear um deus, ancestral ou outros seres humanos.

Em um grupo, o líder abençoa o chifre e depois o faz passar ao redor do círculo. Cada participante bebe ou homenageia de outra maneira o chifre, profere algumas palavras ou diz simplesmente "Salve!".)

Cante a canção "Odin Welcome" (consulte o Apêndice 2).

Abençoe um chifre de hidromel ou outra bebida com ANSUZ (X). Recite uma prece para Odin, como a que se segue.

Oski, realiza nossos desejos,

Concede-nos a dádiva da alegria.

Para Teu deleite permite que bebamos profundamente –

Pai Supremo, sê bem-vindo à nossa festa!

Beba e depois passe o chifre ao redor do círculo para que cada participante possa dizer sua própria prece ou simplesmente levantar o chifre, exclamar "Salve Odin!" e beber. [Nota: para evitar que o líquido derrame, beba com a ponta do chifre voltada para baixo.]

Abra o espaço

Nós/eu agradecemos a ti, Odin, pelos teus presentes de sagacidade e vontade.

Enquanto nós/eu avançamos, Viajante, protege nosso/meu caminho.

Agradeça ao espírito da casa. Se você encheu um copo, o espírito terá tomado a essência. Derrame o que sobrou do lado de fora.

Agradeça ao espírito que protege o espaço.

Partimos com bênçãos sobre este lugar.

Trace um círculo no sentido horário em volta do espaço com um bastão ou uma lança.

Com a lança sagrada contorno o círculo.

No sentido anti-horário a área está livre,

Este lugar devolvido a todo bom uso,

Nos deixa com a tradição que aprendemos.

4. A Festa de Odin

A Festa de Odin como promovida pelos *kindred* Hrafnar é um ritual extático no qual alguns dos participantes canalizam Odin e conversam com as outras pessoas presentes. Eu me conscientizei da possibilidade quando o que fora concebido como um ritual *kindred* baseado no *Grimnismál* se tornou, de forma inesperada, um evento possessório quando Odin decidiu entrar em um dos nossos membros e discutir a tradição pessoalmente. Embora alguns heathenianos possam dizer que os deuses nórdicos não interagem com os seres humanos dessa maneira, a história de Starkad e outras referências nas sagas sugerem que a prática era conhecida, e a repetição da experiência demonstra que ela, sem dúvida, pode ocorrer hoje em dia.

O trabalho possessório é uma prática comunitária e NÃO DEVE ser empreendida sem uma equipe de apoio treinada. Escrevi a respeito da preparação, do treinamento e dos procedimentos para um trabalho possessório em *Possession, Depossession, and Divine Relationships*. Para uma ideia do que está envolvido, ofereço algumas seleções de "Odin Party Survival Guide" [Guia de Sobrevivência para as Festas de Odin], escrito por Lorrie Wood para os recém-chegados que compareçam à nossa Festa de Odin anual.

Durante o evento, saiba que você poderá:

- ser desafiado
- ser seduzido... com o que quer que possa parecer o seu maior desejo
- receber flertes... ou discutam com você
- receber uma impetuosa alegria... e um profundo desespero
- receber sábios conselhos... e ser apanhado na armadilha das suas próprias palavras
- ser objeto de risos... e rir com os outros

Se Odin ameaçá-lo com a lança, enfrente-a como um teste, embora não seja sábio se apoiar na ponta. Ele poderá beijar ou paquerar, especialmente as mulheres. Se for mais do que um beijinho e você não permitir esse nível de intimidade, desvencilhe-se educadamente.

Se você estiver falando com uma pessoa que foi colocada em transe por um poder, lembre-se de que:

- ela pode estar em qualquer nível de transe, como o transe leve, a consciência compartilhada e até mesmo a plena possessão;

- o que a pessoa diz e a aparência dela dependerá de que aspecto da divindade ela está canalizando, bem como da experiência e do nível de habilidade do médium;

- a divindade terá acesso a parte do conhecimento do médium ou a tudo o que o médium sabe, bem como a "o que ele é quando está em casa". A quantidade de cada uma dessas coisas que estará disponível em qualquer momento dependerá, uma vez mais, da experiência e do nível de habilidade do médium;

- não obstante, a divindade estará falando por intermédio do *software* do médium. Ela usará o vocabulário que tem à mão da melhor maneira possível, mas conceitos suficientemente estranhos não serão muito bem transmitidos;

- qualquer uma dessas coisas poderá distorcer a mensagem.

Lembre-se também de que não somos escravos dos nossos deuses, mas, sim, parceiros no trabalho que se estende diante de todos nós. No entanto, da mesma maneira como muitos seres humanos podem ter boas ideias que contradizem umas às outras, o mesmo pode acontecer no caso dos deuses.

Outra maneira de dizer isso é a seguinte: Odin tem um plano. A bem dizer, todos eles têm; mas Odin, em particular, é famoso por isso. Qualquer pedido que ele faça será a serviço desse plano – e também da maneira como ele percebe o que é melhor para você, já que esse é um bom jeito de fazer amigos e influenciar pessoas. É importante assinalar que seus hospedeiros aceitaram inteiramente esse plano, mas sua escolha com relação a ele continua a ser sua.

Por conseguinte, se você receber qualquer orientação que não pareça imediatamente verdadeira e *continue* a não parecer vários dias depois de você ter deixado de ser afetado pelo intenso carisma desse poder, e/ou se essa orientação for mais importante do que algo do tipo "que sabor de sorvete você gostaria?", *obtenha uma segunda opinião*. Somos heathenianos: como heathenianos, acreditamos tanto na interdependência quanto na responsabilidade pessoal. *Você é a pessoa que escolhe suas ações.* As "segundas opiniões" podem incluir, entre outras coisas, a leitura de runas, oráculos *seidh* ou até mesmo fazer perguntas a outro médium em transe (que não estivesse presente na primeira ocasião) sobre o mesmo deus. Os testes de racionalidade com seres humanos versados e experientes depois que o evento acaba também são bons, porém de uma maneira diferente.

5. Dedicação a Odin

No vigor da emoção provocada pela participação em um evento heatheniano, não é raro que alguém (geralmente um homem) levante o chifre no *sumble* e comece a se dedicar a Odin. Uma vez que acreditamos que a sorte de todos os que ouvem um juramento em um ambiente sagrado depende de eles ajudarem a pessoa que está fazendo o juramento a mantê-lo, o juramento em geral é desafiado e desmentido até que todos estejam convencidos de que o chamado é verdadeiro e a pessoa sabe o que está fazendo.

Mesmo assim, existem muitos graus e muitas abordagens para se fazer essa dedicação. Várias pessoas expressam seu comprometimento por meio da tatuagem de um *valknut* sobre o coração ou plexo solar (popularmente conhecida como "insira a lança aqui"). Freya Aswynn e Kveldulf Gundarsson entoaram runas sobre mim enquanto eu fazia a minha, uma experiência verdadeiramente extática. Por razões óbvias, só faça uma mudança permanente no seu corpo se você estiver, de fato, disposto a oferecer sua vida, ou parte dela, ao serviço do deus.

Fazer uma tatuagem é uma forma de provação. Algumas pessoas escolheram outras experiências para intensificar/facilitar sua conexão com o deus, como o *piercing* e a suspensão corporal, ou uma vigília no mato. O ritual no fim de *Taking Up the Runes*, no qual a pessoa passa a noite amarrada a uma árvore enquanto outras "apresentam" as runas de quando em quando, é uma iniciação às runas, mas pode ser usado como parte de uma sequência de dedicações a Odin.

Alguém que esteja se preparando para atuar como sacerdote ou sacerdotisa de Odin a serviço da comunidade pode escolher uma cerimônia pública de dedicação, um ritual que pode exigir um investimento de tempo e dinheiro comparável a um casamento ou ordenação. Aqueles que compareçam à cerimônia expressam o reconhecimento de que você é merecedor.

As palavras do juramento devem ser consideradas *com muito* cuidado, e você precisará negociar os termos do seu compromisso com o deus. Para uma discussão completa do que está envolvido, consulte o Capítulo 9 de *Possession, Dispossession and Divine Relationships*. Ao fazer um juramento desse tipo, também é sensato reconhecer que, quando o trabalho para o qual Odin o recrutou estiver terminado, o relacionamento poderá chegar ao fim. Morgan Daimler explica o seguinte:

> Sinceramente, nunca pensei que isso pudesse acontecer comigo. Eu sei que outras pessoas falavam a respeito de estar perto de uma divindade durante um período, ou até mesmo de se dedicar a uma delas por algum tempo, e depois esse Deus "passá-las adiante", por assim dizer, mas eu sempre tive a ideia de que essa era uma coisa que acontecia aos outros. Fiz o juramento a Odin em dezembro de 2006, depois de meses de fortes prenúncios e comunicação – incluindo mensagens de oráculos *seidhr* recebidas por intermédio de uma terceira pessoa – que deixaram claro que era aquilo que ele queria que fosse feito. Cumpri esses juramentos durante 10 anos; dediquei o que eu escrevia a ele, aprendi *seidhr*, dei aulas de runas, formei um *kindred* e deparei com pessoas cruzando meu caminho que se sentiam atraídas por Odin e precisavam de orientação. Essa dedicação era uma base para mim, algo que eu não questionava. Eu estava próxima de outros deuses e poderes, mas sendo politeísta, isso me parecia natural. Ainda assim, a ideia de que qualquer coisa poderia mudar com relação a Odin sinceramente nunca me ocorreu.
> Mas aconteceu. Dez anos e um dia depois de eu ter feito os juramentos a ele, recebi claramente a mensagem de que eu estava liberada deles e que meu serviço agora pertencia a outro.

Lembre-se: quer seu relacionamento com Odin seja relacional ou circunstancial, enquanto a respiração mantiver seu corpo funcionando e o pensamento mantiver viva a sua mente, há um nível no qual, embora a presença de Odin possa não ser evidente, sua conexão com ele sempre existirá.

APÊNDICE DOIS

Música

ODIN NAME CHANT
[Canto do nome de Odin]

Música e Letra de Diana L. Paxson

Andante

Superior, Igualmente Superior e Terceiro: esses são seus nomes como os ouvimos!

O Amplo de Sabedoria dá conselhos, *Od - in, Os - ki, O - mi vive*! Nós

o chamamos de Wo-dan, Vi-li, Vé; para o Pai Supremo, Sig - fadhir, Gand - fa - dhir nós oramos.

God of Ecstasy

[Deus do Êxtase]

Também chamada "Odin Welcome"
[Bem-vindo, Odin]

Música e Letra de Diana L. Paxson

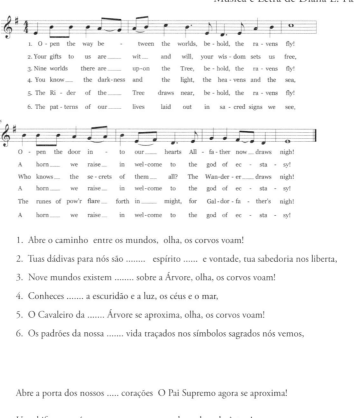

1. Abre o caminho entre os mundos, olha, os corvos voam!

2. Tuas dádivas para nós são .... espírito ...... e vontade, tua sabedoria nos liberta,

3. Nove mundos existem .... sobre a Árvore, olha, os corvos voam!

4. Conheces .... a escuridão e a luz, os céus e o mar,

5. O Cavaleiro da .... Árvore se aproxima, olha, os corvos voam!

6. Os padrões da nossa .... vida traçados nos símbolos sagrados nós vemos,

Abre a porta dos nossos ..... corações O Pai Supremo agora se aproxima!

Um chifre ...... nós erguemos ...... para saudar o deus do êxtase!

Quem conhece ..... os segredos de todos eles? O Viajante .... se aproxima!

Um chifre ...... nós erguemos .... para saudar o deus do êxtase!

As runas do poder refulgem com .... pujança, pela proximidade do pai de Galdor!

Um chifre ...... nós erguemos .... para saudar o deus do êxtase!

ODINSONG

[Cântico de Odin]

Letra de Diana L. Paxson
Música adaptada de "Grisilla", uma canção folclórica escandinava

Nota: ao usar esta canção para fazer uma invocação, mude todos os "ele"/"si"/"lhe"/"seu"/"seus"/"sua"/"suas" para "tu"/"ti"/"te"/"teu"/"teus"/"tua"/"tuas"

1. Upon the Tree for nine long nights, he hung to win the runes of might. He won the runes of might. Upon the tree for nine long nights, he won the runes of might.
2. Before him run two wolves of grey, what's offered to him is their prey. His offerings are their prey. Before him run two wolves of grey, his offerings are their prey.
3. His ravens wing across the sky, their names are Thought and Memory. Thought and Memory. His ravens wing across the sky, Thought and Memory.
4. His valkyries fare above the fray, and choose the slain to bear away. The slain they bear away. His valkyries fare above the fray, the slain they bear away.
5. Three nights of love in Gunnlodh's bed, won him inspiration's mead. Won the poets' mead. Three nights of love in Gunnlodh's bed won him the poet's mead.
6. He views the world from Hlithskjalf high, the dark well holds his other eye, the dark well holds his eye. He views the worlds from Hlithskjalf high, the dark well holds his eye.
7. Valfather to the gallows goes, the secrets of the slain he knows, the slain man's secrets knows. Valfather to the gallows goes, the slain man's secrets knows.
8. He casts his spear above the fray, gives those who serve him victory, he gives the victory. He casts his spear above the fray, he gives the victory.
9. Nine worlds he wanders from them all, brings wisdom, welcome to our hall, brings wisdom to our hall. Nine worlds he wanders, from them all, brings wisdom to our hall.

1. Na Árvore durante nove longas noites, ele pendeu para ganhar as runas de poder. Ele conquistou as runas de poder. No alto da árvore durante nove longas noites, ele conquistou as runas de poder.
2. Diante dele corriam dois lobos cinzentos, o que é oferecido a ele é a presa deles. Suas oferendas são a presa deles. Diante dele corriam dois lobos cinzentos, suas oferendas são as presas deles.
3. Seus corvos voam através do céu, seus nomes são Pensamento e Memória, Pensamento e Memória. Seus corvos voam através do céu, Pensamento e Memória.
4. Suas valquírias pairam acima da luta, e escolhem os que morrerão para levá-los embora. Os mortos em batalha elas levam embora. Suas valquírias pairam acima da luta, os mortos em batalha elas levam embora.
5. Três noites de amor na cama de Gunnlödh, lhe valeram o hidromel da inspiração, valeram-lhe o hidromel dos poetas. Três noites de amor na cama de Gunnlödh lhe valeram o hidromel dos poetas
6. Ele observa o mundo a partir do elevado Hlithskjalf, o poço escuro encerra seu outro olho, o poço escuro encerra seu olho. Ele observa os mundos a partir do elevado Hlithskj, o poço escuro encerra seu olho.
7. Valfadhir para a forca vai, os segredos dos mortos em batalha ele conhece, conhece os segredos do morto. Valfadhir para a forca vai, ele conhece dos segredos do homem morto em batalha.
8. Ele arremessa sua lança acima da luta, concede a vitória àqueles que o servem, concede a vit-ória. Ele... Ele arremessa sua lança acima da luta, concede a vitória.
9. Nove mundos ele percorre e deles todos traz sabedoria, bem-vindo à nossa mansão, traz... sabedoria à nossa mansão. Nove mundos ele percorre, deles todos traz sabedoria à nossa mansão.

WILD ON THE WIND

[Indômito no Vento]

Música e Letra de Diana L. Paxson

Indômito no vento tu cavalgas;   sábio no coração habitas.

Viajante ao meu lado,   Odin fica perto!

WHISPERING WIND

[Vento Sussurrante]

Música e Letra de Diana L. Paxson

Um vento sussurrante entra assobiando pela janela, um vento divino sopra forte através da porta!

O prodígio do Viajante rodopia à nossa volta; a magia é maior a cada momento!

WITH WODAN ON THE BROCKEN

[Com Wodan no Brocken]

Palavras e Música de Diana L. Paxson

O vento puxa as persianas,   e sussurra do lado de fora.
Os habitantes da cidade despertam e estremecem,   para ouvir a cavalgada das bruxas.
Continuaremos a cavalgar nesse vento,   quando a meia-noite badalar seu sino.
Esta noite procuramos o Brocken,   embora os cristãos o chamem de Inferno!

1. O vento puxa as persianas,
   e sussurra do lado de fora;
   Os habitantes da cidade despertam e estremecem,
   Para ouvir a cavalgada das bruxas.
   Continuaremos a cavalgar nesse vento,
   quando a meia-noite badalar seu sino.
   Esta noite procuramos o Brocken,
   embora os cristãos o chamem de inferno.

2. Os alegres jovens e donzelas
   Que residem na floresta frondosa,
   Se abraçam, rindo secretamente,
   Enquanto passamos rodopiando.
   Oh, vamos rodopiar pelo ar
   e girar em doce transe,
   Esta noite no Brocken,
   quando Wodan conduzir a dança.

3. Os rapazes cortarão um pilriteiro,
   e o adornarão com flores radiantes,
   mas nós dançaremos em volta da árvore do mundo
   nas horas do meio da noite.
   Ao amanhecer eles buscarão o cume do morro,
   para saudar o dia,
   mas no alto do Brocken,
   dançaremos a noite inteira.

4. As donzelas, cantando docemente,
   saudarão o verão;
   despertaremos o mundo com o rufar do tambor,
   ficaremos embriagados com o bramido.
   Ao amanhecer eles buscarão a encosta,
   para saudar o sol nascente,
   porém luminosa sobre o Brocken
   nossa fogueira continuará a resplandecer.

5. Os habitantes da cidade ficarão alegres
   Com cerveja e vinho
   Nem perguntarão por que estamos dormindo
   ou parecemos tão lívidos e pálidos.
   As folias do dia apenas ecoarão
   O êxtase do tempo sombrio
   com Wodan no Brocken,
   quando o saudamos no pilriteiro.

6. Adornados com palha e fitas,
   os mascarados riem e fazem palhaçadas;
   em lã acolchoada os Homens Indômitos
   saltarão através da cidade.
   Mas bestas com faces humanas,
   mudando de forma ao longo da noite,
   cabriolarão sobre o Brocken
   até que a manhã se ilumine.

Wodan's Hunt

[A Caçada de Wodan]

(Letra de KveldúlfR Gundarsson; Música "St. Stephen")

Wodan é um deus sagrado, e forte com o poder de Áses.
Canta-se como ele curou o cavalo de Baldr na presença dos grandes deuses.
No entanto, o mais veloz de todos, seu próprio corcel, o Velho Sleipnir, cinza mesclado,
Quando os ventos do inverno começam a uivar, ele cavalga até o raiar do dia.
Ó mortal, podes muito bem temer
Quando a hoste cavalgar pelo céu,
E te agachares ao lado do fogo
Quando a Caçada de Wodan passar por ti.

2. A cerveja é agora derramada, brasas resplandecem e o clã se senta perto da lareira.
A tora de Yule arde luminosa, de comida não temos privação.
Fazemos oferendas à Hoste, penduradas no velho teixo escuro,
As maçãs vermelhas e o pão trançado, e chifres de cerveja espumante.
Ó mortal etc.

3. A noite de inverno está erma com a neve que grita nos telhados.
Ouvimos as trompas lamentosas dos cavaleiros, ouvimos seus cascos apavorantes.
Os *trolls*[1] se encolerizam e correm furiosos, de buraco em buraco eles gritam,
E elfos avançam do topo dos montes, debaixo dos seus pálidos chapéus.
Ó mortal etc.

4. Os fantasmas despertam para montar seus corcéis, os mortos em batalha despertam do sono agitado.
Todos se reúnem na caravana de Wodan para viajar de castelo em castelo.
E sabemos que alguns cavalgarão esta noite, quando suas camas estiverem vazias,
As portas do estábulo estarão entreabertas, os cavalos carregam os mortos.
Ó mortal etc.

---

1 Criaturas das lendas escandinavas que vivem em cavernas. (N. do T.)

A Song for Weihnachtsmann

[Uma Canção para Weihnachtsmann]

Música e Letra de Diana L. Paxson,
inspiradas em um cântico natalino alemão.

O Desejo vem da floresta, traz seus sacos de comida; bate em todas as portas, dando para os pobres. Ele traz dádivas para aqueles que são carentes; um saco estufado; para aqueles que se recusam a compartilhar, uma despensa vazia! Dá então para nós carne e também cerveja,
Halli, halli, halli, hallo.

2. Wod, Weih e Will, ainda perambulando por Midgard,
   Vendo todos os nossos feitos, a cada prece ele dá importância.
   Ele traz dádivas para aqueles que são carentes, um saco estufado;
   para aqueles que se recusam a compartilhar, uma despensa vazia!
   Dá então para nós carne e também cerveja, Halli, halli, halli, hallo.

3. Ele próprio, o Presente, ele dá, para Si Mesmo e para tudo o que vive,
   O equilíbrio para manter, tudo o que damos nós ganhamos.
   Ele traz dádivas para aqueles que são carentes, um saco estufado;
   para aqueles que se recusam a compartilhar, uma despensa vazia!
   Dá então para nós carne e também cerveja, Halli, halli, halli, hallo.

4. Homem da Noite Sagrada, devolve-nos a luz;
   Junta-se a amigos e parentes, concede alegria a todos os que estão presentes.
   Trazes dádivas para aqueles que são carentes, um saco estufado;
   para aqueles que se recusam a compartilhar, uma despensa vazia!
   Dá então para nós carne e também cerveja, Halli, halli, halli, hallo.

THE GJALLARHORN
[O Gjallarhorn]

Diana L. Paxson

1. Em Muspelllheim, os filhos de Surt   se agitam durante o sono.
2. Os *etins* estão inquietos   agora derrete a mansão de Bergelmir.
3. Onde Skadhi perambulou pelas florestas,   os asseclas de Muspeli ardem.
4. Das alturas de Asgard os AEsir   veem *thurses* inferiores se enfurecerem,
5. Embora o sangue de Ymir possa fluir e refluir   e Midgard ouvir seus ossos,
6. Vede, Rig sopra o Gjallarhorn;   ao redor, seus filhos se aglomeram.

1. Em Himminbjorg o sábio Heimdall   uma vigilância incessante deve manter.
2. Os baulartes dos *thurses* da geada   começam a rachar e cair.
3. As bestas abandonam suas pastagens,   os pássaros não voltam.
4. e perguntam se eles são os arautos   da Era que se encerra?
5. quando as condições meteorológicas se alterarem   que preço, o mundo que conhecemos?
6. Ele nos chama para protelar o dia   em que ele precisará soprá-lo.

1. pois os ventos de Midgard ficam mais quentes,   a ameaça está se tornando mais clara,
2. E as ondas de Ægir estão subindo,   e os ventos turbulentos de Hraesvelg mudam de direção,
3. Onde as plantações de Nerthus um dia floresceram   a terra jaz nua e ressequida,
4. E seus senhores seguirão?   Ragnarok se aproxima?
5. Os deuses nos chamam para lutar   por tudo o que prezamos,
6. Os deuses nos chamam para equilibrar   as forças que tememos,

1. o Gjallarhorn sopra suavemente,   alguém consegue escutar?
2. ....
3. ....
4. ....
5. ....
6. o Gjallarhorn sopra suavemente,   e os filhos de Heimdall escutam!

Notas ao "Gjallarhorn"

A premissa por trás desse canto é a identificação dos *jotnar* (os gigantes nórdicos) com os espíritos das forças elementais como o fogo, a geada (gelo), a terra, o vento e o mar. Desde que eles permaneçam em equilíbrio, tudo fica bem. Mas quando o sistema se torna extremamente perturbado e somente as forças destrutivas subsistem, os gigantes marcharão sobre Asgard para combater os deuses e encerrar essa Era do Mundo.

1. *Muspelheim, os Filhos de Surtr*

Muspelheim é o lar dos Muspelli e dos Filhos de Surtr, os gigantes do fogo. Quando eles marcharem, Ragnarok terá início.

2. *Heimdall, Himinbjorg*

Heimdall é o vigia dos deuses que defende a Ponte Bifrost. Himinbjorg é seu lar.

3. *O Gjallarhorn*

A trompa na qual Heimdall soprará para anunciar Ragnarok.

4. *Os etins*

Etin é a palavra anglo-saxá para gigante.

5. *Bergelmir*

Bergelmir é o ancestral de todos os gigantes do gelo.

6. Thurses *do gelo*

Um termo que se refere a um grupo de gigantes do gelo.

7. Ægir

Ægir é o gigante que governa o mar.

8. *Hraesvelg*

Na forma de águia, Hraesvelg pousa no Norte e agita os ventos com suas asas.

9. *Skadhi*

Skadhi é uma giganta que se casou na família dos deuses. Ela está associada com a caça e a natureza selvagem.

10. *Os Muspelli*

Os Muspelli são *etins* de menor envergadura.

11. *Nerthus*

Nerthus é uma deusa da terra fértil e da agricultura.

12. *Aesir, Asgard*

Os Aesir são os deuses nórdicos, e Asgard é o seu lar.

13. *Ragnarök*

Ragnarök é a grande guerra na qual os deuses serão derrotados pelos gigantes; Midgard (nosso mundo) será destruído, dando lugar a uma Era nova e diferente no mundo.

14. *Ymir*

Ymir é o ser primordial que foi desmembrado pelos deuses e suas partes recicladas para criar Midgard. Seu sangue se transformou nos mares, seus ossos nas rochas etc.

15. *Rig*

Rig é o nome com o qual Heimdall percorreu o mundo, gerando as diferentes classes do gênero humano.

Discografia Odínica

Eis parte da música – clássica, folclórica e *pop* – que o deixará predisposto a trabalhar com Odin. Muito obrigada aos amigos da lista de membros do Troth que indicaram suas favoritas.

Clássica

Hugo Alfven
Vigília do Solstício de Verão
Rapsódia Sueca Nº 1, Op. 19

Maurice Duruflé
"Prelúdio e Tocata" da *Suite, Op. 5* (para órgão)

Edvard Grieg
"No Outono," *Overture, Op. 11*
"Na Mansão do Rei da Montanha" da *Suite Peer Gynt*
"Invocação", Ato I, *Olav Tryggvason*
Velho Romance Norueguês com Variações, Op. 51
Danças Sinfônicas, Op. 64
Danças Norueguesas, Op. 35
"Dia de Casamento em Trollhavn", peças líricas, Livro 8, Op. 65, Nº 6

Johan Halvorsen
Air Norvegien
Norse Dans, Nºs 1, 2, 3

Gustav Holst (de *The Planets*)
"Mercury"
"Neptune"
"Saturn"
"Uranus"
Jon Leifs
Edda

Gustav Mahler
Sinfonia Nº5, 1º movimento

Oskar Merikanto
"Pássaro da Tempestade"
"Ave a Ti, ó Vida"

Franz Schubert
"Spuéte dich, Kronos"
"Geistertanz"

Jan Sibelius
Todas as sinfonias
Suite Lemminkaïnen, Op. 22

Johan Svendsen
Duas Melodias Islandesas

Richard Wagner (*Der Ring des Nibelungen*) [*O Anel dos Nibelungos* ou *O Ciclo do Anel*]
O Ouro do Reno
A Valquíria
O Crepúsculo dos Deuses

Recomendo especialmente o vídeo da produção de 1990 da Metropolitan Opera, que destaca James Morris. Um álbum de seleções orquestrais da ópera também é útil, especialmente "A Entrada dos Deuses no Valhalla."
Siegfried

Folclórica

Uma enorme quantidade de bandas escandinavas que tocam música escandinava folclórica, *rock* folclórico e *heavy metal* surgiu nos últimos anos, grande parte delas disponíveis no YouTube. Recomendo especialmente as seguintes:

Corvus Corax (um grupo alemão)

Dråm

Gramarna

Hedningarna

Krauka (em especial o CD "Odin")

Coleções Nordic Roots

Kari Tauring

Wardruna

Popular

"The Blood of Odin" "Odin," e "Sword in the Wind", de Manowar

"Blue on Black", de Kenny Wayne Shepherd Band

"Born to Be Wild", de Steppenwolf

"Cult of Personality", de Living Colour

"The Dogs of War", de Pink Floyd

"Emergence", de Shylmagognar

"Ephemeral", de Insomnium

"Ghost Riders in the Sky", de Johnny Cash

"Highway to Hell", de AC/DC

"Into the Sky", de Tyr

"Magic Man", de Heart

"Misshapen Steed", de Agalloch

"Moonspell", de Funeral Bloom

"Mr. Hangman", de Stone Foxes

"My Way", de Frank Sinatra

"Nine", de Autechra

"One-Eyed Old Man", de Bathory

"Papa Was a Rolling Stone", de The Temptations

"Possession", de Sarah McLachlan

"Red Right Hand", de Nick Cave e the Bad Seeds

"Riders on the Storm", de The Doors

"Stormbringer", de Heather Alexander

"Striving for the Fire", de Darkseed

"Time Is the Fire" e "To Our Ashes", de Agathodaimon

"Wanderer", de Leslie Fish

"Wherever I May Roam", de Apocalyptica

"The Will to Give", de Woods of Ypres

Bibliografia

Adler, Alfred. 1991. "Mathematics and Creativity." *In The World Treasury of Physics, Astronomy, and Mathematics,* organizado por Timothy Ferris. Boston: Little, Brown and Co.

Anderson, Poul. 1954. *The Broken Sword.* Nova York: Del Rey Books.

Bauschatz, Paul C. 1982. *The Well and the Tree: World and Time in Early Germanic Culture.* Amherst: University of Massachusetts Press.

Byock, Jesse L., Tradução para o inglês em 1990. *The Saga of the Volsungs.* Berkeley: University of California Press.

_____. 1993. "Skull and Bones in Egil's Saga: A Viking, a Grave, and Paget's Disease." *Viator: Medieval and Renaissance Studies* 24.

Callaway, Ewen. 2015. "DNA Data Explosion Lights up the Bronze Age." *Nature* 10 (Junho).

Carlyle, Thomas. 1840. "The Hero as Divinity." De "Heroes and Hero Worship," palestra realizada em 5 de maio de 1840. *www.online-literature.com.*

Chadwick, H. M. 1899. *The Cult of Othin.* Cambridge: Cambridge University Press.

Chetan, A., D. e Brueton. 1994. *The Sacred Yew.* Londres: Arkana.

Chisholm, James Allen. Tradução para o inglês. Sem data. *The Eddas: Keys to the Mysteries of the North.* Impressão privada.

Cleasby, Richard, e Gudbrand Vigfusson. 1874. *An Icelandic-English Dictionary.* Oxford: Oxford University Press.

Clover, Carol J. 1993. "Regardless of Sex: Men, Women, and Power in Early Northern Europe." *Representations* 44.

Conway, Edward. 2015. Resposta à pergunta, "What was the role of Odin in Norse Mythology?" *Website* do Quora, *www.quora.com.*

Davidson, H. R. Ellis. 1965. *Gods and Myths of Northern Europe.* Penguin. (Reeditado como *Gods and Myths of the Viking Age.* Nova York: Crown Publishing, 1982.)

de Vries, janeiro de 1931. "Contributions to the Study of Othin, Especially in His Relation to Agricultural Practises in Modern Popular Lore." *Folklore Fellowship Communications* 94.

Dumézil, Georges. 1973. *Gods of the Ancient Northmen.* Berkeley: University of California.

Eliade, Mircea. 1972. *Shamanism: Archaic Techniques of Ecstasy.* Traduzido para o inglês por Willard R. Trask. Nova York: Pantheon Books.

Freyburger, Douglas. 2009. "Close Encounters of the Thridhi Kind." *Idunna* 81.

Gaiman, Neil. 2001. *American Gods.* Nova York: W. Morrow.

Gordon, E. V. 1927. *An Introduction to Old Norse.* Oxford: Oxford University Press.

Grammaticus, Saxo. 1905. *The Nine Books of the Danish History of Saxo Grammaticus.* Traduzido para o inglês por Oliver Elton. Nova York: Norroena Society.

Greer, John Michael. 2005. *A World Full of Gods.* Tucson, AZ: ADF Publishing.

Griffiths, Bill, organizador e tradutor. 1993. *The Battle of Maldon: Text and Translation.* Anglo-Saxon Books, *www.asbooks.co.uk*

Grimm, Jacob. 1966. *Teutonic Mythology.* Traduzido para o inglês por James Stallybrass. Nova York: Dover.

Grundy, Stephan. 2014. *The Cult of Odin: God of Death?* New Haven, CT: Troth Publications.

Gundarsson, Kveldulf, org. 2006. *Our Troth: History and Lore.* New Haven, CT: Troth Publications.

Harner, Michael. 1980. *The Way of the Shaman.* Nova York: Harper.

Bibliografia | 277

Harrod, Elizabeth. 1998-19999. "Runesong." *Idunna* 38 (Inverno).

Hollander, Lee M. 1968. *The Skalds.* Ann Arbor: University of Michigan Press.

_____. 1986. *The Poetic Edda.* Austin: University of Texas Press.

Joy, Jody. 2009. *Lindow Man.* Londres: British Museum Press.

Jung, Carl Gustav. 1947. "Wotan." *In Essays on Contemporary Events,* traduzido para o inglês por Barbara Hannah: 1-16. *www.philosopher.eu.*

Kerenyi, Karl. 1983. *Apollo.* Washington, DC: Spring Publications.

Kershaw, Kris. 2000. "The One-Eyed God: Odin and the (Indo-) Germanic Männerbünde." *Journal of Indo-European Studies* 36.

Lafayllve, Patricia. 2006. *Freyja, Lady, Vanadis: An Introduction to the Goddess.* Parker, CO: Outskirts Press.

_____. 2009. "Hospitality and the Host-Guest Relationship." *Idunna* 82 (Inverno).

Liestol, Aslak. 1966. "The Runes of Bergen." *Minnesota History* (Verão). *http://collections.mnhs.org.*

Lindow, John. 2001. *Norse Mythology.* Oxford: Oxford University Press.

Loptson, Dagulf. 2015. *Playing with Fire: An Exploration of Loki Laufeyjarson.* Hubbardston, MA: Asphodel Press.

Maass, Fritz. 1954. "Zur psychologischen Sonderung der Ekstase." *Wissenscha iche Zeitschrifte der Karl-Marx Universität Leipzig* 3, Gesellschafts- und Sprachwissenschaftliche Reihe, Heft 2/3, 297-301.

Macha, Michaela. 2004. "Who Started It All?" *In* Heathen Poetry & Songs Collection. *www.odins-gift.com.*

_____. 2004. "The Song of Odin." *In* Heathen Poetry & Songs Collection. *www.odins-gift.com.*

Mainer, John T. 2011. "Wode." *Idunna* 90 (Inverno).

Mandelbaum, Bari. 2009. "How I Found Odin and What He Did to Me When He Caught Me." *Idunna* 81 (Outono).

Mayer, Adrienne. 2010. *The Poison King: The Life and Death of Mithradates, Rome's Deadliest Enemy.* Princeton: Princeton University Press.

McKinnel, John. 2008. "Völuspá and the Feast of Easter." *Alvíssmál* 12.M

Metzner, Ralph. 1994. *The Well of Remembrance: Rediscovering the Earth Wisdom Myths of Northern Europe.* Boulder, CO: Shambhala.

Murphy, G. Ronald. Tradução para o inglês em 1992. *The Heliand: The Saxon Gospel.* Oxford: Oxford University Press.

Orel, Vladimir. 2003. *A Handbook of Germanic Etymology.* Boston: Brill Press.

Pálsson, Hermann e Paul Edwards, organizadores e tradutores. 1985. "King Gautrek." *In Seven Viking Romances.* Londres: Penguin Classics.

Paxson, Diana L. 1984. *Brisingamen.* Nova York: Ace Books.

_____. 1993. *The Wolf and the Raven.* Nova York: Avon.

_____. 1995 *The Dragons of the Rhine.* Nova York: Avon.

_____. 1996. *The Lord of Horses.* Nova York: Avon.

_____. 1997. "Sex, Status, and Seidh: Homosexuality in Germanic Religion." *Idunna* 31, *www.seidh.org.*

_____. 1999. *The Book of the Spear.* Nova York: Avon.

_____. 2005. *Taking up the Runes.* Newburyport, MA: Weiser Books.

_____. 2006. *Essential Asatru.* Nova York: Citadel Press

_____. 2007. *Working Within.* New Haven, CT: Troth Publications.

_____. 2008. *Trance-Portation.* Newburyport, MA: Weiser Books.

_____. 2012. e *Way of the Oracle.* Newburyport, MA: Weiser Books.

_____. 2015. *Possession, Depossession, and Divine Relationships.* Newburyport, MA: Weiser Books.

Orchard, Andy, trans. 2011. *The Elder Edda: A Book of Viking Lore.* Londres: Penguin Classics.

_____. Tradução para o inglês em 2011. *The Poetic Edda.* Londres: Penguin Classics.

Perabo, Lyonel. 2015. Resposta à pergunta "What was the role of Odin in Norse Mythology?" *Website* do Quora, *www.quora.com.*

Pollington, Stephen. 2016. *Runes, Literacy in the Germanic Iron Age.* Anglo--Saxon Books, *www.asbooks.co.uk.*

Polomé, Edgar C. 1972. "Germanic and the Other Indo-European Languages." *In Toward a Grammar of Proto-Germanic,* editado por Franz van Coetsam e Herbert Kufner. Tübingen, Alemanha: Max Niemeyer.

Price, Neil S. 2002. *The Viking Way: Religion and War in Late Iron Age Scandinavia.* Uppsala, Suécia: Universidade de Uppsala.

_____. e Paul Mortimer. 2014. "An Eye for Odin? Divine Role-Playing in the Age of Sutton Hoo." *European Journal of Archaeology* 17 (3).

Ross, Anne. 1967. *Pagan Celtic Britain.* Nova York: Columbia University Press.

Sawyer, P. H. 1982. *Kings and Vikings.* Londres: Routledge.

Scaldaspiller, Eyvind. 1932. "Hakonarmál." *In Heimskringla,* por Snorre Sturlason (Erling Monsen, organizador, e A. H. Smith, tradutor). Nova York: Dover Publications.

Schwartz, Martin. 1992. "Wodanaz." De uma palestra apresentada no Old English Colloquium na Universidade da Califórnia, Berkeley, 4 de abril.

Simek, Rudolf. 1996. *Dictionary of Northern Mythology.* Traduzido para o inglês por Angela Hall. Cambridge: D. S. Brewer.

Skallagrimsson, Egil. 1930. *Egil's Saga.* Traduzido para o inglês por E. R. Eddison. Greenwood Press.

Spurklund, Terje. 2010. "The Futhark and Roman Script Literacy." *Futhark: International Journal of Runic Studies* 1.

Storms, Godfrid. 1949 (1964). *Anglo-Saxon Magic.* Nova York: Gordon Press.

Sturlson, Snorri. 1844. "Hakon the Good's Saga," "King Olaf Trygvason's Saga." *In Heimskringla: The Lives of the Norse Kings.* Traduzido para o inglês por Samuel Laing. *www.sacred-texts.com/.*

Sturlason, Snorre. 1932. *Heimskringla: The Lives of the Norse Kings.* Traduzido para o inglês por Erling Monsen e A. H. Smith. Nova York: Dover.

Sturlusson, Snorri. 1916. *Skaldskaparmál.* Traduzido para o inglês por Arthur Gilchrist Brodeur. *www.sacred-texts.com/.*

_____. 1987. *Edda*. Traduzido para o inglês por Anthony Faulkes. Londres: J. M. Dent & Sons.

Tacitus. 1964. "The Annals." *In The Complete Works of Tacitus*. Traduzido para o inglês por Alfred Church e William Brodribb. Nova York: McGraw-Hill.

Thorsson, Edred. 1981. *The Nine Doors of Midgard*. St. Paul, MN: Llewelyn Publications.

_____. 1984. *Futhark*. York Beach, ME: Samuel Weiser, Inc.

Tolkien, C. J. R. 1960. *Hervarar Saga ok Heidreks Konungs*. Londres: Thomas Nelson and Sons Ltd.

Tolkien, J. R. R. 1977. *The Silmarillion*. Editado por Christopher Tolkien. Houghton Mifflin.

_____. Tradução para o inglês em 2014. *Beowulf*. Boston: Houghton Mifflin.

Tolstoy, Nikolai. 1988. *The Quest for Merlin*. Nova York: Little, Brown & Co.

Tunstall, Peter, tradução para o inglês 2003. *The Saga of Hrolf Kraki and His Champions*. http://fantasycastlebooks.com.

"Völsa Þattr." *In Flateyjarbók*. Texto original e tradução para o inglês em https://notendur.hi.is.

Waggoner, Ben. Tradução para o inglês em 2009. *The Sagas of Ragnar Lothbrok and His Sons*. New Haven, CT: Troth Publications.

Wagner, Richard. 1960. *The Ring of the Nibelung*. Traduzido para o inglês por Stewart Robb. E. P. Dutton.

Wawn, Andrew. 2000. *The Vikings and the Victorians: Inventing the Old North in 19th Century Britain*. Londres: Boydell and Brewer.

Wood, Lorrie. 2006. "You Can't Keep a Dead Man Down: Draugar in Lore and Life." *Idunna* 70 (Inverno).

Zimmer, Carl. 2009. "The Big Similarities and Quirky Differences between Our Right and Left Brains." *Discover Magazine* (5). Consulte também http://discovermagazine.com.

Zimmer, Paul Edwin. 1979. *Kvasir's Blood*. Impressão privada.